D1674582

NomosKommentar

Peter Röthemeyer

Musterfeststellungsklage

Spezialkommentar zum 6. Buch ZPO

Die Deutsche Nationalbibliothek verzeichnet diese Publikation in
der Deutschen Nationalbibliografie; detaillierte bibliografische
Daten sind im Internet über http://dnb.d-nb.de abrufbar.

ISBN 978-3-8487-5256-0

1. Auflage 2019
© Nomos Verlagsgesellschaft, Baden-Baden 2019. Gedruckt in Deutschland.
Alle Rechte, auch die des Nachdrucks von Auszügen, der fotomechanischen
Wiedergabe und der Übersetzung, vorbehalten.

Vorwort

Die Musterfeststellungsklage ist dem Gesetzgeber ein neues Buch der Zivilprozessordnung wert. Die neue Verbandsklage, die in der öffentlichen Debatte häufig als Sammelklage bezeichnet wird, kann durchaus als Meilenstein in der Entwicklung des kollektiven Rechtsschutzes in Deutschland und der Durchsetzung von Verbraucherrechten eingeordnet werden. Unternehmen erhalten effektiv und ressourcenschonend grundsätzliche Rechtsklärungen, Verbraucher können kostenfrei teilhaben.

Getrieben vom Dieselgate kam ein lange verzögertes Reformwerk zur Schnellreife. Die Eile hinterließ freilich zahlreiche Auslegungsfragen. Gelingt das Modell einer Quasi-Prozessstandschaft im „Windhundrennen" um die Klagebefugnis? Ist das neue Verfahren ausreichend gegen Missbrauch gesichert? Überwindet das Konzept wirklich das „rationale Desinteresse" der Verbraucherinnen und Verbraucher? Erweist sich die Konstruktion zur Verjährungshemmung als tragfähig? Bieten perspektivische Szenarien für die Individualphase Anreize für Vergleiche schon im Musterfeststellungsverfahren?

Im Fokus steht das fragile Spannungsfeld zwischen prozessualer Passivität des Verbrauchers und seiner Bindung. Der angemeldete Verbraucher ist nicht Partei und hat auch sonst keinen Einfluss auf ein Verfahren, an dessen Ende indessen ein ihn bindendes Urteil stehen kann. Diese neue Figur der (selbst) gebundenen Nichtpartei wirft Fragen der Haftung und des rechtlichen Gehörs auf. Dem Gericht wächst eine neuartige Verantwortung im Sinne eines gehörsschützenden Verfahrensmanagements zu.

Verbraucherverbände stehen vor Finanzierungs-, Haftungs- und strategischen Fragestellungen. Mit Blick auf die nachfolgende Individualphase liegen Kooperationen mit Anwälten und Prozessfinanzierern nahe.

Nicht zuletzt belebt die Musterfeststellungsklage die Diskussion des staatlichen Portfolios, Unternehmen zur Rechtstreue anzuhalten. Hierbei ist der europäische Kontext eines New Deal for Customers von besonderer Bedeutung.

Hannover, im August 2018   *Peter Röthemeyer*

Zitiervorschlag: Röthemeyer MFK, § ... Rn. ...

Inhaltsübersicht

Vorwort	5
Allgemeines Abkürzungsverzeichnis	9
Literaturverzeichnis	15

Teil I
Einführung

Einführung	19

Teil II
Buch 6 der Zivilprozessordnung

§ 606 ZPO	Musterfeststellungsklage	61
§ 607 ZPO	Bekanntmachung der Musterfeststellungsklage	89
§ 608 ZPO	Anmeldung von Ansprüchen oder Rechtsverhältnissen	96
§ 609 ZPO	Klageregister; Verordnungsermächtigung	112
§ 610 ZPO	Besonderheiten der Musterfeststellungsklage	119
§ 611 ZPO	Vergleich	141
§ 612 ZPO	Bekanntmachungen zum Musterfeststellungsurteil	162
§ 613 ZPO	Bindungswirkung des Musterfeststellungsurteils; Aussetzung	164
§ 614 ZPO	Rechtsmittel	171

Teil III
Änderung anderer Vorschriften der Zivilprozessordnung

§ 29 c Abs. 2 ZPO	[Prozesualer Verbraucherbegriff]	173
§ 32 c ZPO	Ausschließlicher Gerichtsstand bei Musterfeststellungsverfahren	180
§ 148 ZPO	Aussetzung bei Vorgreiflichkeit	182

Teil IV
Änderung anderer Gesetze

§ 204 BGB	Hemmung der Verjährung durch Rechtsverfolgung	185
§ 119 GVG	[Zuständigkeit der Oberlandesgerichte]	191

Inhaltsübersicht

§ 48 GKG	[Streitwertbegrenzung]	194
§ 19 RVG	Rechtszug; Tätigkeiten, die mit dem Verfahren zusammenhängen	198

Stichwortverzeichnis 199

Allgemeines Abkürzungsverzeichnis

aA	anderer Ansicht/Auffassung	b2b	business to business
aaO	am angegebenen Ort	B2c	business to consumer
Abb.	Abbildung	BAnz.	Bundesanzeiger
abgedr.	abgedruckt	Bad.	Baden
Abh.	Abhandlungen	bad.	badisch
Abk.	Abkommen	BArbBl.	Bundesarbeitsblatt
ABl.	Amtsblatt	BankR	Bankrecht
abl.	ablehnend	BauR	Baurecht
Abs.	Absatz	Bay.	Bayern
abschl.	abschließend	bay.	bayerisch
Abschn.	Abschnitt	Bbg.	Brandenburg
Abt.	Abteilung	bbg.	brandenburgisch
abw.	abweichend	Bd.	Band
abzgl.	abzüglich	Bde.	Bände
AdR	Ausschuss der Regionen	Bearb.	Bearbeiter
aE	am Ende	bearb.	bearbeitet
AEUV	Vertrag über die Arbeitsweise der Europäischen Union	Begr.	Begründung
		begr.	begründet
		Beil.	Beilage
aF	alte Fassung	Bek.	Bekanntmachung
AktR	Aktienrecht	Bem.	Bemerkung
allg.	allgemein	Ber.	Berichtigung
allgA	allgemeine Ansicht	ber.	berichtigt
allgM	allgemeine Meinung	BerufsR	Berufsrecht
Alt.	Alternative	bes.	besonders
aM	andere Meinung	Beschl.	Beschluss
amtl.	amtlich	beschr.	beschränkt
Änd.	Änderung	Bespr.	Besprechung
ÄndG	Änderungsgesetz	bespr.	besprochen
Anh.	Anhang	bestr.	bestritten
Anl.	Anlage	Betr.	Betreff
Anm.	Anmerkung	betr.	betrifft, betreffend
ArbR	Arbeitsrecht	BfJ	Bundesamt für Justiz
Arch.	Archiv	BGB	Bürgerliches Gesetzbuch
Arg.	Argumentation	BGBl.	Bundesgesetzblatt
Art.	Artikel	BGH	Bundesgerichtshof
AsylR	Asylrecht	BilanzR	Bilanzrecht
AT	Allgemeiner Teil	Bl.	Blatt
Auff.	Auffassung	Bln.	Berlin
aufgeh.	aufgehoben	bln.	berlinerisch
Aufl.	Auflage	BMJV	Bundesministerium für Justiz und Verbraucherschutz
Aufs.	Aufsatz		
ausdr.	ausdrücklich		
ausf.	ausführlich	BR	Bundesrat
ausl.	ausländisch	BR-Drs.	Bundesrats-Drucksache
AuslR	Ausländerrecht	BR-Prot.	Bundesrats-Protokoll
ausschl.	ausschließlich	BRD	Bundesrepublik Deutschland
Az.	Aktenzeichen	Brem.	Bremen
		brem.	bremisch

brit.	britisch	EP	Europäisches Parlament
Bsp.	Beispiel	ER	Europäischer Rat
bspw.	beispielsweise	ErbR	Erbrecht
BStBl.	Bundessteuerblatt	Erg.	Ergebnis, Ergänzung
BT	Bundestag; Besonderer Teil	erg.	ergänzend
		Ergbd.	Ergänzungsband
BT-Drs.	Bundestags-Drucksache	Erkl.	Erklärung
BT-Prot.	Bundestags-Protokoll	Erl.	Erlass, Erläuterung
Buchst.	Buchstabe	EStR	Einkommensteuerrecht, Einkommensteuerrichtlinie
BürgerlR	Bürgerliches Recht		
BW	Baden-Württemberg		
bw.	baden-württembergisch	etc	et cetera (und so weiter)
bzgl.	bezüglich	europ.	europäisch
bzw.	beziehungsweise	EuropaR	Europarecht
		ev.	evangelisch
c2 c	consumer to consumer	eV	eingetragener Verein
ca.	circa	evtl.	eventuell
		EZB	Europäische Zentralbank
d.	der, des, durch		
Darst.	Darstellung	f., ff.	folgende Seite bzw. Seiten
DDR	Deutsche Demokratische Republik	FamR	Familienrecht
		Fn.	Fußnote
ders.	derselbe	FG	Festgabe; Finanzgericht
dgl.	dergleichen, desgleichen	frz.	französisch
dh	das heißt	FS	Festschrift
dies.	dieselbe		
diesbzgl.	diesbezüglich	G	Gesetz
diff.	differenziert, differenzierend	GBl.	Gesetzblatt
		GE	Gesetzesentwurf
Dig.	Digesten	geänd.	geändert
Diss.	Dissertation	geb.	geboren
div.	diverse	gem.	gemäß
Dok.	Dokument	ges.	gesetzlich
Drs.	Drucksache	GesR	Gesellschaftsrecht
dt.	deutsch	GesundhR	Gesundheitsrecht
		gewöhnl.	gewöhnlich
E	Entwurf	GewR	Gewerberecht
ebd.	ebenda	GewRS	Gewerblicher Rechtsschutz
Ed.	Edition		
ehem.	ehemalig	ggf.	gegebenenfalls
Einf.	Einführung	ggü.	gegenüber
einf.	einführend	GKG	Gerichtskostengesetz
eing.	eingehend	glA	gleicher Ansicht
Einl.	Einleitung	GLE	Gleichlautende Ländererlasse
einschl.	einschließlich		
EL	Ergänzungslieferung	GMBl.	Gemeinsames Ministerialblatt
Empf.	Empfehlung		
endg.	endgültig	Grdl.	Grundlage
engl.	englisch	grdl.	grundlegend
Entsch.	Entscheidung	grds.	grundsätzlich
Entschl.	Entschluss	GS	Gedenkschrift, Gedächtnisschrift
entspr.	entspricht, entsprechend		

GVBl.	Gesetz- und Verordnungsblatt	Jg.	Jahrgang
GVG	Gerichtsverfassungsgesetz	Jge.	Jahrgänge
GVOBl.	Gesetz- und Verordnungsblatt	Jh.	Jahrhundert
		JMBl.	Justizministerialblatt
GWB	Gesetz gegen Wettbewerbsbeschränkungen	JuMiKo	Justizministerkonferenz
		jur.	juristisch
hA	herrschende Ansicht/Auffassung	Kap.	Kapitel
		Kap-MarktR	Kapitalmarktrecht
Halbbd.	Halbband	KapMarktStrafR	Kapitalmarktstrafrecht
HandelsR	Handelsrecht		
Hmb.	Hamburg	KapMuG	Kapitalanleger-Musterverfahrensgesetz
hmb.	hamburgisch		
HdB	Handbuch	KartellR	Kartellrecht
Hess.	Hessen	kath.	katholisch
hess.	hessisch	Kfz	Kraftfahrzeug
hins.	hinsichtlich	Kj.	Kalenderjahr
hL	herrschende Lehre	Kl.	Kläger
hM	herrschende Meinung	kl.	klagend
Hrsg.	Herausgeber	Kom.	Komitee, Kommission
hrsg.	herausgegeben	Komm.	Kommentar
Hs.	Halbsatz	KommunalR	Kommunalrecht
ic	in concreto/in casu	KonzernR	Konzernrecht
idF	in der Fassung	krit.	kritisch
idR	in der Regel		
idS	in diesem Sinne	Ld.	Land
iE	im Einzelnen	LebensmittelR	Lebensmittelrecht
iErg	im Ergebnis		
ieS	im engeren Sinne	lfd.	laufend
iHd	in Höhe des/der	Lfg.	Lieferung
IHK	Industrie- und Handelskammer	Lit.	Literatur
		lit.	litera
iHv	in Höhe von	Lkw	Lastkraftwagen
iJ	im Jahre	Ls.	Leitsatz
Inf.	Information	LSA	Sachsen-Anhalt
insbes.	insbesondere	LStR	Lohnsteuerrecht
InsR	Insolvenzrecht	lt.	laut
int.	international	LT-Drs.	Landtags-Drucksache
IPR	Internationales Privatrecht		
		mÄnd	mit Änderungen
iRd	im Rahmen des/der	mAnm	mit Anmerkung
iS	im Sinne	MarkenR	Markenrecht
iSd	im Sinne des/der	maW	mit anderen Worten
iSv	im Sinne von	Mat.	Materialien
it.	italienisch	max.	maximal
iÜ	im Übrigen	MBl.	Ministerialblatt
iVm	in Verbindung mit	mE	meines Erachtens
iW	im Wesentlichen	MedienR	Medienrecht
iwS	im weiteren Sinne	MedR	Medizinrecht
iZw	im Zweifel	MFK	Musterfeststellungsklage

MFV	Musterfeststellungsverfahren	POR	Polizei- und Ordnungsrecht
MFU	Musterfeststellungsurteil	Preuß.	Preußen
MietR	Mietrecht	preuß.	preußisch
mind.	mindestens	PrivBauR	Privates Baurecht
Mio.	Million(en)	PrivVersR	Privatversicherungsrecht
Mitt.	Mitteilung(en)	Prot.	Protokoll
mN	mit Nachweisen		
Mot.	Motive	Ranz.	Reichsanzeiger
Mrd.	Milliarde(n)	rd.	rund
mspätÄnd	mit späteren Änderungen	RdErl.	Runderlass
mtl.	monatlich	RdSchr.	Rundschreiben
MultimediaR	Multimediarecht	RegE	Regierungsentwurf
		RGBl.	Reichsgesetzblatt
MV	Mecklenburg-Vorpommern	RhPf.	Rheinland-Pfalz
		rhpf.	rheinland-pfälzisch
mv.	mecklenburg-vorpommerisch	rkr.	rechtskräftig
		RL	Richtlinie
mwH	mit weiteren Hinweisen	Rn.	Randnummer
mwN	mit weiteren Nachweisen	Rs.	Rechtssache
mWv	mit Wirkung vom	Rspr.	Rechtsprechung
		RVG	Rechtsanwaltsvergütungsgesetz
nachf.	nachfolgend		
Nachw.	Nachweise	RVO	Rechtsverordnung; Reichsversicherungsordnung (SozR)
Nds.	Niedersachsen		
nds.	niedersächsisch		
nF	neue Fassung		
Nr.	Nummer	S.	Seite(n), Satz
nrkr	nicht rechtskräftig	s.	siehe
NRW	Nordrhein-Westfalen	sa	siehe auch
nrw.	nordrhein-westfälisch	Saarl.	Saarland
nv	nicht veröffentlicht	saarl.	saarländisch
		SachenR	Sachenrecht
o.	oben, oder	Sachs.	Sachsen
oÄ	oder Ähnliche/s	sächs.	sächsisch
OEuR	Osteuroparecht	sachsanh.	sachsen-anhaltinisch
ÖffBauR	Öffentliches Baurecht	SchlH	Schleswig-Holstein
öffentl.	öffentlich	schlh.	schleswig-holsteinisch
ÖffR	Öffentliches Recht	Schr.	Schrifttum, Schreiben
ÖffTarifR	Öffentliches Tarifrecht	SchuldR	Schuldrecht
OLG	Oberlandesgericht	schweiz.	schweizerisch
Öst.	Österreich	Sen.	Senat
öst.	österreichisch	Slg.	Sammlung
og	oben genannte(r, s)	s.o.	siehe oben
oV	ohne Verfasser	sog	so genannt
		SozR	Sozialrecht
PatentR	Patentrecht	Sp.	Spalte
PersGesR	Personengesellschaftsrecht	st.	ständig
		StaatsR	Staatsrecht
PharmaR	Pharmarecht	Stellungn.	Stellungnahme
Pkw	Personenkraftwagen	SteuerR	Steuerrecht
		Stichw.	Stichwort

str.	streitig, strittig
StrafProzR	Strafprozessrecht
StrafR	Strafrecht
StrafVerfR	Strafverfahrensrecht
stRspr	ständige Rechtsprechung
StVR	Straßenverkehrsrecht
s. u.	siehe unten
Suppl.	Supplement
teilw.	**teilweise**
Thür.	Thüringen
thür.	thüringisch
Tz.	Textziffer
u.	und
ua	und andere, unter anderem
uÄ	und Ähnliches
uÄm	und Ähnliches mehr
Uabs.	Unterabsatz
Uabschn.	Unterabschnitt
uam	und anderes mehr
überarb.	überarbeitet
Überbl.	Überblick
überw.	überwiegend
Übk.	Übereinkommen
uE	unseres Erachtens
UklaG	Unterlassungsklagengesetz
Umf.	Umfang
umfangr.	umfangreich
umstr.	umstritten
UmwR	Umweltrecht
unstr.	unstreitig
unv.	unverändert, unveränderte Auflage
unveröff.	unveröffentlicht
unzutr.	unzutreffend
UrhR	Urheberrecht
Urt.	Urteil
usw	und so weiter
uU	unter Umständen
uvam	und vieles anderes mehr
uvm	und viele mehr
UWG	Gesetz gegen den unlauteren Wettbewerb
v.	**vom, von**
va	vor allem
vAw	von Amts wegen
Var.	Variante
Verf.	Verfasser, Verfassung
VerfassungsR	Verfassungsrecht
VergR	Vergaberecht
Verh.	Verhandlung
VerkehrsR	Verkehrsrecht
Veröff.	Veröffentlichung
Vers.	Versicherung
VersR	Versicherungsrecht
VertrR	Vertragsrecht
Verw.	Verwaltung
VerwProzR	Verwaltungsprozessrecht
VerwR	Verwaltungsrecht
VerwVerfR	Verwaltungsverfahrensrecht
Vfg.	Verfügung
vgl.	vergleiche
vH	von Hundert
VO	Verordnung
VölkerR	Völkerrecht
Vol., vol.	volume (Band)
Voraufl.	Vorauflage
Vorb.	Vorbemerkung
vorl.	vorläufig
Vorschr.	Vorschrift
VorstandsR	Vorstandsrecht
vs.	versus
VSBG	Verbraucherstreitbeilegungsgesetz
VSMK	Verbraucherschutzministerkonferenz
WEigR	**Wohnungseigentumsrecht**
WettbR	Wettbewerbsrecht
WirtschaftsR	Wirtschaftsrecht
Wiss.	Wissenschaft
wiss.	wissenschaftlich
Wj.	Wirtschaftsjahr
Württ.	Württemberg
württ.	württembergisch
zahlr.	**zahlreich**
zB	zum Beispiel
Ziff.	Ziffer
zit.	zitiert
ZivilProzR	Zivilprozessrecht
ZivilR	Zivilrecht
ZPO	Zivilprozessordnung
zT	zum Teil
zul.	zuletzt
zusf.	zusammenfassend
zust.	zustimmend

Allgemeines Abkürzungsverzeichnis

zutr.	zutreffend	zw.	zweifelhaft
zVb	zur Veröffentlichung bestimmt	zzgl.	zuzüglich
		zzt.	zurzeit
ZVR	Zwangsvollstreckungsrecht		

Literaturverzeichnis

Augenhofer, Susanne, Deutsche und europäische Initiativen zur Durchsetzung des Verbraucherrechts, Verbraucherzentrale Bundesverband e.v., 2018

Basedow, Jürgen, Rechtsdurchsetzung und Streitbeilegung, JZ 2018, 1

Bauer, Joachim, Prinzip Menschlichkeit – Warum wir von Natur aus kooperieren, 2009

Baumbach, Adolf/Lauterbach, Wolfgang, Kommentar zur Zivilprozessordnung, 76. Aufl. 2018 (zitiert: Baumbach/Lauterbach/*Bearbeiter*)

BeckOK ZPO, Beck´scher Online-Kommentar ZPO, Stand in Abhängigkeit von der jeweiligen Norm (zitiert: BeckOK ZPO/*Bearbeiter*)

Berlin, Christof, Alternative Streitbeilegung in Verbraucherkonflikten – Qualitätskriterien, Interessen, Best Practice, Diss. Frankfurt (Oder), 2014

Bischof, Helmut/Jungbauer, Sabine, RVG Kommentar, 6. Aufl. 2014

Borowski, Sascha/Röthemeyer, Peter/Steike, Jörn, VSBG Verbraucherstreitbeilegungsgesetz, 2016 (zitiert: *Bearbeiter*, in: Borowski/Röthemeyer/Steike)

Dehe, Dörthe/Fischer, Peter, Schnelles Geld zum Greifen nah, ZKM 2018, 40

Dose, Michael, Die 9. GWB-Novelle und der Verbraucherschutz, VuR 2017, 297

Dreier, Horst, Grundgesetz Kommentar, 3. Aufl. 2018
(zitiert: Dreier/*Bearbeiter*)

Eidenmüller, Horst/Engel,Martin, Die Schlichtungsfalle: Verbraucherrechtsdurchsetzung nach der ADR-Richtlinie und der ODR-Verordnung der EU, ZIP 2013, 1704

Frey, Dieter/von Rosenstiel, Lutz, Wirtschaftspsychologie, Band 6 des Themenbereichs D Serie III der Enzyklopädie der Psychologie, 2007

Fries, Martin, Verbraucherrechtsdurchsetzung, 2016

Gängel/Huth/Gansel, KapMuG in: Heidel, Aktienrecht und Kapitalmarktrecht, 4. Aufl. 2014

Greger, Reinhard, Streiten – oder streiten lassen? Erfolg des „Rundum-sorglos-Modells", AnwBl. 2017, 932

Greger, Reinhard/Unberath, Hannes/Steffek, Felix, Mediationsgesetz, Verbraucherstreitbeilegungsgesetz, 2016

Gsell, Beate/Meller-Hannich, Caroline/Stadler, Astrid, Musterfeststellungsklagen in Verbrauchersachen, NJW-aktuell 5/2016, 14

Habbe, Julia Sophie/Gieseler, Konrad, Einführung einer Musterfeststellungsklage – Kompatibilität mit zivilprozessualen Grundlagen, BB 2017, 2188

Halfmeier, Axel, VuR-Sonderheft-Sonderheft zur Einführung des VSBG 2016, 17 ff.

Halfmeier, Axel, Musterverstellungsklage: Nicht gut, aber besser als nichts, ZRP 2017, 201

Literaturverzeichnis

Hamm, Rainer, Im Zweifel für den virtuellen Pranger?, NJW 2018, 2099

Heß, Burkhard/Reuschle, Fabian/Rimmelspacher, Bruno, Kölner Kommentar zum KapMuG, 2014

Höland, Armin/Meller-Hannich, Caroline, Nichts zu klagen? Der Rückgang der Klageingangszahlen in der Justiz, 2016

Huber, Stefan, Stellungnahme zum Diskussionsentwurf des Bundesministeriums der Justiz und Verbraucherschutz zur Einführung einer Musterfeststellungsklage, Landtag Nordrhein-Westfalen, Stellungnahme 17/296

Jansen, Barbara/Birtel, Thomas, Kollektiver Rechtsschutz und gesetzgeberische Überlegungen zur Einführung einer Musterfeststellungsklage, Festschrift zu Ehren von Marie Luise Graf-Schlicker, 2018, S. 63 ff.

Kahnemann, Daniel, Schnelles Denken, langsames Denken, 2012

Keßler, Jürgen, Verbraucherschutz reloaded – Auf dem Weg zu einer deutschen Kollektivklage?, ZRP 2016, 2

Kranz, Dagmar, Der Diskussionsentwurf zur Muster-Feststellungsklage – ein stumpfes Schwert?, NZG 2017, 1099

Krausbeck, Elisabeth, Der Diskussionsentwurf eines Gesetzes zur Einführung einer Musterfeststellungsklage für Verbraucherstreitigkeiten, DAR 2017, 567

Meller-Hannich, Caroline, Stellungnahme zum Entwurf eines Gesetzes zur Einführung einer zivilprozessualen Musterfeststellungsklage sowie zum Entwurf eines Gesetzes zur Einführung von Gruppenverfahren

Münchner Kommentar zum BGB, Band 1, 7. Aufl. 2015
(zitiert: MüKoBGB/*Bearbeiter*)

Münchener Kommentar zur ZPO, 5. Aufl. 2016
(zitiert: MüKoZPO/*Bearbeiter*)

Musielak, Hans-Joachim/Voit, Wolfgang, Zivilprozessordnung und Gerichtsverfassungsgesetz, Kommentar, 15. Aufl. 2018
(zitiert: Musielak/Voit/*Bearbeiter*)

Netzer, Felix, Legal Tech und kollektive Rechtsverfolgung, AnwBl. 2018, 280

Palandt, Kommentar zum Bürgerlichen Gesetzbuch, 77. Aufl. 2018
(zitiert: Palandt/*Bearbeiter*)

Prütting, Hanns, Discovery im deutschen Zivilprozess? AnwBl. 2008, 153

Röthemeyer, Peter, Mediation, Grundlagen|Recht|Markt, 2015

Roder, Matthias/Röthemeyer, Peter/Braun, Felix, Verbraucherstreitbeilegungsgesetz, 2017

Rogall, Holger, Nachhaltige Ökonomie – Ökonomische Theorie und Praxis einer nachhaltigen Entwicklung, 2009

Schmidt-Kessel, Martin, Stellungnahme zum Entwurf eines Gesetzes zur Einführung einer zivilprozessualen Musterfeststellungsklage zur Anhörung im Rechtsausschuss am 11.6.2018

Schulte-Nölke, Bundesministerium der Justiz und für Verbraucherschutz, Neue Wege zur Durchsetzung des Verbraucherrechts, 2017

Stadler, Astrid, Musterfeststellungsklagen im deutschen Verbraucherrecht?, VuR 2018, 83

Tamm, Marina/Tonner, Klaus, Verbraucherrecht, 2. Aufl. 2016
(zitiert: *Bearbeiter* in: Tamm/Tonner)

Thomas/Putzo, Zivilprozessordnung, 39. Aufl. 2018
(zitiert: Thomas/Putzo/*Bearbeiter*)

Wagner, Gerhard, Rechtsstandort Deutschland im Wettbewerb – Impulse für Justiz und Schiedsgerichtsbarkeit, 2017

Winheller, Andreas, Framing in der Mediation, ZKM 2018, 116

Winkelmeier-Becker, Elisabeth/Dietsche, Hans-Jörg, Die Verbesserung des kollektiven Rechtsschutzes für Verbraucher in der rechtspolitischen Diskussion, ZG 2018, 47

Weber, Franziska/von Boom, Willem, Neue Entwicklungen in puncto Sammelklagen – in Deutschland, in den Niederlanden und an der Grenze, VuR 2017, 290

Wundenberg, Malte, Class actions: Möglichkeit der Etablierung und ihre Grenzen im deutschen Kapitalmarktrecht, ZEuP 2007, 1097

Zöller, Richard, Zivilprozessordnung, Kommentar, 32. Aufl. 2018
(zitiert: Zöller/*Bearbeiter*)

Teil I
Einführung

Einführung

- I. **Rechtspolitisches Ziel** 1
  1. Intention der Bundesregierung 1
  2. Ausgangspunkt 3
  3. Streuschäden und kalkulierter Rechtsbruch .. 4
  4. Massenschäden und Prozesstaktik der Vereinzelung 8
- II. **Das Gesetz im Überblick** .. 14
- III. **Die MFK im System staatlicher Handlungsoptionen** 18
  1. Unmittelbare staatliche Eingriffe 20
     - a) Staatliche Pönalien 20
     - b) Behördliche Intervention 23
     - c) Öffentliche Bekanntmachung ... 24
  2. Individualrechtsschutz 25
     - a) Vertikale Ebene 29
     - b) Horizontale Ebene 30
     - c) Mögliche Verbesserungen zum Kosten- und Verfahrensrecht 32
     - d) Materiellrechtliche Unterstützung der Rechtsdurchsetzung 33
  3. Instrumente der drittorganisierten Bündelung 34
     - a) Einziehungsklage nach § 79 Abs. 2 Satz 2 Nr. 3 ZPO ... 35
     - b) Unterlassungsklage durch Verbände 36
     - c) Gewinnabschöpfung durch Verbände 38
  4. Verfahrensimmanente Bündelungsmöglichkeiten 41
     - a) Streitgenossenschaft nach §§ 59 ff. ZPO 42
     - b) Rechtsverfolgungsgesellschaften 43
     - c) Abtretungsmodelle/ Legal Tech 44
  5. Alternative Dispute Resolution (ADR) 49
  6. Indirekte Anreizmodelle 52
     - a) Selbstverpflichtung der Unternehmen ... 53
     - b) Marktwächter 55
     - c) Gemeinwohlansätze 57
  7. Zusammenfassung 59
- IV. **Kollektiver Rechtsschutz** .. 60
  1. Europäischer Hintergrund 60
  2. Die Ausgangslage in Deutschland 65
  3. Einordnung der MFK in das kollektive Rechtsschutzsystem 67
- V. **Entstehung des Gesetzes** .. 69
  1. Vorarbeiten der Bundesregierung 69
  2. Wahlkampf und Regierungsbildung 75
  3. Regierungsentwurf 80
  4. Parlamentarische Beratungen 81
  5. Diskurs in Öffentlichkeit, Rechtswissenschaft und Verbänden 85
  6. Einordnung und Bewertung 89
     - a) Narrativ der amerikanischen Verhältnisse 89
     - b) US-amerikanische class action und ihre Rahmenbedingungen 91
       - aa) Finanzierungs- und Risikostruktur 93
       - bb) Pre-trial discovery 94
       - cc) Strafschadensersatz 95

dd) Vergleichende
   Zusammenfassung 96
VI. Individualphase und mögliche strategische Erwägungen 102
1. Leistungsfähigkeit der qualifizierten Einrichtungen 103
2. Überwindbarkeit des rationalen Desinteresses und Strategie der Unternehmen 104

a) Einzeldurchsetzung 108
b) Einziehungsklage ... 110
c) Schlichtung 111
d) Legal Tech und Prozessfinanzierung 114
e) Bewertung unter Einbeziehung der Unternehmensperspektive 117
VII. Ausblick 118

I. Rechtspolitisches Ziel

1. Intention der Bundesregierung

1 Die Gesetzesbegründung[1] fasst das zu lösende Problem knapp zusammen. Unrechtmäßiges Verhalten von „Anbietern" schade gerade im modernen Massengeschäft einer Vielzahl von Verbrauchern, die besonders bei geringem Schaden den Aufwand einer Klage scheuten. Dadurch erzielten diese Anbieter erhebliche Gewinne und Wettbewerbsvorteile gegenüber rechtstreuen Anbietern.

2 Dieser Ansatz soll vertieft werden (→ Rn. 3 ff.), eine Übersicht über das Gesetz gegeben werden (→ Rn. 14 ff.), die Einordnung zum einen in das System die Handlungsoptionen des Staats zur Durchsetzung von Verbraucherrechten bzw. zur Erzielung von Rechtstreue bei Unternehmen (→ Rn. 18 ff.) sowie zum anderen in das System des kollektiven Rechtsschutzes (→ Rn. 60 ff.) gegeben und weiter die Entstehung des Gesetzes betrachtet werden (→ Rn. 69 ff.) Dann wird der Blick auf die der MFK nachfolgende Individualphase gerichtet, auch um die Chancen und Möglichkeiten der Gesetzesinitiative insgesamt auszuloten (→ Rn. 102 ff.). Die Einführung schließt mit einem Ausblick auf Evaluierung und Weiterentwicklung (→ Rn. 118 ff.).

2. Ausgangspunkt

3 Es sind vor allem zwei Konstellationen, zu deren Bewältigung das Gesetz dient. Um die Phänomene aus Unternehmenssicht zu beschreiben, geht es zum einen um kalkulierten Rechtsbruch zur Erzeugung von Streugewinnen, zum anderen um prozesstaktische Strategien zur faktischen Abwehr von Schadensersatzansprüchen, die wenn nicht schon bezogen auf den Einzelfall, jedenfalls in der Summe hohe wirt-

---

1 BT-Drs. 19/2439, 12.

schaftliche Bedeutung haben. Aus Verbrauchersicht stehen den Streugewinnen Streuschäden gegenüber, die geltend zu machen ein „rationales Desinteresse" hindern kann. Bei auch im Einzelfall hohen Schäden stehen oft Rechtsunsicherheit und Prozess(kosten)risiko im Wege, die beide durch das antizipierte Prozessverhalten der Unternehmensseite mitgesteuert werden („David gegen Goliath").

3. Streuschäden und kalkulierter Rechtsbruch

Ausgangspunkt des Diskurses ist der wissenschaftlich freilich nicht abgesicherte Befund „rationaler Apathie" oder des „**rationalen Desinteresses**",[2] also eine nur zurückhaltende Durchsetzung von Verbraucherrechten. Mit diesem Phänomen wird das Ergebnis einer Abwägung des Verbrauchers[3] zwischen Nutzen, Aufwand und Risiko einer Klage beschrieben. In der Tat ist gut nachvollziehbar und in diesem Sinne rational, dass man zum Beispiel einen nicht plausiblen Rechnungsposten über einen Kleinbetrag auf der Telefonrechnung lieber auf sich beruhen lässt, als auch nur Zeit für die Klärung zu investieren. Und wer die Klärung selbst versucht und keine befriedigende Antwort erhält, wird kaum das im Verhältnis zum erzielbaren Ertrag hohe Kostenrisiko eines Gerichtsprozesses auf sich nehmen. Zu diesen Überlegungen könnte eine repräsentative Befragung des Instituts für Demoskopie Allensbach Anhaltspunkte liefern. Der Durchschnittswert aus den Angaben der Befragten zu dem Betrag, ab dem sie vor Gericht ziehen würden, betrug 1.950 EUR, woraus seither bisweilen gern geschlossen[4] wird, Verbraucher seien angesichts der typischerweise kleinen Streitwerte im Streit mit Unternehmen nicht bereit zu klagen.[5] Die amtlichen Gerichtsstatistiken bestätigen diese Zurückhaltung nicht. Deutsche Amtsgerichte haben trotz sinkender Tendenz[6] im Jahre 2016 insgesamt rund 168.000 Verfahren mit Streitwerten unter 300 EUR und weitere rund 156.000 mit Streitwer-

---

2 Der Begriff wird seit etwa 20 Jahren verwendet (*Fries* 57 ff); er wurde in Zusammenhang mit der ADR-Richtlinie und dem VSBG in die breite rechtswissenschaftliche Diskussion eingeführt (vgl. *Berlin*, S. 53 und *Lemmel* ZKM 2015, 22,26, jew. mwN) und im politischen Bereich seit dem (ersten) Entwurf der Fraktion Bündnis 90/Die Grünen über die Einführung von Gruppenverfahren von Mai 2014 (BT-Drs. 18/1464, 12) im Kontext von Verbraucherrechten und Unternehmensstrategien allgemein verwendet.
3 Im gesamten Text steht die männliche Form stellvertretend für Personen beiderlei Geschlechts.
4 Und oft der Umstand übersehen wird, dass es sich um einen Durchschnittswert handelt; vgl. etwa *Winkelmeier-Becker/Dietsche*, ZG 2018, 47, 52.
5 Allerdings hatte Allensbach nur Beispiele verwandt, die nicht an Verbrauchersachen denken ließen und immerhin 38 % der Befragten hatten keine Angaben gemacht bzw. dies als unmöglich bezeichnet.
6 Vgl. ausführlich die Beiträge in *Höland/Meller-Hannich*.

ten zwischen 300 EUR und 600 EUR erledigt. Dennoch hat bei lebensnaher Betrachtung die Vermutung Berechtigung, dass Verbraucher zumindest wegen Klein- oder Kleinstbeträgen nur relativ selten vor Gericht ziehen.

5 Wenn Verbraucher Ansprüche nicht geltend machen, fordert dies auf Unternehmerseite eine strategische Nutzung im Sinne eines „**kalkulierten Rechtsbruchs**"[7] oder einer „rationalen Rechtsverletzung"[8] geradezu heraus. Der Unternehmer, so die Modellannahme, stelle den angenommenen Ertrag aus der von Kundenseite mutmaßlich hingenommenen Rechtsverletzung den prognostizierten Kosten des mit Wahrscheinlichkeitsannahmen abzuschätzenden Widerstands gegenüber und entscheide sich dann für den Rechtsbruch, wenn der Ertrag ökonomisch überwiegt. Letztlich lässt sich das Problem im Modell in einer einfachen mathematischen Formel ausdrücken, in der die Wahrscheinlichkeit der Hinnahme des Rechtsbruchs (reziprok die Wahrscheinlichkeit des Widerstands) und die Kosten für den Fall von Widerstand, vor allem die für die rechtliche Aufarbeitung (Anwalts- und Gerichtskosten) entscheidend sind.[9] Ein Unternehmen mit vielen Kunden hat in diesem Modell den Anreiz, allen Kunden zu Unrecht Klein- oder Kleinstbeträge abzuverlangen (z.B. auf der Telefonrechnung), also Streuerträge zu generieren, solange sich nur ein verhältnismäßig geringer Teil der Kunden wehrt und der dadurch verursachte (Mehr-)Aufwand gering ist. Der Umgang mit dem Rechtsbruch ist danach also Teil der freilich nicht überaus seriösen Finanzplanung.

6 Die Degradierung der Rechtstreue zur rein kalkulatorischen und damit zur disponiblen Größe mag man bezweifeln. Zumindest Aspekte der **Unternehmensreputation**[10] und die wettbewerbsrechtlichen Risiken wird das Management einbeziehen. Im Übrigen ist die mit dem Modell unterstellte Vorstellung eines homo oeconomicus[11] durch die moderne Verhaltensökonomie und Hirnforschung zumindest stark ins Wanken gebracht.[12] Schließlich gelten gewisse Unterstellungen des Modells wie Vorsatz auf Unternehmerseite und Eindeutigkeit der Rechtslage bei weitem nicht immer. „Gerade kleinen Unternehmern

---

7 *Eidenmüller/Engel* ZIP 2013, 1704, 1709.
8 Der DAV spricht in seiner Stellungnahme Nr. 21 Juni 2018, S. 3 gar von Rechtsfeindlichkeit einiger Marktteilnehmer.
9 *Halfmeier* VuR 2016, 17, 18, stellt den aus dem Rechtsbruch erwarteten Profit der wahrscheinlichkeitsbewerteten Summe möglicher Sanktionen gegenüber.
10 Diese immerhin bezieht auch *Halfmeier* VuR-Sonderheft 2016, S. 16, 18 ein – freilich unter bloßen Kostengesichtspunkten.
11 Vgl. Frey/von Rosenstiel/*Jonas/Maier/Frey*, S. 76 ff.
12 Vgl. *Rogall*, S. 205 ff.; zusammenfassend *Dehe/Fischer* ZKM 2018, 40, 41 ff.

unterlaufen Fehler unbedacht, sind vielleicht mangelnder Sorgfalt oder fehlenden Ressourcen etwa für Rechtsberatung geschuldet; neben der Figur des „rationalen Rechtsverletzers" müsste deshalb zumindest die des „unbedachten Rechtsbruchinkaufnehmers" in die Überlegungen einbezogen werden."[13] Entsprechendes gilt für das Handeln bei rechtlicher Unsicherheit: Ein gut beratenes Unternehmen, das sich bei unklarer Rechtslage zur Nutzung des Graubereichs im eigenwirtschaftlichen Sinne entschließt, hat eine andere Motivationslage als der „kalkulierende Rechtsverletzer". Die Suche nach geeigneten staatlichen Reaktionen könnte hier in verschiedene Richtungen weisen.

Fazit: Handlungsoptionen müssten passgenau sein, also Gründe und Umfang kalkulierten Rechtsbruchs ebenso in den Blick nehmen wie Gründe und Ausprägungen des rationalen Desinteresses.

4. Massenschäden und Prozesstaktik der Vereinzelung

In der rechtspolitischen Diskussion werden Streuschäden häufig abgegrenzt gegen Massenschäden.[14] Beiden Phänomenen gemeinsam ist, dass eine Vielzahl von Verbrauchern (oder andere Teilnehmer des Rechtsverkehrs) betroffen sind. Die Massenschäden haben indes zum einen ein höheres individuelles Gewicht. Zum anderen tritt das Ereignis entweder zufällig auf, also ohne Rechtsbruch wie etwa bei Unglücken, oder die Unternehmensseite bedient sich zwar Regelverstößen, kalkuliert wird aber damit, dass sie unentdeckt bleiben: Die Aufdeckung der Dieselmanipulation etwa war nicht einkalkuliert, fordert also ein **Schadensbegrenzungsmanagement** heraus.

Das rationale Desinteresse wirkt im Bereich von Massenschäden dann, wenn die Prozess(kosten)risiken als zu hoch erscheinen, insbesondere wenn die Streitwerte gehoben sind und der Ausgang offen erscheint. Verstärkt wird diese Zurückhaltung, wenn der eingetretene Schaden relativ geringer gewichtet wird. Wer mit seinem Auto eigentlich zufrieden ist, wertet die Abgasmanipulation a priori geringer als z.B. einen Unfallschaden. Das Schmerzensgeld nach Verlust eines Angehörigen steht oft nicht im Vordergrund der Bedürfnisse von Hinterbliebenen. Für zu erzielende Einnahmen dieser Art gehen Menschen typischerweise weniger Risiken ein als wenn es darum geht, Verluste zu vermeiden (Verlustaversion[15]).

---

13 *Röthemeyer* in: Roder/Röthemeyer/Braun, § 1 Rn. 30.
14 Vgl. etwa *Winkelmeier-Becker/Dietsche* ZG 2018, 47, 51 ff.
15 Grundlegend Kahnemann, S. 375 ff.; vgl. ferner *Debe/Fischer* ZKM 2018, 40, 41 f.; *Winheller* ZKM 2018, 116, 118 f.

10 Die Unternehmensseite nutzt die rationale Zurückhaltung nicht erst seit dem Dieselskandal im Rahmen von Schadensbegrenzungsstrategien. Hierzu gehört auch und vor allem ein aktiver und „kreativer" Umgang der Unternehmensseite mit prozessualen Möglichkeiten. Anders als in akademischen Modellannahmen oder in verbandspolitischen Verlautbarungen[16] beschrieben, sucht das Unternehmen in der „Rechtskrise" oft nicht die schnelle Rechtsklärung, um rasch etwa Rückstellungen auflösen und Unternehmensreputation wieder herstellen zu können.

11 Sieht sich ein Unternehmen einer Vielzahl von Anspruchstellern gegenüber, scheint es immer häufiger eine taktische Option zu sein, zunächst einmal niemandem entgegenzukommen in der Hoffnung, dass nur wenige das Risiko einer Klage auf sich nehmen. Urteile, die für das Unternehmen negativ sind, werden oft durch die Instanzen getrieben, primär um eine positive ober- oder höchstrichterliche Entscheidung zu bekommen. Zeichnet sich auch hier ein negativer Ausgang ab, versucht das Unternehmen, den Verbraucher oder Händler durch einen großzügigen Vergleich abzufinden. Nicht selten ist das Unternehmen sogar zur Überkompensation der entstandenen Schäden bereit, um im Gegenzug Diskretion zu erhalten. So hat etwa die Bankenbranche lange eine Grundsatzentscheidung des BGH zur Frage der Reichweite des Widerrufs bei Darlehensverträgen dadurch zu verhindern vermocht, dass die jeweilige Revision gleichsam im letzten Moment zurückgenommen oder der Anspruch anerkannt wurde. Dieses Taktieren, das man auch als **Missbrauch des Prozessrechts** werten mag, hat den Gesetzgeber zum Gegensteuern veranlasst. Seit dem 1.1.2014 kann die Revision nur bis zum Beginn der mündlichen Verhandlung ohne Einwilligung des Revisionsbeklagten zurückgenommen werden (§ 565 Satz 2 ZPO) und ist das Anerkenntnisurteil im Revisionsverfahren nur noch auf gesonderten Antrag des Klägers statthaft (§ 555 Abs. 3 ZPO).

12 Geschäftsgrundlage der beschriebenen Strategie ist ersichtlich, grundsätzliche und öffentlichkeitswirksame Rechtsklärungen zu vermeiden. Die höchstrichterliche Klärung wird blockiert, **entgegenkommende Vergleiche durch Verschwiegenheitsregelungen geschützt.** Andere Verbraucher sollen so von der Geltendmachung ihrer Ansprüche

---

16 „Die nordrhein-westfälische Wirtschaft hat großes Interesse an einem wirksamen Rechtsschutz für Bürger und Unternehmen. Diese haben einen berechtigten Anspruch auf Durchsetzung berechtigter Ansprüche und auf angemessene Kompensation der durch Rechtsverstöße entstandenen Schäden", Stellungnahme der Landesvereinigung der Unternehmensverbände Nordrhein-Westfalen e.V. im Rechtsausschuss des Landtags Nordrhein-Westfalen, LT-Drs. 17/1124 (Stellungnahme 17/289).

abgehalten werden in der Hoffnung, dass diese verjähren. Es versteht sich von selbst, dass die Neigung zu solchem Agieren mit der Wahrscheinlichkeit einer gerichtlichen Niederlage steigt. Selbst wenn allerdings die Niederlage nach interner Analyse und externer Beratung gewiss erscheint, kann die Taktik aufgehen, wenn nur hinreichend viele Verbraucher in die Verjährung getrieben werden. Verbraucher werden so von der Durchsetzung aussichtsreicher Ansprüche abgehalten.

Um nicht falsch verstanden zu werden: Möglichkeiten, die das (Prozess-)Recht zur Verfügung stellt, eigennützig auszunutzen, sind auch aus ethischer Sicht nicht per se zu beanstanden. Es kann aber aus der Perspektive des Gesetzgebers nützlich sein, sich solches Gebaren vor Augen zu führen, wenn die Unternehmensseite gegensteuernde Reformen mit dem Argument des Missbrauchs von Verbraucherseite zu verhindern oder abzumildern sucht (→ Rn. 85 ff.). 13

II. Das Gesetz im Überblick

Verbraucherschutzverbände, die auf ihre Seriosität besonders geprüft sind, erhalten die Befugnis, bezogen auf Konflikte zwischen Verbrauchern und Unternehmen Klage mit dem Ziel relevanter tatsächlicher und/oder rechtlicher Feststellungen zu erheben. Für die Zulässigkeit bedarf es der Glaubhaftmachung mindestens zehn betroffener Verbraucher. Außerdem müssen mindestens 50 Verbraucher ihre Ansprüche oder Rechtsverhältnisse wirksam zu einem über die Klage geführten Register angemeldet haben. Die Anmeldung ist kostenfrei, ohne Anwaltszwang, hemmt die Verjährung, ist (nur) bis zum Tage vor dem ersten Verhandlungstermin möglich und (nur) bis zum Tage des ersten Termins rücknehmbar. 14

Die Musterfeststellungsklage sperrt andere Klagen zum selben Streitgegenstand und für angemeldete Verbraucher auch die Individualklage. Der Streitwert ist auf 250.000 EUR gedeckelt. Ein Vergleich mit Wirkung für alle angemeldeten Verbraucher ist möglich. Er unterliegt der Inhaltskontrolle des Gerichts auf Angemessenheit; der einzelne Verbraucher kann austreten. Der Vergleich verliert seine Wirkung, wenn mindestens 30 % der Anmelder von dieser Möglichkeit Gebrauch machen. Das Urteil bindet neben den Parteien (Verband und Unternehmen) auch die angemeldeten Verbraucher. Instrumente zu kollektiven Weiterverfolgung der individuellen Ansprüche sind nicht vorgesehen. Der Ansatz ist auf das Zivilprozessrecht beschränkt. 15

16 Die **Architektur des Gesetzes** ist die eines klassischen Einführungsgesetzes als Artikelgesetz. Das Kernanliegen ist als im Wesentlichen in sich geschlossener Regelungskomplex als 6. Buch in die Zivilprozessordnung integriert, wobei Fragen des prozessualen Verbraucherbegriffs, der örtlichen Zuständigkeit und der Verfahrensverbindung in anderen Büchern der ZPO geklärt werden (Art. 2). Die funktionale Zuständigkeit wird im Gerichtsverfassungsgesetz geregelt (Art. 1), die Nichtanwendbarkeit für andere Verfahrensordnungen in Art. 3, 7 bis 9. Schließlich finden sich in anderen Fachgesetzen Rahmenregelungen zum Kosten- und Gebührenrecht (Art. 4, 5) sowie Auswirkungen auf die Verjährung (Art. 6, 10).

17 Die Begrenzung auf das Zivilprozessrecht wird im Regierungsentwurf nicht ausdrücklich begründet, in der Antwort auf eine Kleine Anfrage der Fraktion BÜNDNIS 90/DIE GRÜNEN meint die Bundesregierung, das Modell lasse sich „nicht ohne weiteres" auf andere Gerichtsbarkeiten übertragen.[17] Zumindest im Arbeitsrecht sind allerdings gleichgelagerte Ausgangs- und Interessenlagen vorhanden, etwa wenn geltend gemacht wird, dass Arbeitnehmer konzernweit unter Mindestlohn oder Tarif vergütet werden. Auch hätte das MFV bruchlos in das Arbeitsgerichtsgesetz übernommen werden können, freilich mit der Besonderheit, dass die Klagebefugnis etwa von Gewerkschaften hätte ausgeübt und Arbeitnehmern statt Verbrauchern die Anmeldungsmöglichkeit hätte gegeben werden müssen. In den öffentlich-rechtlichen Fachgerichtsbarkeiten hätte der Ansatz auf seine Tauglichkeit mit Blick auf Behörden (statt Unternehmen) näher geprüft werde können. Immerhin sind auch in den betroffenen Rechtsbereichen Massenbescheide und Massenverfahren anzutreffen, etwa im EU-Beihilfen-Recht. Wegen des Zeitdrucks und gewiss auch wegen des Abstimmungsaufwandes mit den anderen für die verschiedenen Verfahrensordnungen zuständigen Bundesministerien sind solche Ideen von vornherein nicht verfolgt worden.

III. Die MFK im System staatlicher Handlungsoptionen

18 Den kollektiven Rechtsschutz kann man als Teil des staatlichen oder auch gesellschaftlichen Programms sehen, Verbraucherrechte durchzusetzen und Unternehmen zur Rechtstreue anzuhalten, modern formuliert zur Compliance. Die Wirksamkeit der MFK und ihr Stellenwert lassen sich besser einschätzen, wenn sie in das Gesamtsystem eingeordnet wird. Der nachstehende Überblick konzentriert sich auf

---

17 BT-Drs. 19/2710, 9 (zu Nr. 33).

das deutsche Rechtssystem, wobei die europarechtlichen Einflüsse berücksichtigt und Schnittstellen zum Individualrechtsschutz aufgezeigt werden.

Differenziert man nach dem Maß des staatlichen Eingriffs, kommen zunächst Formen der unmittelbaren staatlichen Intervention in den Blick (→ Rn. 20 ff.), wozu neben Pönalien (→ Rn. 20 ff.) die behördliche Aufsicht gehört (→ Rn. 23 f.). Auf der nächsten Stufe stellt der Staat den Geschädigten Abwehr- und/oder Kompensationsmöglichkeiten zur Verfügung (→ Rn. 25 ff.); diesen Individualrechtsschutz haben auf vertikaler Ebene Verbraucher und andere Vertragspartner (Rn. 29) und auf horizontaler Ebene im Wettbewerb geschädigte Konkurrenten (→ Rn. 30 f.). Zur Überwindung des rationalen Desinteresses kommen Maßnahmen zur Verbesserung im Kosten- und Verfahrensbereich in Betracht (→ Rn. 32). Der Individualrechtschutz kann ferner in Richtung Abschreckung durch materiell-rechtliche Regelungen verstärkt werden (Rn. 33). Die staatlich angereizte Bündelung dieser Individualansprüche lässt sich bereits als Kollektivrechtsschutz bezeichnen (→ Rn. 34 ff.). Als Ausprägungen sind die Einziehungsklage durch Verbände (→ Rn. 35), die Verbands-Unterlassungsklage (→ Rn. 36 f.) und die Gewinnabschöpfung (→ Rn. 38) bedeutsam. Zwar nicht staatlich gesteuert, doch aber gesetzlich gebahnt, kann die Streitgenossenschaft zur Bündelung von Individualansprüchen genutzt werden (→ Rn. 42 f.) sowie inzwischen zunehmend aufgekommene Abtretungs-Modelle unter der Verwendung von Legal Tech (→ Rn. 44 ff.). Neben die Rechtsklärung durch staatliche Gerichte hat der Staat inzwischen Instrumente der Alternative Dispute Resolution (ADR) gestellt (→ Rn. 49 ff.). Schließlich sind indirekte Anreizmodelle denkbar (→ Rn. 52 ff.), außerhalb der Rechtsordnung (→ Rn. 53 f.), in staatlich finanziell unterstützten Privatbereichen (→ Rn. 55 f.) oder im Rahmen von Gemeinwohlkonzepten (→ Rn. 57 f.).

1. Unmittelbare staatliche Eingriffe

a) **Staatliche Pönalien.** Das klassische Instrument ist das des **Straf- und Ordnungswidrigkeitenrechts**, das zu behördlichen und staatsanwaltschaftlichen Ermittlungen und ggf. zur Aufarbeitung durch ein Gericht führt. Das deutsche Wirtschaftsstrafrecht ist im Schwerpunkt auf die Sicherung des freien Wettbewerbs orientiert, insbesondere durch das Gesetz gegen Wettbewerbsbeschränkungen (GWB). Die Verletzung von Rechten des Verbrauchers ist nur in Ausnahmefällen strafbar, etwa über die allgemeine Bestimmung des Betruges nach

§ 263 Strafgesetzbuch (StGB). Soweit weitere Schutzrichtungen als die der Verbraucher und der Wettbewerber betroffen sind, finden sich strafrechtliche Sanktionen etwa im Umweltstrafrecht.

21 Die zentrale Vorschrift des Ordnungswidrigkeitenrechts stellt § 130 Ordnungswidrigkeitengesetz (OWiG) dar. Sanktioniert wird die Verletzung der Aufsichtspflicht in Unternehmen. Nicht der Normverstoß als solcher also wird geahndet, sondern die Verletzung der Aufsichtspflicht gegenüber Mitarbeitern zur Verhinderung betriebsbezogener Zuwiderhandlungen. Normadressat des § 130 OWiG ist der Inhaber des Unternehmens, über § 9 OWiG wird zum einen aber auch die Leitungsebene (Vorstand, Geschäftsführer) erfasst und gem. § 30 OWiG kann auch eine Geldbuße gegen das Unternehmen selbst festgesetzt werden. Der Vorteil, der sich aus der Verletzung der Aufsichtspflicht ergibt, kann gem. § 29 OWiG abgeschöpft werden. Obwohl § 130 OWiG schon seit 1968 gilt und aus der preußischen Gewerbeordnung von 1945 übernommen wurde, hat die Vorschrift erst in den letzten Jahrzehnten erhebliche praktische Bedeutung gewonnen. Insbesondere hat die Vorschrift zur Entwicklung von **Compliance Management Systemen** geführt, die gleichsam vorbeugend vom Vorwurf mangelnder Kontrolle entlasten sollen, jedenfalls bußgeldmindernde Wirkung haben können. Im Zusammenhang mit dem Dieselskandal hat die Staatsanwaltschaft Braunschweig im Juni 2018 das für fahrlässig begangene Taten geltende Höchstmaß von 5 Mio. EUR angewandt und unter Abschöpfung eines geschätzten Gewinns von 995 Mio. EUR eine Geldbuße von insgesamt 1 Mrd. EUR gegen den VW-Konzern festgesetzt.

22 Wie die Buße im engeren Sinne kommen die abgeschöpften Gewinne dem Landeshaushalt zugute, werden also nicht an jene verteilt, zu deren Lasten die Gewinne ggf. erzielt wurden. Der bei Verbrauchern, Wettbewerbern oder gewerblichen Kunden eingetretene Schaden wird also auf diese Weise nicht liquidiert, auch wenn er sich im abgeschöpften Gewinn widerspiegelt.

23 **b) Behördliche Intervention.** Diese Möglichkeit direkter staatlicher Kontrolle oder Aufsicht ist anders als in anderen Staaten der Europäischen Union[18] in Deutschland traditionell wenig ausgeprägt. In der jüngeren Vergangenheit ist dieses Instrument über den europäischen Einigungsdruck stärker in den Blick geraten. Die sog. CPC-Verord-

---

18 Vgl. *Rott*, S. 31 ff. und *Schaub*, S. 85 ff, beide in Schulte-Nölke/Bundesministerium der Justiz und für Verbraucherschutz.

nung[19] stellt ein europäisches Behördennetzwerk (Consumer Protection Cooperation) bereit, das schon seit Ende 2005 bei grenzüberschreitenden Rechtsverletzungen eines Unternehmens eingreift. Durch die neue CPC-Verordnung (EU)[20] werden mit Wirkung ab dem 20.1.2020 die Mindestbefugnisse der zuständigen Behörden erweitert und eine verstärkte Zusammenarbeit über rein grenzüberschreitende Sachverhalte hinaus auch bei gleichartigen Rechtsverstößen in mehreren Mitgliedstaaten („weitverbreitete Verstöße") erfolgen. Anders als zunächst beabsichtigt, werden allerdings Ausgleichszahlungen an geschädigte Verbraucher nicht vorgegeben, sondern nur Informationspflichten über Ansprüche aus nationalem Recht geschaffen.

c) Öffentliche Bekanntmachung. Im deutschen Recht hat sich in den letzten Jahren ein Vorgehen außerhalb der klassischen Eingriffsverwaltung entwickelt, das Instrument der öffentlichen Bekanntmachung von Gesetzesverstößen und Missständen. Nach § 124 Wertpapierhandelsgesetz und § 57 Geldwäschegesetz werden behördliche Maßnahmen bzw. Entscheidungen, denen Rechtsverstöße der Unternehmen zugrunde liegen, veröffentlicht. Noch weiter geht § 40 des Lebensmittel- und Futtermittelgesetzbuchs, wonach Veröffentlichungen bei hinreichend begründetem Verdacht auf Normverstöße auch bereits vor Erlass von Bußgeldbescheiden zu erfolgen haben. Das Bundesverfassungsgericht hat dies gebilligt,[21] allerdings eine zeitliche Begrenzung der Veröffentlichung gefordert. Kritische Stimmen bewerten solche Veröffentlichungen als von der Informations- und Mediengesellschaft entdeckten modernen „Pranger".[22] 24

2. Individualrechtsschutz

Der individuellen Durchsetzung von Ansprüchen dient klassischerweise das staatliche Gericht. Der Staat hält hier freilich ein bloßes 25

---

19 Verordnung (EG) Nr. 2006/2004 des Europäischen Parlaments und des Rates vom 27.10.2004 über die Zusammenarbeit zwischen den für die Durchsetzung der Verbraucherschutzgesetze zuständigen nationalen Behörden, ABl. L 364 S. 1.
20 Verordnung (EU) Nr. 2017/2394 des Europäischen Parlaments und des Rates vom 12.12.2017 über die Zusammenarbeit zwischen den für die Durchsetzung der Verbraucherschutzgesetze zuständigen nationalen Behörden und zur Aufhebung der Verordnung (EG) Nr. 2006/2004, ABl. L 345 S. 1.
21 Senatsbeschluss vom 16.3.2018, 1 BvF 1/13: „Dürfte eine Veröffentlichung erst dann erfolgen, wenn ein Verstoß bestands- oder rechtskräftig festgestellt wäre, würde die Information der Öffentlichkeit durch die vielfach zu erwartende Einlegung von Rechtsbehelfen voraussichtlich häufig herausgezögert. ... Eine möglicherweise um Jahre verzögerte Mitteilung über Rechtsverstöße ist zur Verbraucherinformation kaum noch geeignet." (Tz. 43).
22 *Hamm* NJW 2018, 2099.

Angebot bereit. Nur wenn und nur soweit die privaten Rechtsträger bzw. im Regelfall einer der Rechtsträger (Kläger) es wünschen, wird die Rechtslage geklärt. Das gesamte Verfahren ist vom Grundsatz der Privatautonomie[23] geprägt: Den Streitstoff bestimmen die Parteien, sie können den Prozess durch Klagerücknahme, Anerkennung oder Erledigungserklärung jederzeit beenden. Sie müssen nicht einmal das Urteil beachten, wenn sie auf die Vollstreckung verzichten, etwa indem sie einvernehmlich eine andere Lösung finden. Die Abweichung vom Recht, der Rechtsbruch als solcher, spielt nur unter diesen Rahmenbedingungen eine Rolle. Er ist nicht Leitschnur des in Gang gesetzten Verfahrens oder sein Auftragsinhalt, erst recht nicht mit Blick auf eine mögliche Vielzahl gleichgelagerter, aber nicht rechtshängiger Fälle. Deshalb ist es dogmatisch schwierig, die Individualklage als Teil der Rechtsdurchsetzung einzuordnen.[24] Allerdings haben auch individuelle Rechtsdurchsetzungen mitunter durchaus Breitenwirkung, wenn sie unter den Augen der Öffentlichkeit geschehen, was integraler Bestandteil des justiziellen Verfahrens ist (§ 169 GVG). So kann das einzelne Verfahren von Klägerseite als Quasi-Musterprozess zur Bahnung nachfolgender Massenverfahren benutzt werden, was die oben (→ Rn. 8 ff.) beschriebene Reaktion der Vereinzelung und Abfindung herausgefordert.

26 Wegen dieser grundsätzlichen Nutzbarkeit des Individualverfahrens als Rechtsdurchsetzungsinstrument hat die **Europäische Union** sich schon Mitte der 1970iger Jahre Verbesserungen gerichtlicher Maßnahmen diskutiert, freilich mit Seitenblick stets auf außergerichtliche Maßnahmen. So hat die Kommission 1975 ein Kolloquium zum gerichtlichen und außergerichtlichen Verbraucherrechtsschutz durchgeführt und im Jahre 1984 in einem Memorandum neben kollektiven Ansätzen auch die Effektuierung der individualrechtlichen gerichtlichen Durchsetzung diskutiert. Die Europäische Union bedarf auf dem Felde gerichtlicher Verfahren indessen nach Art. 81 AEUV eines grenzüberschreitenden Bezugs. Eingriffe in die Prozessrechte der Mitgliedstaaten sind ihr verwehrt, soweit es um rein nationale Sachverhalte geht. Im Jahre 2006 wurde das europäische Mahnverfahren eingeführt, das es gestattet, Forderungen aus grenzüberschreitenden Verträgen in einem einfachen Verfahren durchzusetzen. Seit 2007 gibt es das Verfahren zur Durchsetzung geringfügiger Forderungen

---

23 Vgl. grundlegend zur Bedeutung der Privatautonomie im Verbraucherschutzrecht *Tamm* in: Tamm/Tonner, § 1.
24 Vgl. *Basedow* JZ 2018, 1, 3.

(sog. Small Claims-Verordnung),[25] das eine einfache Geltendmachung und Vollstreckung von Ansprüchen erlaubt. Beide Verfahren sind niedrigschwellig, insbesondere ohne Anwaltszwang und kostengünstig. Trotz dieser unbestreitbaren Vorteile haben sich diese Verfahren bislang nicht durchgesetzt. Der Anwendungsbereich der Small-Claim-Verordnung ist mit Wirkung vom 14.7.2017 auf Streitwerte bis 5.000 EUR ausgedehnt worden. Ob das Verfahren hierdurch und durch weitere Verbesserungen (Anreize zur Nutzung von moderner Kommunikationstechnologie; praktische Hilfestellungen durch Mitgliedstaaten) besser genutzt wird, bleibt abzuwarten.

Insgesamt nutzt die Europäische Union den Individualrechtsschutz aus kompetenzrechtlichen Gründen kaum für eine Stärkung der Rechtsdurchsetzung gegenüber Unternehmen. 27

Zur Situation in **Deutschland** kann zwischen der vertikalen und der horizontalen Ebene unterschieden werden. 28

a) **Vertikale Ebene.** Geschädigte Verbraucher, Zulieferer und Subunternehmer können vertragsrechtliche oder deliktische Ansprüche gegen den Vertragspartner, ggf. auch gegen den Hersteller haben. Kostenlasten und Kostenrisiken werden einerseits von Rechtsschutzversicherern getragen, deren Bedeutung in Deutschland besonders hoch ist. Staatlicherseits stehen Instrumente wie Beratungs- und Prozesskostenhilfe jenen zur Verfügung, die sich das gerichtliche Verfahren finanziell nicht leisten können. Das Schadensersatzrecht ist auf den Ausgleich des materiellen Schadens orientiert, überschießende Entschädigungen nach Billigkeit oder zur Pönalisierung sind dem deutschen Rechtssystem fremd. 29

b) **Horizontale Ebene.** Der unrechtmäßig auf Kosten des Verbrauchers oder des gewerblichen Vertragspartners erzielte Gewinn bedeutet zugleich einen unfairen Vorteil gegenüber den lauteren Wettbewerbern. Das Gesetz gegen den unlauteren Wettbewerb (UWG) samt Nebengesetzen, das Kartellrecht[26] und das Recht des gewerblichen Rechtsschutzes (GWB) stellen Schadensersatzansprüche zur Verfügung und ermöglichen es konkurrierenden Unternehmen, den Schädiger auf Unterlassung in Anspruch zu nehmen. Es geht also zum einen um die Beseitigung bereits eingetretener Folgen, zum anderen 30

---

25 Verordnung (EG) Nr. 861/2007 des Europäischen Parlaments und des Rates vom 11.7.2007 zur Einführung eines europäischen Verfahrens für geringfügige Forderungen (ABl. L 199 S. 1, ber. 2015 L 141 S. 118), zuletzt geändert durch Art. 1 ÄndVO (EU) 2017/1259 vom 19.6.2017 (ABl. L 182 S. 1, ber. 2018 L 25 S. 84).
26 Vgl. zu einem herausgehobenem Beispiel *Basedow* JZ 2018, 1, 4 f.

stellt das Gesetz einen gewerblichen Präventivrechtsschutz zur Verfügung.

31 Dieses Instrument schützt die Interessen des Verbrauchers nur indirekt und zukunftsorientiert. Es führt zur **Unterlassung wettbewerbswidrigen** und damit zumindest teilweise und potenziell verbraucherbenachteiligenden **Verhaltens für die Zukunft**. Zur Beseitigung der beim Verbraucher eingetretenen Schäden ist es nicht gedacht und nicht geeignet. Aber auch die im Kern beabsichtigte Verhaltenssteuerung spiegelt in der Praxis nicht immer die Interessenlage der Verbrauchergemeinschaft wider. So wird schon länger ein vor allem anwaltsinteressengesteuertes „Abmahnunwesen" beklagt, das Unternehmen dazu anhält, Formalverstöße zu vermeiden. Damit ist dem Verbraucherschutz aber nicht zwangsläufig gedient, und die Annahme ist nicht ganz von der Hand zu weisen, dass die durch das Wettbewerbsrecht veranlasste Priorisierung der Formaltreue in Bezug auf „wahre" Verbraucherinteressen Ressourcen bindet und Fehlanreize setzt.[27] Es ist kein Zufall, dass der Bundestag[28] auf Empfehlung des Rechtsausschusses das Gesetz zur Einführung der MFK zum Anlass genommen hat, die Bundesregierung aufzufordern, Unternehmen vor missbräuchlichen Abmahnungen im Zusammenhang mit der Datenschutzgrundverordnung zu schützen.[29]

32 **c) Mögliche Verbesserungen zum Kosten- und Verfahrensrecht.** Zur Überwindung des rationalen Desinteresses lässt sich zunächst an **Erleichterungen zum Kostenrisiko** denken. So könnte der Staat auf Gerichtskosten etwa bei geringen Streitwerten verzichten oder die Kosten grundsätzlicher Rechtsklärungen übernehmen mit dem Gedanken, dass die Klärung einer Vielzahl von Betroffenen zugutekommt. Auch könnte das Risiko genommen oder reduziert werden, im Unterliegensfall die Anwaltskosten der Gegenseite übernehmen zu müssen. So könnte für definierte Fallgruppen etwa im niedrigen Streitwertbereich, wie schon jetzt im Arbeitsgerichtsprozess (§ 12 a Abs. 1 Satz 1 Arbeitsgerichtsgesetz), der Grundsatz geschaffen werden, dass unabhängig vom Ausgang des Verfahrens jede Partei die **Kosten des eigenen Anwalts** übernimmt. Das könnte Anreize für eine stärkere Nutzung des amtsgerichtlichen Verfahrens, in dem kein Anwaltszwang besteht, setzen. Dass der Vorteil der Erstattung eigener Anwaltskosten bei Klageerfolg entfällt, muss sich für einfache Konstellationen nicht negativ auswirken, wenn die Justiz einen vereinfachten, wo-

---

27 *Röthemeyer* in: Roder/Röthemeyer/Braun, § 1 Rn. 40.
28 BT-Protokoll der 39. Sitzung am 14.6.2018, 3743, 3753.
29 BT-Drs. 19/2741, 4; weiter liegt eine entsprechende Gesetzesinitiative des Bundesrats vor (BR-Drs. 304/18).

möglich technisch unterstützten Zugang zum Verfahren zur Verfügung stellt. Im Übrigen kommt eine Unterstützung des Verbrauchers durch Verbraucherorganisationen im Wege der Einziehungsklage nach § 79 Abs. 2 Satz 2 Nr. 3 ZPO in Betracht (→ Rn. 35). Insgesamt steht die Diskussion in Deutschland, dem rationalen Desinteresse durch verfahrensimmanente Maßnahmen entgegenzutreten, noch am Anfang. Immerhin hat die Justizministerkonferenz im Frühjahr 2018 eine Arbeitsgruppe mit der Prüfung beauftragt, ob für den Bereich von geringfügigen Forderungen ein neues und kostengünstigeres Online-Verfahren geschaffen werden soll.[30]

d) **Materiellrechtliche Unterstützung der Rechtsdurchsetzung.** Will man den Individualanspruch in den Dienst einer verbesserten Rechtsdurchsetzung auf allgemeiner Ebene stellen, können Änderungen des materiellen Rechts nicht außer Betracht bleiben. So könnte eine **Überkompensation** des Schadens zur Verfügung gestellt werden mit dem Gedanken, einen erhöhten Klageanreiz zu setzen und andererseits eine Abschreckungswirkung zu erzielen. Solchen Strafschadensersatz kennt das deutsche Rechtssystem anders als etwa das US-Recht (punitive damages) bisher nicht. Ein rechtspolitischer Diskurs in dieser Richtung ist weder in der Wissenschaft noch in der Politik erkennbar. 33

3. Instrumente der drittorganisierten Bündelung

Wenn der Staat weder selbst handelt (→ Rn. 20 ff.) noch die Individualrechte als ausreichend betrachtet, kann er Dritte befugen, wozu typischerweise auch Bündelungselemente benutzt werden. 34

a) **Einziehungsklage nach § 79 Abs. 2 Satz 2 Nr. 3 ZPO.** Nach dieser Vorschrift werden insbesondere Verbraucherzentralen befugt, Ansprüche von Verbrauchern in deren Namen geltend zu machen. Damit ist eine Bündelung verschiedener gleichgerichteter Ansprüche intendiert. Für den Verbraucher bedeutet dies, dass sein Anspruch, den er hierzu fiduziarisch abtritt oder zu dessen Einziehung er ermächtigt, gerichtlich geltend gemacht wird, ohne dass er im Prozess selbst aktiv werden oder einen Rechtsanwalt beauftragen muss. Dieses Instrument ist indessen nach Einschätzung der Bundesregierung unbedeutend geblieben, weil der erhebliche Koordinierungsaufwand von 35

---

30 www.jm.nrw.de JUMIKO Beschluss TOP I.4. der 89. Konferenz in Eisenach.

den Verbänden jedenfalls in Massenverfahren nicht geleistet werden könne.[31]

36 b) **Unterlassungsklage durch Verbände.** Nach dem Grünbuch der Europäischen Kommission „über den Zugang der Verbraucher zum Recht und Beilegung von Rechtsstreitigkeiten der Verbraucher im Binnenmarkt" aus dem Jahre 1993 und nach Auswertung der verschiedenen mitgliedstaatlichen Systeme kam es im Jahre 1998 zur Richtlinie über Unterlassungsklagen zum Schutz der Verbraucherinteressen (→ Rn. 60). Danach müssen die Mitgliedstaaten für unabhängige öffentliche Stellen oder Verbraucherverbände die Möglichkeit vorsehen, gegen rechtsverletzende Handelspraktiken Unterlassungsklagen zu erheben.

37 In Deutschland erfolgte die Umsetzung nicht auf Behördenebene, sondern in Fortsetzung teilweise schon bestehender Strukturen (→ Rn. 65) auf Verbandsebene. Das Lauterkeits- und das Kartellrecht stellen Verbraucherverbänden und anderen qualifizierten Einrichtungen Beseitigungs- und Unterlassungsansprüche (§ 8 Gesetz gegen den unlauteren Wettbewerb (UWG), § 33 Gesetz gegen Wettbewerbsbeschränkungen (GWB) zur Verfügung, das Unterlassungsklagengesetz (UKlaG) gewährt Unterlassungsansprüche mit Blick auf Allgemeine Geschäftsbedingungen und verbraucherrechtliche Verstöße (§§ 1, 2, 4a UKlaG). Nach Angaben der Verbraucherzentrale Bundesverband leiten die 16 Verbraucherzentralen in Deutschland jährlich rund 1.000 Verfahren ein. Rund die Hälfte der Verfahren erledige sich außergerichtlich, weil die Unternehmen Unterlassungserklärungen abgäben. In 20 bis 25 % der Fälle komme es zu einer Klage.[32]

38 c) **Gewinnabschöpfung durch Verbände.** Nach §§ 10, 8 UWG können Gewinne, die auf unzulässigen geschäftlichen Handlungen beruhen, u.a. durch qualifizierte Einrichtungen im Sinne des UKlaG herausverlangt werden. Nach §§ 34a, 33 GWB können Verbände den aus kartellrechtlichen Verstößen gezogenen Vorteil abschöpfen.

39 Spiegelbildlicher Bestandteil der Abschöpfungsbeträge sind regelmäßig (auch) Schäden, die bei Verbrauchern eingetreten sind. Gleichwohl werden die durchgesetzten Zahlungen nicht an die Verbraucher oder Wettbewerber durchgereicht, sondern im Bundeshaushalt vereinnahmt.

---

31 Gesetzesbegründung BT-Drs. 19/2439, 13; vgl. auch *Augenhofer*, S. 71; Verbraucherzentrale Bundesverband, Stellungnahme zum Diskussionsentwurf vom 28.9.2017, S. 7.
32 https://www.vzbv.de/themen/rechtsdurchsetzung/urteile.

Das Instrument funktioniert auch unter dem Aspekt der Vorbeugung oder Abschreckung nicht wirklich, ist also praktisch bedeutungslos.[33] Hauptgrund dürfte das Prozessrisiko sein, dem der Verband ausgesetzt ist, ohne im Erfolgsfall an den Abschöpfungsbeträgen, die im Rahmen einer Gesamtstrategie zur Kompensation von Verlusten eingesetzt werden könnten, beteiligt zu sein. Weiter ist für die Gewinnabschöpfung eine vorsätzliche Verletzungshandlung erforderlich und der diesbezügliche Beweis in der Praxis häufig nur schwierig zu führen.[34]

40

4. Verfahrensimmanente Bündelungsmöglichkeiten

Das Prozessrecht stellt grundständige Bündelungsmöglichkeiten zur Verfügung, ohne damit kollektiven Rechtsschutz gezielt voranzutreiben oder sich spezifisch auf Verbraucherrechte zu beziehen.

41

a) **Streitgenossenschaft nach §§ 59 ff. ZPO.** Gleichartige Ansprüche mehrerer können bei Vorliegen weiterer Voraussetzungen in einem Verfahren verbunden werden. Das kann gewisse Vorteile bringen, ändert allerdings nichts daran, dass alle Beteiligten sich aktiv beteiligen müssen und Kostenrisiken tragen. Deshalb attestiert die Bundesregierung der Streitgenossenschaft sowie anderen Instituten wie der Nebenintervention, der Verfahrensverbindung und der Aussetzung wegen Vorgreiflichkeit, zur Überwindung des rationalen Desinteresses der Geschädigten nicht tauglich zu sein.[35]

42

b) **Rechtsverfolgungsgesellschaften.** Das materielle Recht erlaubt die Gründung von Gesellschaften bürgerlichen Rechts zur Verfolgung gleichgelagerter Ansprüche der Gesellschafter, die diese zur gebündelten Geltendmachung an die Gesellschaft abtreten.[36]

43

c) **Abtretungsmodelle/Legal Tech.** Im Zuge der Digitalisierung sind längst Plattformen entwickelt, die dem Verbraucher je nach Ausrichtung die Prüfung, Klärung oder Durchsetzung der individuellen Ansprüche erlauben. Für letzteres lassen sich die Anbieter die Ansprüche zumeist fiduziarisch abtreten und verlangen ein Erfolgshonorar.

44

Es handelt sich zumeist um einfach gelagerte Konstellationen, von denen viele Verbraucher in gleicher Weise betroffen sind. Das reduziert den Aufwand des Anbieters und erlaubt den Einsatz digitaler

45

---

33 *Keßler* ZRP 2016, 2, 3.
34 *Keßler* ZRP 2016, 2, 3.
35 Gesetzesbegründung BT-Drs. 19/2439, 13.
36 Vgl. auch zur Übereinstimmung mit dem Rechtsdienstleistungsgesetz *Augenhofer*, S. 67 f.

Instrumente. Als Musterbeispiel kann die von verschiedenen Dienstleistern angebotene Abwicklung von Fluggastrechten gelten. Leicht zugängliche Daten, eine Vielzahl gleich Betroffener und eine zumeist einfache Rechtslage erlauben ein digital gestütztes und offenbar ressourcenschonendes Angebot. Aus Verbrauchersicht bedeutet die Teilnahme zwar, dass ggf. ein Teil des Anspruchs als Honorar verloren geht, sie hat aber den Vorteil minimalen Aufwandes und sehr schneller Abwicklung. Letzteres scheint derart schwer zu wiegen, dass alternativ zur Verfügung stehende Schlichtungsangebote wie zB das der Schlichtungsstelle für den öffentlichen Personenverkehr e.v. (söp) wesentlich weniger in Anspruch genommen werden, obwohl sie für den Verbraucher kostenlos arbeiten.[37]

46 Der Dieselskandal hat dazu beigetragen, dass Legal Tech-Produkte inzwischen auch gleichsam kollektiv eingesetzt werden.[38] So können VW-Kunden ihre Schadensersatzansprüche über die Online Plattform *myright.de* an einen Rechtsdienstleister abtreten, der diese Ansprüche als Inkassodienstleister[39] ohne Kostenrisiko für den Verbraucher gebündelt durchzusetzen versucht. Im Erfolgsfall wird eine Provision von 35 % auf die gezahlte Schadensersatzsumme erhoben.

47 So hat die von *myright* beauftragte Anwaltskanzlei im Februar 2018 beim Landgericht Braunschweig eine Klage eingereicht, in der mehr als 15.000 Ansprüche im Gesamtvolumen von rund 350 Mio. EUR gebündelt sind. Es handelt sich nicht um eine Streitgenossenschaft, vielmehr macht der Kläger die an ihn abgetretenen Ansprüche aus eigenem Recht im Wege der objektiven Klagehäufung geltend. Hintergrund des Vorgehens sind auch kostentaktische Erwägungen. Gerichts- und Anwaltskosten werden nach Maßgabe des Streitwerts degressiv berechnet, außerdem besteht eine Kappungsgrenze bei 30 Mio. EUR. Das Kostenrisiko ist also wesentlich geringer als das der Summe der Einzelklagen. Freilich muss diese Strategie nicht aufgehen. Das Gericht kann gem. § 145 ZPO die Trennung der verbundenen Ansprüche in verschiedene Prozesse anordnen, wenn das aus sachlichen Gründen gerechtfertigt ist. Damit ginge die Streitwertdegression und -nivellierung verloren.

48 Die Aktivitäten von *myright* sind mit der rechtspolitischen Diskussion um die MFK verflochten. Zum einen kann man analysieren, dass

---

37 Daneben mag auch die offensive Bewerbung der Legal Tech-Produkte im Internet eine Rolle spielen, vielleicht sogar überwiegen; auch wer „söp" „googelt", bekommt zunächst kommerzielle Angebote präsentiert.
38 *Augenhofer*, S. 68.
39 Zu rechtlichen Bedenken hinsichtlich § 4 RDG vgl. *Greger* AnwBl. 2017, 932, 934.

myright das Fehlen eines echten Kollektivrechtsschutzes zur Entwicklung seines Geschäftsmodells genutzt hat. Weiter hat *myright* die von 2015 bis 2018 immer stärkere öffentliche Debatte um die deutsche Sammelklage genutzt. Es ist gewiss kein Zufall, dass *myright* sein Abtretungsmodell als Sammelklage bezeichnet. Schließlich waren es auch die Nachteile, die für Verbraucher mit solchen Modellen verbunden sind, die das Projekt der MFK politisch befördert haben.[40]

5. Alternative Dispute Resolution (ADR)

Der Anstoß zu ADR ging auf legislativer Ebene von der Europäischen Union aus. Seit Mitte der 1980er Jahre sind Mechanismen der außergerichtlichen Rechtsdurchsetzung im Gespräch. Mit dem Grünbuch aus dem Jahre 1993 „über den Zugang der Verbraucher zum Recht und Beilegung von Rechtsstreitigkeiten der Verbraucher im Binnenmarkt" hat die Kommission in den Mitgliedstaaten Ombudsmann- und Schlichter-Systeme untersucht und Verbesserungen zu Funktion und Transparenz eingefordert. Nach dem Aktionsplan der Kommission vom 14.2.1996 kam es zu den Empfehlungen der Kommission 98/257/EG vom 30.3.1998 betreffend die Grundsätze für Einrichtungen, die für die außergerichtliche Beilegung von Verbraucherrechtsstreitigkeiten zuständig sind, und 2001/310/EG vom 4.4.2001 über die Grundsätze für an der einvernehmlichen Beilegung von Verbraucherrechtsstreitigkeiten beteiligte außergerichtliche Einrichtungen. Mit diesen Empfehlungen zielte die Kommission bereits auf alternative Lösungsansätze für Verbraucherkonflikte und postulierte Qualitätsstandards wie Neutralität, Unabhängigkeit und Transparenz. Auch entwickelte sie die Idee der Formalisierung, den Online-Gedanken und die europäische Koordinierung.

Bevor die Kommission sich der weiteren Konkretisierung der Verbraucher-ADR widmete, kam es 2008 zur Mediations-Richtlinie,[41] die in Deutschland durch das Mediationsgesetz vom 26.7.2012 umgesetzt wurde. Diese Regelungen betreffen nicht nur Verbraucherkonflikte, sondern alle denkbaren Konfliktbereiche.

---

40 Süddeutsche Zeitung vom 7.11.2017: „FDP-Parteivize Wolfgang Kubicki möchte in Deutschland eine Musterklage für Verbraucher einführen. So will er das deutsche Rechtssystem vor der Übernahme durch amerikanische Kanzleien schützen"; https://www.sueddeutsche.de/wirtschaft/vw-abgasskandal-fdp-dringt-auf-sammelklage-gegen-vw-1.3735795.
41 Richtlinie 2008/52/EG des Europäischen Parlaments und des Rates vom 21.5.2008 über bestimmte Aspekte der Mediation in Zivil- und Handelssachen, ABl. L 136 S. 3.

51 Die ADR-Richtlinie[42] der EU verpflichtet die Mitgliedstaaten, dafür zu sorgen, dass für alle Streitigkeiten zwischen einem Verbraucher in der EU und einem in dem Hoheitsgebiet des betreffenden Mitgliedstaates niedergelassenen Unternehmer aus Verträgen über Verkauf oder Dienstleistung eine Möglichkeit zur außergerichtlichen Beilegung vor einer ADR-Stelle besteht. Das Gesetz wurde in Deutschland durch das Verbraucherstreitbeilegungsgesetz umgesetzt.[43] Hauptproblem bei der praktischen Inanspruchnahme ist die Freiwilligkeit der Teilnahme seitens des Unternehmens (zur Ausnahme → Rn. 113) in Verbindung mit der Kostenlast, die das Unternehmen unabhängig vom Ausgang des Verfahrens trifft.

6. Indirekte Anreizmodelle

52 Der Staat ist bei der Verfolgung des Ziels unternehmerischer Rechtstreue nicht darauf beschränkt, selbst einzugreifen oder Eingriffe Geschädigter oder Dritter zu erlauben oder anzureizen.

53 a) **Selbstverpflichtung der Unternehmen.** Als niedrigschwellige Möglichkeit zur Verfolgung staatlicher oder gesellschaftlicher Ziele ist zu Beginn dieses Jahrtausends in verschiedenen Politikbereichen auf so genannte freiwillige Selbstverpflichtungen gesetzt worden. Nun ergibt eine Selbstverpflichtung zur Einhaltung staatlicher Regeln auf den ersten Blick keinen rechten Sinn, da letztere ja unabhängig vom Willen des Unternehmens ohnehin gelten und zu beachten sind. Indessen scheint nicht selten der Wettbewerbsdruck das Ausloten von Grenzbereichen herauszufordern. Ein solcher Wettbewerb um den „geschmeidigsten" Umgang mit Regeln ist allerdings weder im Interesse der Gesellschaft noch stimmt er unbedingt mit den ethischen Grundsätzen der Unternehmen und ihrer Führung überein. Eine Übereinkunft dahin, solche Grauzone erst gar nicht zu betreten, könnte deshalb Sinn machen.

54 Zu den außerrechtlichen „sozialen"[44] Durchsetzungsinstrumenten gehören etwa Regelwerke zwischenstaatlicher und privater Organisationen. Solche sind oft Vorboten staatlichen Rechts und angesichts ihres interdisziplinären Ansatzes von wachsender Bedeutung.[45]

---

42 Richtlinie 2013/11/EU des Europäischen Parlaments und des Rates vom 21.5.2013 über die alternative Beilegung verbraucherrechtlicher Streitigkeiten und zur Änderung der Verordnung (EG) Nr. 2006/2004 und der Richtlinie 2009/22 EG, ABl. L 165 S. 63.
43 Vgl. *Greger* in: Greger/Unberath/Steffek, Teil C., S. 209 ff.; ausführlich *Borowski/Röthemeyer/Steike*.
44 *Basedow* JZ 2018, 1, 11.
45 *Basedow* JZ 2018, 1, 11 f.

b) **Marktwächter.** Seit März 2015 beobachten der Verbraucherzentrale Bundesverband und Landes-Verbraucherzentralen den Markt verschiedener Branchen (Finanzmarkt, Digitale Welt, Energie pp.) systematisch auf Rechtsverstöße. Sie stützen sich auf Hinweise der Verbraucher, eigene Recherchen und empirische Untersuchungen. Über ihre Erkenntnisse informieren die Verbraucherzentralen die Öffentlichkeit und gehen im Rahmen ihrer Möglichkeiten (→ Rn. 35 ff.) gegen Unternehmen vor.[46]

Der Bund fördert dieses „Frühwarnsystem" der als eingetragene Vereine, also privat organisierten, Verbraucherzentralen mit einem jährlichen niedrigen zweistelligen Millionenbetrag. Der Staat bedient sich hier also über Finanzanreizen einer privat organisierten Marktbeobachtung unter aktiver Einbeziehung der Verbraucher. Die Anpassung an Regeltreue geschieht vor allem auf freiwilliger Basis, die (erhoffte) Hauptwirkung besteht in der Abschreckung angesichts drohender „Prangerwirkung".

c) **Gemeinwohlansätze.** Das Bild der an den Rechtsstaat gebundenen Wirtschaft kann man in Frage stellen, ohne ein revolutionär anderes Wirtschaftssystem propagieren zu müssen. Gerade der Dieselskandal kann an eine Neujustierung des Verhältnisses zwischen Staat und Wirtschaft denken lassen. Nach dem Verständnis des modernen Kapitalismus setzt der Staat der Wirtschaft Grenzen, etwa zum Schutze der Arbeitnehmer, der Umwelt, von Frauen- und Kinderrechten und nicht zuletzt auch zum Schutze des Verbrauchers und des Wettbewerbs. Die Wirtschaft ist über die Gesetze an das Gemeinwohl und an die in Paragraphen gefassten Werte gebunden, aber bei der Verfolgung des Ziels der Gewinnmaximierung von eigenen Werteentscheidungen entlastet.

Je deutlicher – spätestens seit der Finanzkrise – die Zweifel werden, ob dem Staat die Kontrolle der Norm- und Grenzeinhaltung noch gelingt, desto mehr rückt die Frage in den Vordergrund, ob ethische Grundsätze für Unternehmen auch eigene, staatsunabhängige Bedeutung haben können. Hier setzen Konzepte der **Gemeinwohlökonomie**[47] an, die über unternehmensinterne und gesellschaftliche Diskurse schließlich die Normebene im Sinne etwa steuerlicher Anreize erreichen können.

---

46 www.marktwaechter.de.
47 *Felber*, Die Gemeinwohl-Ökonomie: Aktualisierte und erweiterte Neuausgabe, 2012.

7. Zusammenfassung

59 Staatliche Maßnahmen zur Bekämpfung kalkulierten Rechtsbruchs bzw. zur Rechtsdurchsetzung oszillieren unter den aufgezählten Maßnahmen.[48] Oft ist es von Spezifika der Zuständigkeiten, der Zufälligkeit aktueller Problemlagen und politischer Zugriffsmöglichkeiten auch mit Blick auf Ressortzuständigkeiten abhängig, welcher Pfad gerade mit welcher Kraft verfolgt wird. Ein ganzheitlicher Ansatz, der zu Lösungen gleichsam aus einer Hand unter Einbeziehung aller Handlungsoptionen führt, ist bisher nicht ersichtlich (Ausblick → Rn. 118 f.)

IV. Kollektiver Rechtsschutz

1. Europäischer Hintergrund

60 Zehn Jahre nach der Richtlinie über Unterlassungsklagen zum Schutz der Verbraucherinteressen[49] unternahm die Kommission 2008 mit dem Grünbuch „über kollektive Rechtsdurchsetzungsverfahren für Verbraucher" einen Versuch zur Verbesserung der Durchsetzung von Verbraucherrechten in kollektiven Gerichtsverfahren. Viele Mitgliedstaaten wandten sich vor allem mit Blick auf US-amerikanische Sammelklagen (class action) dagegen. Ein Entwurf zur Implementierung kollektiver Rechtsschutzinstrumente wurde 2009 zurückgezogen. Nach weiteren offensiveren Ansätzen hat die Kommission im Juni 2013 eine (bloße) Empfehlung „Gemeinsame Grundsätze für kollektive Unterlassungs- und Schadensersatzverfahren in den Mitgliedstaaten bei Verletzung von durch Unionsrecht garantierten Rechten" veröffentlicht. Die Mitgliedstaaten wurden aufgefordert („sollen"), innerhalb von zwei Jahren „innerstaatliche kollektive Rechtsschutzverfahren für Unterlassungs- und Schadensersatzklagen" einzuführen, die „fair, gerecht, zügig und nicht übermäßig teuer sind". Die Verfahren sollen auf dem Opt-in-Grundsatz beruhen, in Abgrenzung zum US-amerikanischem Recht sollen Erfolgshonorare unzulässig und Strafschadensersatz ausgeschlossen sein. Den Ablauf der Frist hat die Kommission zunächst nicht zum Anlass legislativer Maßnahmen genommen, sondern zunächst mehr auf ADR gesetzt. (→ Rn. 49 ff.)

61 Unter dem Eindruck sicher auch des Dieselskandals hat die Kommission im April 2018 eine neue Initiative unter dem Titel „New Deal

---

48 *Basedow*, JZ 2018, 1, 4 f.
49 Richtlinie 98/27/EG vom 19.5.1998, ABl. L 166 S. 51; später ersetzt durch die Richtlinie 2009/22/EG vom 23.4.2009, ABl. L 110 S. 30.

for Consumers"[50] gestartet. Verglichen mit dem deutschen Ansatz der MFK enthält der Richtlinienentwurf Weiterentwicklungen der Rechtsdurchsetzung oder – je nach Sichtweise – Beschränkungen unternehmerischen Handelns vor allem zu folgenden Punkten:
- Klagebefugnis der qualifizierten Einrichtungen soll weniger beschränkt und weniger gegen Missbrauch geschützt werden,
- Feststellung von Rechtsverstößen der Unternehmen soll auch zugunsten jener Verbraucher erfolgen, die sich der Klage nicht (in keiner Weise) angeschlossen haben,
- Verpflichtung von Unternehmen, betroffene Verbraucher über Entscheidungen zu informieren,
- unwiderlegbare Vermutungen für gleichgelagerte Prozesse,
- Einbeziehung auch von Abhilfemaßnahmen, insbesondere Schadensersatzmaßnahmen,
- Entschädigungszahlung zugunsten eines öffentlichen Zwecks,
- Pflicht des Unternehmens zur Vorlage auch belastender Beweismittel auf Antrag der qualifizierten Einrichtung,
- Sanktionierung der Nichterfüllung eines Leistungstitels durch Verhängen einer Geldbuße, die „abschreckend" sein soll.

Der Bundesrat hat sich gegen die genannten Maßnahmen vor allem mit dem Argument gewandt, es müssten amerikanische Verhältnisse verhindert werden.[51]

Der Richtlinienvorschlag hat das Gesetzgebungsvorhaben zur MFK nicht mehr entscheidend beeinflusst. Die Bundesregierung hat hierzu im Juni 2018 erklärt, die Beratungen zu dem Vorschlag hätten gerade erst begonnen, der Ausgang sei nicht absehbar.[52]

2. Die Ausgangslage in Deutschland

In Deutschland sind seit dem Jahr 1965 Verbände befugt, gegen lauterkeitsrechtliche Verstöße mit Unterlassungsklagen vorzugehen, seit dem Jahr 1977 gegen Verstöße gegen das Recht der Allgemeinen Geschäftsbedingungen[53] (→ Rn. 37). Bei diesen Ansätzen geht es indessen um zukunftsorientierte Verhaltenssteuerung, während kollektivrechtliche Instrumente im Sinne der Bündelung von Individualansprüchen im internationalen Vergleich noch in den Anfängen stehen.[54] Den Hauptgrund kann man in der individualrechtlich gepräg-

---
50 KOM (2018) 184 endg. Ratsdokument 7877/18.
51 BR-Drs. 155/18 (Beschluss).
52 BT-Drs. 19/2710, 7 (zu Nr. 20).
53 Vgl. *Jansen/Birtel*, S. 63, 64.
54 *Augenhofer*, S. 66.

ten Rechtshistorie sehen, gepaart mit der gezielt geschürten Angst vor US-amerikanischen Verhältnissen. So sind auch die europäischen kollektivrechtlichen Vorhaben stets skeptisch bis ablehnend behandelt worden.

66 Eine Ausnahme bildet das Verfahren nach dem Kapitalanleger-Musterverfahrensgesetz (KapMuG), das im Rahmen der rechtspolitischen Diskussion um die MFK je nach Blickrichtung als Vorbild oder als abschreckendes Beispiel kollektiven Rechtsschutzes benutzt wurde. Folgende Hauptunterschiede gegenüber der MFK sind auszumachen:
- Reichweite: Es geht lediglich um Ansprüche geschädigter Anleger wegen falscher, irreführender oder unterlassener öffentlicher Kapitalmarktinformationen, etwa in Jahresabschlüssen oder Börsenprospekten,
- Risiken: Betroffene müssen zunächst Individualklage mit entsprechenden Aufwänden und Risiken erheben,
- gestuftes Verfahren: Das Musterverfahren wird vor dem OLG geführt und die Individualverfahren werden ausgesetzt,
- Aktivlegitimation: Der Musterkläger wird unter den Klägern gerichtlich ausgewählt.

3. Einordnung der MFK in das kollektive Rechtsschutzsystem

67 Der **kollektive gerichtliche Rechtsschutz** lässt sich in folgende Typen einteilen:
- Verbandsklage: Verband repräsentiert die kollektiven Interessen, zumeist mittels des Instruments der Unterlassungsklage,
- Musterklage: Ergebnis einer Individualklage gilt qua Vereinbarung (Musterprozessabrede) oder Gesetz zwischen allen oder einer Vielzahl Betroffener,
- Gruppenklage: Bündelung der Klage verschiedener autonom agierender Anspruchsteller,
- Sammelklage: Dritter fasst die Individualansprüche für eine betroffene Gruppe zusammen (Unterfälle: opt-in[55] oder opt-out[56]).

68 Danach handelt es sich bei der MFK um eine Mischung der beiden ersten Typen, also um eine **Verbandsmusterklage**.[57] Im Vergleich zur echten Sammelklage oder auch zum Gruppenansatz nimmt der einzelne Betroffene eine eher passive Rolle ein.

---

55 Option, sich der Sammelklage anzuschließen.
56 Grundsätzliche Geltung der Sammelklage für den gesamten relevanten Personenkreis verbunden mit der für jeden geltenden Option, „auszutreten".
57 nach *Jansen/Birtel*, 63, 66, handelt es sich um eine „besondere Form der Verbandsklage".

V. Entstehung des Gesetzes

1. Vorarbeiten der Bundesregierung

Im Jahre Herbst 2015 wurde ein erstes Konzept der Fachöffentlichkeit vorgestellt.[58] Ende 2016 war ein Referentenentwurf zur Musterfeststellungsklage entwickelt. Hier war bereits der Ansatz von Feststellungszielen vorgesehen. Klagebefugt sein sollten neben Verbraucherschutzverbänden (nach den vorgefundenen deutschen und europäischen Standards) auch Industrie- und Handelskammern sowie Handwerkskammern. Die MFK sollte sich grundsätzlich auf alle ZPO-Streitigkeiten beziehen können, nicht nur auf b2c-Konflikte. Zehn Betroffene sollten genügen. Für die Anmeldung war eine Gebühr von 10 EUR vorgesehen. Das Urteil sollte das Unternehmen binden, während eine Bindungswirkung zu Lasten der Verbraucher unterbleiben sollte. Ferner war bereits die Möglichkeit eines Vergleichs samt Genehmigungsvorbehalt und Austrittsmöglichkeit vorgesehen. 69

Innerhalb der Bundesregierung gab es sodann Abstimmungsprobleme mit CDU-geführten Ressorts und dem Bundeswirtschaftsministerium.[59] So konnte der Referentenentwurf nicht offiziell in die Diskussion mit Verbänden und Ländern gebracht werden. Die Justizministerkonferenz (JuMiKo) sprach sich im November 2016 mehrheitlich für die Musterfeststellungsklage aus und forderte den Bundesjustizminister zur Vorlage „eines" Entwurfs auf.[60] Die Verbraucherschutzministerkonferenz (VSMK) setzte sich einhellig für das Vorhaben ein.[61] 70

In der Folge wurde der Referentenentwurf (gleichwohl) allgemein bekannt, erst in Wirtschaftskreisen, dann in Redaktionen, verschiedenen weiteren Interessenverbänden und unter den Landesjustizverwaltungen. 71

Auf Druck letztlich der Justizministerkonferenz, die im Frühjahr 2017 nochmals die Vorlage des Entwurfs forderte,[62] hat das Bundesministerium der Justiz und für Verbraucherschutz (BMJV) schließlich 72

---

58 Staatssekretär Billen erstmals öffentlich am 28.9.2015.
59 *Jansen/Birtel*, S. 63, 66 sprechen von politischen Widerständen.
60 www.jm.nrw.de JuMiKo Beschluss TOP I.9. der Herbstkonferenz.
61 https://www.verbraucherschutzministerkonferenz.de, TOP 52 der 12. VSMK am 22.4.2016.
62 www.jm.nrw.de JuMiKo Beschluss TOP I.3. der 88. Konferenz im Juni 2017: „Um die Diskussion voranzubringen, bitten die Länder die Bundesregierung, den Gesetzentwurf unverzüglich vorzulegen und sie bei der weiteren Diskussion intensiv zu beteiligen."

einen „Diskussionsentwurf" auf den Markt gebracht, der zum einen kleinere Änderungen und zum anderen geöffnete Punkte enthielt.

73 Der Kunstgriff, vom Referentenentwurf – gesetzestechnisch betrachtet – zurück auf einen Diskussionsentwurf zu wechseln, war allein dem Umstand geschuldet, dass für die Veröffentlichung des Referentenentwurfs noch immer nicht die erforderliche Kabinettsentscheidung erreichbar war.

74 Der neue Entwurf enthielt gegenüber dem Referentenentwurf folgende Änderungen und Diskussionspunkte:
- Die Musterfeststellungsklage sollte sich nur noch auf das Rechtsverhältnis zwischen Verbrauchern und Unternehmern beziehen können.
- Die Klagebefugnis sollte auf qualifizierte Einrichtungen nach § 4 UKlaG und der Liste der Europäischen Kommission konzentriert werden, die Klagebefugnis für IHK und Handwerkskammern sollte entfallen.
- Das für die Zulässigkeit der Klage erforderliche Quorum von Betroffenen wurde zur Diskussion gestellt; statt mindestens zehn Betroffenen sollten es auch 50 oder 100 sein können.
- Ferner stellte der Diskussionsentwurf zur Diskussion, die Bindungswirkung auch zu Lasten der Verbraucher eintreten zu lassen.

2. Wahlkampf und Regierungsbildung

75 Spätestens im Bundestagswahlkampf bekam das Thema wegen des Dieselskandals eine besondere Dynamik; unterschiedlich vorsichtig stellten sich letztlich sämtliche Parteien hinter die Idee. In den Jamaika-Sondierungen erfolgte die Vorfestlegung auf eine Musterklage.

76 Der neue Vertrag der Großen Koalition sieht schließlich vor:

„Durch die Einführung einer Musterfeststellungsklage werden wir die Rechtsdurchsetzung für den Verbraucher verbessern.

Wir wollen die Klagebefugnis auf festgelegte qualifizierte Einrichtungen beschränken, um eine ausufernde Klageindustrie zu vermeiden. Bewährte wirtschaftliche Strukturen sollen nicht zerschlagen werden.

Wir werden drohende Verjährungen zum Jahresende 2018 verhindern und deshalb das Gesetz (spätestens) zum 1.11.2018 in Kraft treten lassen.

Wir werden für die Einleitung des Verfahrens die schlüssige Darlegung und Glaubhaftmachung einer Mindestzahl von 10 individualisierten Betroffenen sowie für die Durchführung des Verfahrens von 50 Anmeldern zum Klageregister in einer Frist von zwei Monaten festsetzen, um die Effektivität des Verfahrens für Gerichte und Parteien zu gewährleisten.

Die Feststellungen des Urteils sind für den Beklagten und die im Klageregister angemeldeten Betroffenen bindend. Die Bindungswirkung entfällt nur, wenn die Anmeldung bis zum Beginn der ersten mündlichen Verhandlung zurückgenommen ist."

Diese für eine **Koalitionsvereinbarung** ungewöhnlich präzisen Festlegungen sind Ausdruck des Umstandes intensiver Erörterung gewiss auch unter Einbeziehung der Fachebene. 77

Die Vereinbarung des Inkrafttretens noch im Jahre 2018 ließ den Bezug zum Dieselgate deutlich erkennen; es drohte die Verjährung deliktischer Ansprüche gegen die Hersteller, insbesondere gegen den VW-Konzern. 78

Damit wichen die Koalitionspartner von dem vorgefundenen Konzept ab, das für den Aufbau eines elektronischen Klageregisters noch einen Zeitraum von zwei Jahren vorgesehen hatte. Um die von den Entwürfen des BMJV noch in Kauf genommene Verjährung der aktuell öffentlichkeitswirksam diskutierten Ansprüche zu verhindern, nötigte der neue Zeitplan zum eiligen Aufbau eines zunächst manuell geführten Registers. 79

3. Regierungsentwurf

Das Bundeskabinett beschloss den **Regierungsentwurf am 9.5.2018**. Zusammengefasst wies er folgende Unterschiede im Vergleich zum ersten Entwurf auf: 80
- Gegenstand: nur Verbraucherkonflikte (b2c), keine b2b-Streitigkeiten (zB Händler gegenüber Herstellern),
- Klagebefugnis: Engere Voraussetzungen für qualifizierte Einrichtungen; Ausschluss von IHK und Handwerkskammern,
- Kosten: anders als ursprünglich vorgesehen keine Möglichkeit der Streitwertminderung,
- Quorum: zusätzlich zu mindestens zehn Betroffenen weitere 50 Anmeldungen binnen zwei Monaten,
- Anmeldung: kostenfrei statt einer ursprünglich vorgesehener Gebühr von 10 EUR,
- Frist für Anmeldung und Rücknahme: statt Schluss der mündlichen Verhandlung jetzt Tag vor Beginn des ersten Termins,
- Bindungswirkung: auch zulasten der Verbraucher.

4. Parlamentarische Beratungen

Der Gesetzentwurf der Bundesregierung (BT-Drs. 19/2439) wurde am 11.5.2018 in den Bundesrat eingebracht (BR-Drs. 176/18). Die 81

Regierungskoalition legte parallel einen wortgleichen Entwurf als Fraktionsentwurf vor (BT-Drs.19/2507), über den der Deutsche Bundestag am 7.6.2018 in erster Lesung beriet. Der Bundesrat nahm am 8.6.2018 zum Regierungsentwurf Stellung (BR-Drs.167/18 (Beschluss)), am gleichen Tage fand auch hierzu die erste Lesung im Bundestag statt. Schon am 11.6.2018 führte der Rechtsauschuss des Bundestages eine Sachverständigenanhörung durch, die der Ausschuss in der Woche zuvor am 4.6.2018, also noch vor förmlichem Eingang eines Gesetzentwurfs „vorbehaltlich der Zuweisung" anberaumt hatte. In die Beratung und Anhörung wurde auch der lange Zeit dilatorisch behandelte Gesetzentwurf der Fraktion BÜNDNIS 90/DIE GRÜNEN zur Einführung von Gruppenverfahren (BT-Drs. 19/243) einbezogen. Die Sitzung des Rechtsausschusses am 13.6.2018, in der die Entwürfe abschließend beraten wurden, wurde auf Antrag der Opposition unterbrochen, um die Gegenäußerung der Bundesregierung (BT-Drs. 19/2701), die das Bundeskabinett am selben Tage beschloss, noch einbeziehen zu können. Auch wurde noch für den Abend eine Sondersitzung des mitberatenden Wirtschaftsausschusses anberaumt. Bereits am **14.6.2018** beschloss das **Plenum des Bundestages** das Gesetz entsprechend der Ausschussempfehlung mit den Stimmen der Regierungsfraktionen gegen die Stimmen der Opposition. Mit den gleichen Stimmverhältnissen wurde der Gesetzentwurf zur Einführung von Gruppenverfahren abgelehnt. Technisch liegt der Beschlussfassung der Fraktionsentwurf zugrunde, der Regierungsentwurf wurde für erledigt erklärt.

82 Insgesamt benötigte der Deutsche Bundestag für die offizielle **Beratung des Gesetzentwurfs** also nur gut **eine Woche**. Diese bemerkenswerte Geschwindigkeit ließ eine umfassende Beratung und Abwägung insbesondere der in der Sachverständigenanhörung genannten Aspekte und unterbreiteten Vorschläge nicht zu.

83 Der **Bundesrat** beschloss am 6.7.2018, den Vermittlungsausschuss nicht anzurufen. Das Gesetz wurde am 12.7.2018 ausgefertigt und im Bundesgesetzblatt am 17.7.2018 (BGBl. I S. 1151) veröffentlicht.

84 In den parlamentarischen Beratungen wurde der Entwurf im Wesentlichen noch zu folgenden Punkten geändert:
- erstinstanzliche Zuständigkeit der Oberlandesgerichte und stets zulässige Revision,
- ausschließliche Zuständigkeit am Gerichtsstand des Beklagten,
- mögliche Aussetzung gleichgerichteter Individualprozesse gewerblicher Anspruchsinhaber,

- „Angabe des Betrages der Forderung" bei der Anmeldung nur Sollvorschrift statt Wirksamkeitsvoraussetzung,
- Ausdehnung der Möglichkeit zur Rücknahme der Anmeldung bis zum Ablauf des ersten Tages der mündlichen Verhandlung,
- Möglichkeit der Verbindung von gleichgerichteten Verfahren, die am selben Tag anhängig gemacht werden,
- Pflicht des Gerichts, spätestens im ersten Termin zur mündlichen Verhandlung auf sachdienliche Klageanträge hinzuwirken.

Die Diskussion in den Ausschüssen über eine mögliche Haftung des klagenden Verbandes und deren mögliche Begrenzung hat nicht zu Änderungen des Gesetzestextes geführt. Im Ausschussbericht ist allerdings die Absicht der Regierungsfraktionen niedergelegt, „dem Verbraucherzentrale Bundesverband zusätzliche Mittel zur Verfügung zu stellen, die für die durch dieses Gesetz möglich werdenden Tätigkeiten als klagebefugte Einrichtung notwendig sind. Dies umfasst insbesondere auch zusätzliche Mittel für eine Vermögenschadenshaftpflichtversicherung."[63]

5. Diskurs in Öffentlichkeit, Rechtswissenschaft und Verbänden

Die öffentliche Diskussion war von erheblichem Widerstand aus Kreisen der Wirtschaft geprägt. Die Sammelklage passe nicht in das deutsche System. Es würden Anreize gesetzt, das Recht als Investitionsobjekt zu betrachten: „Die erstrittenen Schadensersatzsummen kommen in den USA zu einem Großteil nicht den Geschädigten, sondern den Organisatoren der Klagen zu."[64] Gewarnt werde vor US-amerikanischen „Sammelklagenkanzleien" und britischen Prozessfinanzierern in Verbindung mit dem Erpressungspotenzial unberechtigter Klagen im Hinblick auf die „Prangerwirkung". Zusammengefasst wurde der Widerstand auf die Sorge vor „amerikanischen Verhältnissen" gebracht.

85

Vergleichsweise wenig öffentlichkeitswirksam blieb die Kritik der Rechtswissenschaft. Recht einhellig wurden folgende Aspekte kritisiert:

86

---

63 BT-Drs. 19/2741, 24.
64 Bundesverband der Deutschen Industrie eV vom 18.8.2017, https://bdi.eu/artikel/news/einfuehrung-amerikanischer-rechtsverhaeltnisse-in-der-eu-vermeiden.

- Das Fehlen der Möglichkeit, individuelle Zahlungsansprüche durchzusetzen,[65]
- die damit verbundene Notwendigkeit eines weiteren Prozesses, weshalb das rationale Desinteresse zweimal überwunden werden müsse,[66]
- der Ausschluss der Verbraucher von der Parteienrolle,[67]
- die Beschränkung auf Verbraucher-Konflikte,[68]
- die Einschränkung des rechtlichen Gehörs als Folge der passiven Rolle der Anmelder im Prozess verbunden mit der Bindungswirkung,[69]
- die Überforderung der potenziell klagebefugten Verbände.[70]

87 Die organisierte Rechtsanwaltschaft (Deutscher Anwaltverein – DAV – und Bundesrechtsanwaltskammer – BRAK) hat das Gesetz grundsätzlich begrüßt, allerdings Nachbesserungen zu insbesondere folgenden Punkten vorgeschlagen:[71]
- Öffnung auch für b2b-Konflikte (BRAK und DAV),
- Klagebefugnis auch für den Verbraucher (DAV) bzw. Einfluss des Anmelders auf den Prozess (BRAK),
- Auswahl des Musterklägers durch das Gericht (DAV),
- Möglichkeit mehrerer Beklagter (BRAK, DAV; vgl. aber → § 606 ZPO Rn. 51),
- Einbringen von Feststellungsziele auch seitens des Beklagten (DAV),
- Rücknahme der Anmeldung auch noch nach Beginn der mündlichen Verhandlung (BRAK).

88 Die Verbraucherzentrale Bundesverband (vzbv) hat das Konzept begrüßt, allerdings Nachbesserungen insbesondere zu folgenden Punkten gefordert:[72]
- Verjährungshemmung zugunsten aller betroffener Verbraucher unabhängig von der Anmeldung,
- Bindungswirkung nur gegen das Unternehmen,
- Stärkung der Finanzierung der Verbraucherverbände,
- Haftungsfreistellung des Klägers.

---

65 *Kranz* NZG 2017, 1099, 1101; *Stadler* VUR 2018, 83, 84; *Krausbeck* DAR 2017, 567, 570.
66 *Habbe/Gieseler* BB 2017, 2188, 2190; *Stadler* VUR 2018, 83, 84.
67 *Halfmeier* ZRP 2017, 201, 202.
68 *Halfmeier* ZRP 2017, 201, 202; *Krausbeck* DAR 2017, 567, 569 f.
69 *Habbe/Gieseler* BB 2017, 2188, 2190; ähnlich *Huber*, S. 5.
70 *Stadler* VUR 2018, 83, 87; *Krausbeck* DAR 2017, 567, 568 f.; *Huber*, S. 4.
71 Stellungnahme Nr. 21 der BRAK Juni 2018; Stellungnahme Nr. 20/2018 des DAV Mai 2018.
72 „Eine für Alle – Musterfeststellungsklage einführen", Stellungnahme der vzbv vom 27.6.2017.

6. Einordnung und Bewertung

a) Narrativ der amerikanischen Verhältnisse. Der deutschen Wirtschaft ist es gelungen, ein öffentlichkeitswirksames Narrativ zu setzen – das von der unternehmensbedrohenden „Klageindustrie" nach amerikanischen Verhältnissen. In den Handlungsempfehlungen des Bundesverbands der Deutschen Industrie zur Rechtspolitik für die 19. Wahlperiode heißt es unter der Überschrift: „Kollektiven Rechtsschutz begrenzen": „Deutschland gehört im Bereich des Zugangs zum Recht weltweit zu den führenden Staaten ... Demgegenüber kann der volkswirtschaftliche Schaden, der durch Sammelklagen entsteht, enorm hoch ausfallen. In den USA wird dieser Schaden auf ca. 264,6 Mrd. US$ jährlich beziffert. Das sind ca. 857 US$ pro Einwohner jährlich."[73] Allein die Verwendung des Frames[74] „Schaden" unter Verschiebung von der Verbraucher- in die Wirtschaftsebene darf getrost als gezielte Polemik eingeordnet werden.

89

Schaut man sich die US-amerikanische Reaktion auf das Dieselgate an, insbesondere die schnelle staatlich vermittelte überkompensierende Entschädigung betroffener Fahrzeugeigentümer, die ebenso schnelle Durchsetzung von Schadensersatz an den Staat als Kompensation für eingetretene Umweltschäden und nicht zuletzt die raschen strafrechtlichen Sanktionen,[75] waren solche Sorgen der Wirtschaft durchaus nachvollziehbar. Die Ungleichbehandlung deutscher und europäischer Kunden gegenüber den amerikanischen ist in der Presse immer wieder erörtert worden. Deutschen Politikern wurde besonders im Wahlkampf beim Verweis auf die Systemunterschiede zunehmend unwohl. Hätte die deutsche Politik und die Öffentlichkeit vor diesem Hintergrund über eine Annäherung an die amerikanischen Rechtsprinzipien nachgedacht, hätte niemand überrascht sein dürfen. Diskutiert wurde aber nur, und das auch nur zögerlich, über das MFV. Dieses mit dem Narrativ existenzbedrohender amerikanischer Verhältnisse zu belegen, darf schon als mediale Meisterleistung bezeichnet und anerkannt werden, wenn man sich die Einzelheiten anschaut.

90

b) US-amerikanische class action und ihre Rahmenbedingungen. Im Rahmen der Sammelklage US-amerikanischen Rechts, die class action, klagt ein Repräsentant (named plaintiff) einer Gruppe, deren Ansprüche von zu klärenden Rechts- oder Tatsachenfrage gleicher-

91

---

73 https://bdi.eu/media/publikationen/?publicationtype=Empfehlungen%2019.%20WP#/publikation/news/rechtspolitik.
74 Vgl. *Elisabeth Wehling*, Politisches Framing: Wie eine Nation sich ihr Denken einredet – und daraus Politik macht, 2016.
75 Vgl. *Augenhofer*, S. 64 f.

maßen abhängt, für alle Gruppenangehörigen. Die wichtigste Ausprägung der class action, deren Voraussetzungen in Rule 23416 der Federal Rules of Civil Procedure geregelt sind, erlaubt die Verurteilung zur Leistung von Schadensersatz (money damages).[76]

92 Dieses Instrument muss in Zusammenhang mit den spezifischen kosten- gebühren- und materiellrechtlichen Bedingungen des US-amerikanischen Rechts gesehen werden.

93 aa) **Finanzierungs- und Risikostruktur.** US-amerikanische Kläger haben einerseits keinen Zugang zu staatlicher Unterstützung, also keinen Anspruch auf Prozesskostenhilfe. Andererseits sind sie ebenso wie der Beklagte hohen Kostenrisiken ausgesetzt. Die Gebühren für Gericht und Anwälte sind vergleichsweise hoch. Zudem gilt der Grundsatz, dass jeder unabhängig vom Ausgang des Verfahrens die Kosten des eigenen Anwalts trägt (american rule). Auf Klägerseite wird diese latent klagefeindliche Regelung aufgefangen durch das in den USA unbeschränkt statthafte Erfolgshonorar (contingency fee). Die Anwälte auf Klägerseite werden an dem Gewinn aus dem Prozess zu einem prozentualen Anteil beteiligt, im Gegenzug werden die Kläger von Anwaltskosten in Verbindung mit der american rule unabhängig von Verfahrensausgang ganz von Anwaltskosten befreit. Daraus haben sich anwaltsgetriebene Modelle im Sinne eines aggressiven Angebotsmarkts entwickelt: Nicht der Geschädigte sucht den Anwalt, sondern Anwaltskanzleien suchen eine möglichst hohe Anzahl gleichgerichtet Geschädigter. Die Kanzlei handelt dabei unter dem Risiko, ihre Arbeit nicht vergütet zu bekommen, oder fängt es über Prozessfinanzierung (teilweise) auf, handelt also wie ein klassischer Investor.

94 bb) **Pre-trial discovery.** Aus Beklagtensicht kommt als Besonderheit und als belastender Unterschied zum deutschen Prozess die Belastung mit Kosten aus der pre-trial discovery hinzu. Schon im Vorfeld des eigentlichen Prozesses kann das Gericht dem Unternehmen auf Antrag des Gegners aufgegeben, Informationen und Beweismittel herauszugeben, die für die Klage von Bedeutung sind.[77] Die damit verbundenen Kosten trägt das Unternehmen, auch wenn es am Ende obsiegt oder es nicht zu einem Verfahren kommt.

95 cc) **Strafschadensersatz.** Das materielle US-amerikanische Recht erlaubt eine Überkompensation des Schadens in Form von punitive damages. Maßstab für die Höhe sind neben den isolierten Interessen des Geschädigten auch Aspekte von Bestrafung des Beklagten und

---

76 *Augenhofer*, S. 58 f.
77 Vgl. *Prütting* AnwBl. 2008, 153 ff.

Abschreckung in generalpräventiver Sicht, was auch zu einer Orientierung an der Wirtschaftskraft des Unternehmens führt.[78]

dd) Vergleichende Zusammenfassung. Die class action bietet in ihrem rechtlichen Umfeld, das besonders geprägt ist vom Prinzip der Eigenkostenlast (american rule), der Zulässigkeit von Erfolgshonoraren, der pre-trial discovery und dem Strafschadensersatz, einem erheblichen Anreiz zu unternehmerisch geprägten Prozessstrategien, kann zu Missbrauch einladen und vermag unangemessenen Vergleichsdruck ausüben. Deshalb ist die US-amerikanische class action seit langem auch in den USA in der Diskussion und hat zu einigen Reformen und Gegenbewegungen geführt.[79] 96

In der MFK nun auch nur einen Einstieg in die „amerikanischen Verhältnisse"[80] zu sehen, erscheint **interessengeleitet und nicht belastbar.** Das deutsche Kostenrecht ist geprägt vom looser-pays-Prinzip; nach § 91 ZPO trägt die unterliegende Partei insbesondere die zur zweckentsprechenden Prozessführung erforderliche Kosten der obsiegenden Partei. Das Anwaltsgebührenrecht lässt das Erfolgshonorar nur in besonders gelagerten Einzelfällen zu (§ 4a RVG); eine „Klageindustrie" lässt sich hierauf nicht gründen. Abgesehen von einer Spezialregelung in § 33g GWB, der einen begrenzten Offenlegungsanspruch bei Kartellrechtsschäden, allerdings auf Kosten des Anspruchstellers, normiert,[81] kennt das deutsche Prozessrecht keine pre-trial discovery. Ferner ist das deutsche Schadensrecht vom Grundsatz der Differenzhypothese geprägt: Der Schädiger „hat den Zustand herzustellen, der bestehen würde, wenn der zum Ersatz verpflichtende Umstand nicht eingetreten wäre" (§ 249 Abs. 1 BGB), weshalb Aspekte der Bestrafung, Abschreckung und damit zusammenhängend die Wirtschaftskraft des Schädigers keine Rolle spielen. 97

Eine class action US-amerikanischen Vorbilds fände in Deutschland also nicht den Nährboden, der bei realistischer Betrachtung zu einer missbräuchlichen Nutzung erforderlich wäre.[82] Das Gesetz zur Einführung der MFK will aber nicht nur nichts an dem deutschen, klageindustriefeindlichen rechtlichen Rahmen ändern, sondern ist noch nicht einmal als echte Sammelklage konstruiert. Durch die Bestim- 98

---

78 *Wundenberg* ZEuP 2007, 1097, 1110.
79 Vgl. *Augenhofer*, S. 63 f.
80 So aber zB die Landesvereinigung der Unternehmensverbände Nordrhein-Westfalen in ihrer Stellungnahme in der Anhörung des Rechtsausschusses des Landtages Nordrhein-Westfalen LT-Drs.17/289.
81 Vgl. hierzu *Dose* VuR 2017, 297, 299.
82 So auch *Jansen/Birtel*, S. 63, 70, die den Vorwurf, die MFK könne den Boden für eine Klageindustrie bereiten, als „sachlich unbegründete Kritik" zurückweisen.

mung eines altruistisch gebundenen Klägers werden von vornherein anwalts(gebühren)getriebene Modelle ausgeschlossen.

99 Diese Einschätzung ist auch dann nicht zu relativieren, wenn man die der Kollektivphase der MFK sich anschließende Individualphase miteinschließt. Man mag sich einen strategischen Ansatz vorstellen, in dem eine Allianz aus Prozessfinanzierer und Anwaltskanzlei die Kooperation mit einem Verband sucht (→ Rn. 110 ff.). Solche Modelle können zu einem durchaus fairen Ausgleich der Interessen der Verbraucher einerseits, dem Interesse des Verbandes an Risikoverminderung andererseits sowie dem Interesse der Investorensphäre an Gewinnen führen. Missbrauch im Verhältnis zum Verbraucher ist bei Transparenz und Freiwilligkeit vermeidbar. Missbrauch zu Lasten der Unternehmer ist rechtsstaatlich gebremst: Die Verurteilung des Unternehmens setzt die Feststellung von Vertrags- oder Rechtsverletzung durch ein unabhängiges Gericht voraus. Wenn sich aber – euphemistisch gesprochen – Recht durchsetzt, kann kaum von Missbrauch gesprochen werden.

100 Dieser Grundsatz bedarf freilich der Einschränkung, dass die Rechtsdurchsetzung nicht zum Selbst- oder gar zum Drittzweck werden darf, sondern an die Ziele des Verbraucherschutzes gebunden sein muss. Formalverstöße unerfahrener (kleiner) Unternehmen zu ahnden, muss nicht im Verbraucherinteresse liegen und kann Fehlanreize setzen (→ Rn. 31). Indessen scheinen die hohen Anforderungen an Seriosität und Altruismus des klagenden Verbandes hinreichenden Schutz zu bieten.

101 Hinter den Befürchtungen der Wirtschaft steckt bei genauerer Betrachtung in großen Teilen in der Sache Kritik am materiellen Recht. Wenn das AGB-Recht oder das sonstige Verbraucherrecht Unternehmen benachteiligen sollte, sollte die Diskussion aber auch in diesem Bereich, also zum materiellen Recht geführt werden. Kritik am materiellen Recht in den Diskurs zum Kollektivrechtsschutz einzutragen, enthält die Zumutung an den Gesetzgeber und den Staat, Unternehmen vor der Durchsetzung bestehender Forderungen zu schützen. Vielleicht hat der Staat im Rahmen der vielen ihm zu Gebote stehenden Möglichkeiten, auf Rechtsbruch zu reagieren, nicht die volle Verpflichtung, Recht durchzusetzen. Keinesfalls aber darf er sich in die rechtsstaatswidrige Rolle zwingen lassen, zwar (materielles) Recht zu schaffen, dessen Durchsetzung aber aktiv oder auch nur passiv zu verhindern.

VI. Individualphase und mögliche strategische Erwägungen

Zweifel an der Wirksamkeit der MFK beziehen sich vor allem auf die 102
Leistungsfähigkeit der klagebefugten Verbände einerseits und der
fehlenden Leistungsstufe andererseits.

1. Leistungsfähigkeit der qualifizierten Einrichtungen

Die Verbraucherzentralen haben schon bisher jährlich mehr als 200 103
Klagen nach dem UKlaG auf den Weg zu bringen vermocht (→
Rn. 37). Das finanzielle Risiko ist dort wie hier insoweit begrenzt, als
der Streitwert auf 250.000 EUR limitiert ist. Zu beiden Klageformen
besteht allerdings keine Möglichkeit einer Mischkalkulation in dem
Sinne, dass Klageerfolge Niederlagen zu kompensieren vermöchten.
Denn die altruistisch geführten Klagen geben keine Aussicht auf Gewinn, nicht einmal auf Deckung der internen Kosten. Lediglich die
Auslagen für die Prozessbevollmächtigten werden im Erfolgsfall ersetzt. Die Entscheidung, gerade riskante Verfahren zu führen und damit solche, die zu Grundsatzklärungen beitragen können, dürfte den
Verbänden schwerfallen. Da solche Klärungen im öffentlichen Interesse liegen, ist der Staat zur Unterstützung aufgerufen. Deshalb ist es
zu begrüßen, dass der Rechtsausschuss des Bundestages eine finanzielle Unterstützung des Bundesverbands Verbraucherzentrale eV angekündigt hat. Die für die Förderung der Landes-Verbraucherzentralen
zuständigen Bundesländer sollten nachziehen.

2. Überwindbarkeit des rationalen Desinteresses und Strategie der Unternehmen

Der Kritik, der Ansatz der MFK überwinde das rationale Desinteres- 104
se nicht, sondern verstärke das Problem, weil es gleich zweimal überwunden werden müsse,[83] kann zunächst entgegengehalten werden,
dass der erste Schritt, die Anmeldung zum Klageregister, niedrigschwellig ist. Damit sind weder Kosten noch nennenswerter Aufwand verbunden.

Für jene Gruppe von Verbrauchern, die ohne die MFK ihre (mögli- 105
chen) Ansprüche aufgegeben hätten, ist die Anmeldung hochattraktiv. Eine solche Prognose kann man aus dem Erfolg von Legal Tech-Produkten (→ Rn. 44 ff.) ableiten, die eine niedrigschwellige Teilhabe
an Rechtsklärung ermöglichen und trotz der Kosten in Form der im
Erfolgsfalle fälligen Provision stark nachgefragt sind.

---

83 Vgl. nur *Stadler* VuR 2018, 83, 84.

106 Verbraucher, die (grundsätzlich) zur individuellen Durchsetzung ihrer Ansprüche bzw. zu deren Klärung bereit sind, werden gegen die Risiken abwägen. Diese bestehen darin, dass nach schlechter Prozessführung ihre tatsächlich bestehenden Ansprüche verloren gehen könnten, und darin, dass aufgrund misslingender Anmeldung Ansprüche verjähren könnten.

107 Ob die Nichtzugänglichkeit der Leistung im MFV ein Hemmnis beim Anmeldeverhalten darstellt, hängt perspektivisch auch vom **Verhalten der Unternehmerseite** nach Vorliegen des MFU ab. Ob sie, wie manche aus der bisherigen Prozessstrategie einiger Unternehmen ableiten,[84] keinerlei Entgegenkommen zeigen und es auf Einzelprozesse ankommen lassen in der Hoffnung, die Abfindung einzelner Kläger sei kostengünstiger als die Befriedigung aller (→ Rn. 8 ff.), hängt gewiss auch davon ab, welche strategischen Möglichkeiten für die zweite Phase, die Leistungsphase, bestehen.

108 a) **Einzeldurchsetzung.** Die klassische Durchsetzung über den je einzeln beauftragten Rechtsanwalt legt den strategischen Ansatz der Anwaltschaft nahe, die Verbraucher schon frühzeitig, dh in der Phase der MFK, an sich zu binden. Schon die Frage, ob das MFV dem grundständigen Individualprozess vorzuziehen ist, könnte ein Beratungsgegenstand sein. Auch die Frage, ob der individuelle Fall vom MFV erfasst, Verjährungshemmung und potenzielle Bindungswirkung also überhaupt erreichbar sind, muss nicht immer trivial zu beantworten sein. Schließlich kann auch die Anmeldung selbst gewisse Anforderungen stellen (→ § 608 ZPO Rn. 4 ff.). Nicht zuletzt ist anwaltliche Beratung bei der zeitkritischen Entscheidung gefordert, ob im Lichte der ersten Verhandlung an der Anmeldung festgehalten werden soll (→ § 608 ZPO Rn. 40).

109 Die **Mandate der Individualphase** sind aus Anwaltssicht deshalb attraktiv, weil wegen der erfolgten Klärungen der Arbeitsaufwand relativ geringer ist als bei anderen Aufträgen mit gleichem Streitwert. Die Rechtsschutzbranche hat deshalb schon ins Gespräch gebracht, den Gebührenanspruch nach dem Rechtsanwaltsgebührengesetz (RVG) für solche Prozesse abzusenken.

110 b) **Einziehungsklage.** Wie schon erörtert (→ Rn. 35), sind nach § 79 Abs. 2 Satz 2 Nr. 3 ZPO insbesondere Verbraucherzentralen befugt, Ansprüche von Verbrauchern in deren Namen geltend zu machen. Bisher ist von dieser Möglichkeit wegen des hohen organisatorischen Aufwandes nur wenig Gebrauch gemacht worden. Im Rahmen des

---

84 Vgl. *Stadler* VuR 2018, 83, 87.

MFV hat der Kläger gem. § 609 Abs. 6 ZPO einfachen Zugang zu den **Anmelderdaten**. Nach erfolgreichem Abschluss des Verfahrens liegt es daher auf der Hand, zurückgreifend auf diese Daten betroffenen Verbrauchern die Geltendmachung ihrer Ansprüche anzubieten. In Betracht könnte überdies gezogen werden, diesen Schritt schon begleitend zum Verfahren mit den Anmeldern abzustimmen. Schließlich könnte auch daran gedacht werden, bereits vor oder mit Beginn des MFV mit Verbrauchern **Rahmenvereinbarungen** zu treffen, die sowohl die Prozessführung (dann freilich mit haftungsrechtlichen Konsequenzen → § 608 ZPO Rn. 25 ff.) wie auch die zweite Phase betreffen.

c) **Schlichtung**. Verbrauchern steht ferner die Schlichtung nach dem Verbraucherstreitbeilegungsgesetz (VSBG) zur Verfügung. Zwar erlaubt § 14 Abs. 2 Satz 1 Nr. 2 VSBG es den Schlichtungsstellen, die Schlichtung dann abzulehnen, wenn bereits ein gerichtliches Sachurteil „zu der Angelegenheit" ergangen ist. Damit sind primär Verfahren erfasst, in denen der betreffende Anspruch rechtshängig war. Ebendies trifft auf die beim Klageregister (nur) angemeldeten Ansprüche nicht zu. Andererseits verlangt § 14 Abs. 2 Satz 1 Nr. 2 VSBG für die optionale Verfahrenssperre nicht ausdrücklich die Rechtshängigkeit der zur Schlichtung geltend gemachten Ansprüche, sondern scheint durch die Formulierung „zu" auf die Situation einer feststellenden Vorklärung geradezu zugeschnitten zu sein. Allerdings war dem Gesetzgeber des VSBG die MFK nicht bekannt. Sinn und Zweck der Sperroption des VSBG besteht vor allem darin, die Rechtskraft von Urteilen beachtend unnötigen Ressourceneinsatz zu vermeiden und wohl auch, querulatorischen Ambitionen Raum zu nehmen. Wer den Streit vor Gericht austrägt, soll ihn dort auch zu Ende führen. Diese Erwägungen verfangen bezogen auf das MFV schon deshalb nicht, weil dieses von vornherein nicht auf die Befriedigung individueller Ansprüche, also auf Leistung angelegt ist. Selbst wenn ein Vergleich gelingt, wird er eher ausnahmsweise den Einzelanspruch endgültig regeln (→ § 611 ZPO Rn. 20), in diesem Fall stellt sich die Auslegungsfrage zu § 14 Abs. 2 Satz 1 Nr. 2 VSBG aber auch von vornherein nicht. Wegen dieser untypischen Beschränkung der MFV auf Vorfragen gilt die **Sperroption des § 14 VSBG aus teleologischen Gründen nicht**.

Die Erfolgsaussicht der Schlichtung nach dem VSBG hängt entscheidend von der Teilnahmebereitschaft der Unternehmen ab (→ Rn. 51). Unterstellt man taktisches Kalkül im Sinne der Vereinzelungsstrategie (→ Rn. 8 ff.), mag man in diesem Instrument keinen effektiven Treiber der Individualphase sehen. Allerdings können sich

Unternehmen über eine Mitgliedschaft im Trägerverein zur Schlichtung verpflichtet haben. Auch ist denkbar, dass über Erklärungen nach §§ 36 f. VSBG, die vor der MFK und in unkritischer Zeit erfolgt sein mögen, Bindungen zur Durchführung der Schlichtung entstanden sind, denen die Unternehmen sich nicht entziehen können oder mögen.

113 Besonders effektiv ist die VSBG-Schlichtung in jenen Fällen, in denen die Unternehmen sich nicht nur zur Durchführung der Schlichtung verpflichtet, sondern auch an deren Ergebnis gebunden haben. So trifft der Versicherungsombudsmann für Streitwerte bis 10.000 EUR Entscheidungen, die für das Unternehmen verbindlich sind.[85] Für betroffene Verbraucher, mithin für Versicherungsnehmer, liegt es also nahe, sich nach Erfolg im für sie kostenlosen MFV an den für sie kostenlosen Versicherungsombudsmann zu wenden. Aus dessen Sicht sind solche Verfahren interessant, weil wegen der erfolgten Vorklärungen der Bearbeitungsaufwand gering ist. Deshalb könnten sich auch Kooperationen der **Schlichtungsstellen** mit qualifizierten Einrichtungen im Sinne von § 606 ZPO anbieten.

114 d) **Legal Tech und Prozessfinanzierung.** Auch für diese Marktteilnehmer sind MFV-vorgeprägte Fälle besonders attraktiv, weil die Erfolgsaussichten individueller Ansprüche gut vorhersehbar sind. Zudem sind Daten im Klageregister aufgearbeitet und vorstrukturiert, sodass sich erforderlichenfalls verhältnismäßig einfach Fallgruppen bilden lassen. Freilich sind die Daten für solche Marktteilnehmer nicht direkt zugänglich. Sie könnten allerdings die Anmelder veranlassen, ihre Daten auf ihr System zu übertragen. Effektiver noch und umsatzversprechender könnte es sein, von vornherein, also schon begleitend zum MFV eine Kundenbindung herbeizuführen. So könnte bereits eine – digitalisierte – Vorprüfung samt Unterstützung bei der Anmeldung zum Klageregister angeboten und damit Schutz vor den Risiken unwirksamer Anmeldung und misslingender Verjährungshemmung geleistet werden. Die Anmeldung als solche wird in den Abtretungsmodellen zwar nicht geleistet werden können (→ § 606 ZPO Rn. 57, → § 29 c ZPO Rn. 6 ff.), wohl aber die rechtsgeschäftliche Vertretung des Verbrauchers. Dazu müsste das Abtretungsmodell in dem Sinne modifiziert werden, dass der Kunde (Verbraucher) zumindest zunächst den Anspruch behält.

115 Denkbar erscheint allerdings auch eine Kooperation zwischen qualifizierter Einrichtung und Legal Tech-Anbietern. So könnte der Kläger

---

85 https://www.versicherungsombudsmann.de/das-schlichtungsverfahren/verfahrensordnungen.

betroffenen Verbrauchern anbieten, mit der Anmeldung die Dienstleistung der Individualphase bereits gleichsam vorzubestellen oder in die Dienstleistung des Legal-Tech-Partners bereits die Anmeldung als solche einzubeziehen. Auf diese Weise könnte der Kläger eine Qualitätskontrolle im Sinne des Verbrauchers ausüben und dem Legal-Tech-Partner frühzeitig Datenzugang sichern. Dies setzt allerdings datenschutzrechtlich das Einverständnis des Verbrauchers voraus, was zu einer rechtsgeschäftlichen Beziehung samt Haftungskonsequenzen führt (→ § 608 ZPO Rn. 25 ff.).

Der Nachteil für den Verbraucher im Vergleich zu den anderen Durchsetzungsmodellen besteht darin, dass er (auch) im Erfolgsfall nicht die volle Kompensation erhält. Allerdings ist anzunehmen, dass die bisher übliche Erfolgsbeteiligung von rund einem Drittel wegen des geringeren Aufwandes und des vergleichsweise geringeren Risikos zumal unter Wettbewerbsdruck (deutlich) geringer ausfallen wird. 116

e) **Bewertung unter Einbeziehung der Unternehmensperspektive.** Die vorgenannten Möglichkeiten wird das Unternehmen bereits bei der Prozessführung und besonders bei den Vergleichsgesprächen antizipieren. Es wird in Rechnung stellen, dass die Vereinzelungsstrategie (→ Rn. 8 ff.) auch wegen der öffentlichen Aufmerksamkeit, die das MFV begleitet, weniger Aussicht auf Erfolg hat. Das wird den Vergleichsdruck erhöhen. Kommt es zu einem für das Unternehmen negativen MFU, wird es eher als im Individualprozess eine umfassende Befriedung aller betroffenen Verbraucher, zumindest die der Anmelder, anstreben. 117

VII. Ausblick

Die Bundesregierung hat angekündigt,[86] das Gesetz „frühestens fünf Jahre nach Inkrafttreten" zu evaluieren. Als Prüfungsgegenstände sind die Verbesserung der Rechtsdurchsetzung für Verbraucher, die Entlastung der Gerichte, etwaige unbeabsichtigte Nebenwirkungen, die Praktikabilität der Regelungen und die Akzeptanz angeben. Ferner hat die Bundesregierung auf Antrag des Bundesrats[87] die Prüfung der Einbeziehung auch des möglichen Missbrauchs der überprüfungsfreien Anmeldung zum Klageregister angekündigt.[88] 118

---

86 BT-Drs. 19/2439, 19.
87 BR-Drs. 176/18 (Beschluss), 5 (Nr. 5).
88 BT-Drs. 19/2701, 13 (zu Nr. 5).

119 Die Evaluierung sollte indessen weiter greifen als von der Bundesregierung beabsichtigt. Methodisch erscheint es zu eng, die Evaluierung „auf Grundlage der beim Bundesamt für Justiz vorgehaltenen Rechtspflegestatistiken"[89] durchzuführen. Schon um die angegebenen Evaluierungsgegenstände angemessen zu bearbeiten, scheint eine **umfassende quantitative und qualitative sozialwissenschaftliche Forschung** erforderlich. Die Justizstatistik gibt wenig Auskunft über unterlassene Prozesse und alternative Lösungswege. Auch deshalb sollten Daten und Erkenntnisse etwa aus der Wirtschaft, dem Verbraucherschutz, der Anwaltschaft, der Rechtsschutzversicherungsbranche und dem Schlichtungsbereich einfließen. Auch bietet sich ein rechtspraktischer, internationaler Vergleich für jene Schadensfälle an, in denen gegen dasselbe Unternehmen kollektiver Rechtsschutz auch in anderen Ländern innerhalb oder außerhalb der EU in Anspruch genommen wurde.

120 Problematisch kann die Ankündigung, die Evaluierung erst nach frühestens fünf Jahren durchzuführen, mit Blick auf die angekündigte Änderung der Unterlassungsklagen-Richtlinie („New Deal for Consumers" → Rn. 61 ff.) sein. Um Erkenntnisse für die Umsetzung der bevorstehenden Richtlinie zu erhalten, wird schon nach deren Erlass angesichts einer bisher vorgesehenen Umsetzungsfrist von nur 18 Monaten schnell Handlungsbedarf für die Planung einer vorgezogenen Evaluierung entstehen.

121 Die mithin absehbar baldige rechtspolitische Debatte wird sich auch und vor allem mit den im Gesetzgebungsverfahren streitigen oder offenen Punkten wie Missbrauchsgefahren,[90] Beschränkung auf Verbraucher, Haftungsfragen und Einbeziehung der Leistungsebene, befassen. Ferner wird sie den internationalen Vergleich[91] einbeziehen und nicht mehr umhinkommen, offensive Ansätze wie opt-out-class action[92] in die Diskussion einzubeziehen.

122 Dabei lohnt es sich auch, über **Erleichterungen bei der Schadensfeststellung** nachzudenken, ist es doch deren Komplexität und Individualität, die bisher die Einbeziehung der Leistungsebene in den kollektiven Rechtsschutz erschwert. Je mehr Spielraum dem Kollektivklage-Gericht für eine vergröberte Schadensfeststellung gegeben wür-

---

89 BT-Drs. 19/2439, 19.
90 Hierzu hat der Deutsche Industrie- und Handelskammertag eV in der Anhörung des Rechtsausschusses vorgeschlagen, die Klagebefugnis öffentlich-rechtlichen Einrichtungen zu übertragen („öffentlich-rechtliche Ombudsstelle").
91 Vgl. hierzu insbesondere ausführlich *Augenhofer*, S. 14 ff. sowie *Keßler*, ZRP 2016, 2, 4 f.
92 Dafür *Basedow* JZ 2018, 1, 12.

de, desto eher könnte es auch über individuelle Ansprüche entscheiden. Die dafür erforderliche Rechtsanpassung kann sich im Prozessrecht etwa in Form einer Erweiterung des § 287 ZPO vollziehen, wie sie für das Kartellschadensersatzrecht bereits diskutiert wird.[93] Dabei könnte die Normanpassung auf den kollektiven Rechtsschutz beschränkt sein, um dem Verbraucher die Wahl einer präzisen Schadensberechnung qua Individualklage zu belassen. Alternativ oder kumulativ könnte ferner im materiellen Recht angesetzt werden, indem etwa Schadenspauschalen bestimmt oder gebahnt werden, womöglich angereichert um pönale Aspekte. Hierbei muss man sich vielleicht nicht wie im US-amerikanischen Strafschadensersatzrecht an „Tat"-Verhalten und Abschreckungszielen orientieren. Wohl aber kommt in Betracht, bei der Bemessung des Schadens das Verhalten des Unternehmens im Rahmen der Schadensabwicklung einzubeziehen, wofür es mit den für das Schmerzensgeld entwickelten Grundsätzen bereits Vorbilder gibt.[94]

Auch Weiterentwicklungsmöglichkeiten außerhalb des kollektiven Rechtsschutzes sollten in den Blick genommen werden. Die bisher oszillierenden und unverbundenen Bemühungen könnte der deutsche Gesetzgeber zu einem einheitlichen, gleichsam **ganzheitlichen Ansatz** zusammenführen, idealerweise ohne sich wie bisher vom Europäischen Recht (zB durch die Unterlassungsklagen- und ADR-Richtlinien) treiben zu lassen. Dabei sollten Verzahnungen und Wechselwirkungen der verschiedenen Instrumente mitbedacht werden. So liegt es auf der Hand, Erkenntnisse der privatrechtlich organisierten Marktwächter (→ Rn. 55 f.) auch für behördliche Kontrollen und Maßnahmen zur Verfügung zu stellen. Weiter sollten etwa Maßnahmen der Gewinnabschöpfung untereinander verknüpft werden und auch denen zugute gebracht werden, zu deren Lasten die rechtswidrigen Gewinne erzielt wurden. Ferner können Verbands- und Behördenmodelle besser miteinander verknüpft[95] und die behördliche Intervention zielorientiert maßvoll erweitert werden.[96] Die Abstimmung der Instrumente sollte schließlich eine Überkompensation zulasten der Unternehmen vermeiden, abmildern oder ausgleichen. Ein solcher ganzheitlicher Ansatz würde freilich maßgeblich davon profitieren, dass die Zuständigkeiten auf Regierungsebene zusammengeführt werden. Auf Bundesebene sind im Gesamtkomplex der Durch-

123

---

93 Vgl. *Dose* VuR 2017, 297, 300 mwN.
94 Vgl. etwa Palandt/*Grüneberg* § 253 Rn. 17.
95 Vgl. etwa *Micklitz* in: Schulte-Nölke/Bundesministerium der Justiz und für Verbraucherschutz, S. 21 ff.
96 Vgl. etwa *Schulte-Nölke* in: Schulte-Nölke/Bundesministerium der Justiz und für Verbraucherschutz, S. 197 ff.

setzung von Verbraucherrechten und Anhalt zur Rechtstreue der Unternehmen nicht nur verschiedene Ministerien, vor allem das Justiz- und Wirtschaftsressort, zuständig, sondern schon die Zusammenführung von Justiz und Verbraucherschutz im Bundesministerium der Justiz und für Verbraucherschutz wird in der Praxis unzureichend gelebt.

Teil II
Buch 6 der Zivilprozessordnung

§ 606 ZPO Musterfeststellungsklage

(1) Mit der Musterfeststellungsklage können qualifizierte Einrichtungen die Feststellung des Vorliegens oder Nichtvorliegens von tatsächlichen und rechtlichen Voraussetzungen für das Bestehen oder Nichtbestehen von Ansprüchen oder Rechtsverhältnissen (Feststellungsziele) zwischen Verbrauchern und einem Unternehmer begehren. Qualifizierte Einrichtungen im Sinne von Satz 1 sind die in § 3 Absatz 1 Satz 1 Nummer 1 des Unterlassungsklagengesetzes bezeichneten Stellen, die
1. als Mitglieder mindestens zehn Verbände, die im gleichen Aufgabenbereich tätig sind, oder mindestens 350 natürliche Personen haben,
2. mindestens vier Jahre in der Liste nach § 4 des Unterlassungsklagengesetzes oder dem Verzeichnis der Europäischen Kommission nach Artikel 4 der Richtlinie 2009/22/EG des Europäischen Parlaments und des Rates vom 23. April 2009 über Unterlassungsklagen zum Schutz der Verbraucherinteressen (ABl. L 110 vom 1.5.2009, S. 30) eingetragen sind,
3. in Erfüllung ihrer satzungsmäßigen Aufgaben Verbraucherinteressen weitgehend durch nicht gewerbsmäßige aufklärende oder beratende Tätigkeiten wahrnehmen,
4. Musterfeststellungsklagen nicht zum Zwecke der Gewinnerzielung erheben und
5. nicht mehr als 5 Prozent ihrer finanziellen Mittel durch Zuwendungen von Unternehmen beziehen.

Bestehen ernsthafte Zweifel daran, dass die Voraussetzungen nach Satz 2 Nummer 4 oder 5 vorliegen, verlangt das Gericht vom Kläger die Offenlegung seiner finanziellen Mittel. Es wird unwiderleglich vermutet, dass Verbraucherzentralen und andere Verbraucherverbände, die überwiegend mit öffentlichen Mitteln gefördert werden, die Voraussetzungen des Satzes 2 erfüllen.

(2) Die Klageschrift muss Angaben und Nachweise darüber enthalten, dass
1. die in Absatz 1 Satz 2 genannten Voraussetzungen vorliegen;
2. von den Feststellungszielen die Ansprüche oder Rechtsverhältnisse von mindestens zehn Verbrauchern abhängen.

Die Klageschrift soll darüber hinaus für den Zweck der Bekanntmachung im Klageregister eine kurze Darstellung des vorgetragenen Lebenssachverhaltes enthalten. § 253 Absatz 2 bleibt unberührt.

(3) Die Musterfeststellungsklage ist nur zulässig, wenn
1. sie von einer qualifizierten Einrichtung im Sinne des Absatzes 1 Satz 2 erhoben wird,
2. glaubhaft gemacht wird, dass von den Feststellungszielen die Ansprüche oder Rechtsverhältnisse von mindestens zehn Verbrauchern abhängen und
3. zwei Monate nach öffentlicher Bekanntmachung der Musterfeststellungsklage mindestens 50 Verbraucher ihre Ansprüche oder Rechtsverhältnisse zur Eintragung in das Klageregister wirksam angemeldet haben.

I. Einleitung 1	3. Überprüfung der Voraussetzungen (Satz 3) .. 41
II. Gegenstand der MFK (Abs. 1) 3	4. Vermutung zugunsten öffentlich geförderter Einrichtungen (Satz 4) 43
1. Streitigkeiten zwischen Verbrauchern und Unternehmen 3	5. Streitgenossenschaft.... 46
a) b2c-Streitigkeiten ... 3	IV. Unternehmer 49
b) Keine b2b- und c2c-Konflikte 4	1. Begriff 49
2. Nur Feststellungen 8	2. Streitgenossenschaft.... 50
3. Feststellungsbefugnis nur auf Aktivseite 9	3. Rolle im Prozess 52
	V. Verbraucherbegriff 53
4. Tatsächliche und rechtliche Voraussetzungen 10	1. Vertretung 54
5. Bedeutung der Konnexität 17	2. Vorgehen aus übergegangenem Recht 56
III. Klagebefugnis 19	3. Rolle des angemeldeten Verbrauchers 59
1. Eintragung (Satz 2)..... 20	VI. Anforderungen an die Klageschrift (Abs. 2) 60
2. Weitere Voraussetzungen (Satz 2) 27	VII. Besondere Zulässigkeitsvoraussetzungen (Abs. 3).. 65
a) Mindestgröße (Nr. 1) 28	1. Qualifizierte Einrichtung (Nr. 1) 66
b) Kontinuität (Nr. 2) 29	2. Mindestens zehn betroffene Verbraucher (Nr. 2) 67
c) Schwerpunkt Aufklärung und Beratung (Nr. 3) 30	a) Einführung 67
d) Keine Gewinnerzielung (Nr. 4) 31	b) Mögliche Abhängigkeit 68
e) Kein Interessenkonflikt (Nr. 5)............ 32	c) Glaubhaftmachung 69
	3. 50 wirksame Anmeldungen (Nr. 3) 70
aa) Ziele: Wettbewerbsschutz und Missbrauchsschutz 32	4. Beurteilungszeitpunkt
bb) Voraussetzungen .. 36	a) Allgemeines 74

b) Besondere Zulässigkeitsvoraussetzungen des Abs. 3 75	2. Funktionale und örtliche Zuständigkeit 77
VIII. Allgemeine Prozess- und Zulässigkeitsvoraussetzungen 76	3. Prozessführungsbefugnis 78
	4. Keine anderweitige Rechtshängigkeit 80
1. Internationale Zuständigkeit 76	5. Keine entgegenstehende Rechtskraft 81

I. Einleitung

Die Vorschrift beschreibt den Anwendungsbereich der MFK und enthält grundsätzliche Begriffsklärungen wie die der Feststellungsziele und der qualifizierten Einrichtungen. In Ergänzung und in Abweichung zu den allgemeinen Vorschriften der ZPO wird die Zulässigkeit der MFK beschrieben, insbesondere die Anforderungen an die Klage. 1

Das MFV wird zwar in Bezug auf Verbraucherkonflikte geführt, die Verbraucher selbst sind aber nicht förmlich Prozesspartei. Das Verfahren wird ausschließlich zwischen einer qualifizierten Einrichtung und dem betroffenen Unternehmen geführt. Der Verbraucher ist anders als im Verfahren nach dem Kapitalanleger-Musterverfahrensgesetz (KapMuG) auch nicht Beigeladener. Er hat somit keinerlei aktive Rolle und kann auf das Prozessgeschehen selbst keinen Einfluss ausüben. Er kann sich zum Klageregister anmelden (→ § 608 ZPO Rn. 13 ff.), kann sich auch zeitlich limitiert wieder abmelden (→ § 608 ZPO Rn. 39 ff.) und hat für den Fall eines Vergleiches die Möglichkeit, aus diesem auszutreten (→ § 611 ZPO Rn. 47 ff.). Hierin erschöpft sich die (mögliche) Beteiligung des Verbrauchers am Verfahren. Damit korrespondiert in gewisser Weise die Rolle des klagenden Verbandes. In seiner Person bündeln sich die prozessualen Gestaltungsmöglichkeiten, mit denen letztlich die Rechte und Interessen der Verbraucher wahrgenommen werden. Hieraus ergeben sich Fragen des rechtlichen Gehörs in der Verantwortung des Gerichts (→ § 610 ZPO Rn. 39 ff.) und der Haftung des klagenden Verbandes (→ § 608 ZPO Rn. 25 ff.). 2

II. Gegenstand der MFK (Abs. 1)

1. Streitigkeiten zwischen Verbrauchern und Unternehmen

a) b2c-Streitigkeiten. Die Legaldefinition des Feststellungsziels enthält zunächst eine Beschränkung auf die b2c-Situation. Die MFK muss sich auf Ansprüche oder Rechtsverhältnisse eines Verbrauchers 3 gegenüber einem Unternehmen beziehen. Nach dem prozessualen Verbraucherbegriff des § 29 c ZPO geht es nicht nur um vertragliche Ansprüche oder Rechtsverhältnisse. Deshalb sind auch deliktische Ansprüche insbesondere aus §§ 823 ff. BGB einbezogen, gleich ob sie mit vertraglichen zusammenhängen (Anspruchskonkurrenz), sie diese ergänzen oder ganz im außervertraglichen Bereich anzusiedeln sind. Auf diese Weise sind auch Ansprüche etwa aus Verkehrsunfällen denkbarer Gegenstand der MFK. Dagegen spricht im Ergebnis auch nicht, dass eine prozessuale Sondernorm zum Unternehmerbegriff nicht vorgesehen ist und damit § 14 BGB gilt. Danach kommt es darauf an, dass die Person „bei Abschluss eines Rechtsgeschäfts in Ausübung ihrer gewerblichen oder selbständigen beruflichen Tätigkeit handelt." Damit ist keine Einschränkung in dem Sinne verbunden, dass in casu (doch) ein Bezug zu einem Rechtsgeschäft vorhanden sein müsste. Denn mit einer solchen Auslegung würde die eindeutige Intention des Gesetzgebers, die in der Ergänzung des § 29 c ZPO sowie auch in der Begründung[1] zum Ausdruck kommt, unterlaufen. Es kommt entscheidend darauf an, dass der Beklagte am Markt planmäßig und dauerhaft Leistungen gegen ein Entgelt anbietet[2] und mit der MFK in dieser Rolle in Anspruch genommen wird. Damit fallen auch gesetzliche Ansprüche und außervertragliche Rechtsverhältnisse in den Anwendungsbereich, solange das Unternehmen in dieser Eigenschaft agiert hat oder involviert war. Wenn also ein Unternehmer, der ein Kraftfahrzeug zu gewerblichen und privaten Zwecken besitzt, wegen eines Unfalls in Anspruch genommen wird, kommt es für den Anwendungsbereich der MFK darauf an, ob das Fahrzeug in der betreffenden Situation gewerblich oder privat benutzt wurde.

4 **b) Keine b2b- und c2c-Konflikte.** Anders noch als in ersten Entwürfen vorgesehen, sind zum einen b2b-Situationen ausgeschlossen, obwohl etwa zwischen **Zulieferern, Händlern oder gewerblichen Kunden** einerseits und den vertraglich verknüpften Unternehmen andererseits durchaus Rechtsfragen bestehen können, die für eine Vielzahl von Betroffenen von Bedeutung sind und deren gebündelte (Vor-)Klärung für alle Beteiligten ähnlichen Nutzen bringen könnte wie im Verbraucherkontext. In der Sachverständigenanhörung und in Debattenbeiträgen der Opposition war bezogen auf den damals aktuellen Dieselskandal immer wieder von einer Ungleichbehandlung gewerblicher Autokäufer die Rede. Im Falle einer MFK gegen (insbesondere) die Volkswagen AG würden sich dieser keine Unternehmen anschließen können, auch wenn diese, vor allem die kleinen unter ih-

---

1 BT-Drs. 19/2439, 19.
2 Vgl. BGH NJW 2006, 2250.

nen, sich rechtlich, nach dem Machtgefüge und in technischer Hinsicht in einer vergleichbaren Situation befinden.

Die wenn auch auf eine Sondersituation bezogene Forderung nach einer Erweiterung des Anwendungsbereichs auf den b2b-Bereich verfing letztlich deshalb nicht, weil schwer vorstellbar erschien, dass eine Verbraucherzentrale in der Auseinandersetzung zwischen Unternehmen gleichsam für eine Gruppe von Unternehmen Partei ergreift. Um solche Schieflagen zu vermeiden, war ursprünglich eine **Klagebefugnis auch für Industrie- und Handelskammern** sowie für Handwerkskammern vorgesehen. Auch dieses Ansinnen hat sich am Ende nicht durchgesetzt. Neben Interessen einflussreicher Großunternehmen gab es auch Bedenken der Kammern selbst, die sich einen Konflikt mit ihrer Aufgabe sehen, die Interseen ihrer Mitgliedsunternehmen wahrzunehmen, die sich über Pflichtbeiträge unter Umständen finanziell mittelbar an gegen sie geführten Verfahren beteiligten müssten. Solche Bedenken gab es bei der entsprechenden Diskussion zum Verbraucherstreitbeilegungsgesetz ebenfalls.[3] Sie konnten sich dort freilich nicht durchsetzen, allerdings haben bislang nur wenige Kammern von der Befugnis Gebrauch gemacht, eine Verbraucherschlichtungsstelle nach dem VSBG zu gründen. 5

Allerdings ist der Bundestag den Interessen der gewerblichen Wirtschaft an der Teilhabe an Klärungen des MFV ein wenig entgegengekommen. Erst in den Ausschussberatungen ist in § 148 ZPO ein Absatz angefügt worden, der es dem Gericht eines Individualprozesses erlaubt, auf Antrag eines gewerblichen Klägers das Verfahren mit Blick auf ein MFV auszusetzen. Damit kann erreicht werden, dass die Ergebnisse eines MFU auch in solchen Individualprozessen berücksichtigt werden. Zugleich werden einander widersprechende Urteile vermieden. 6

Daneben sind auch **c2c-Konstellationen** von der MFK ausgenommen. Denkbare Großschadensereignisse wie etwa ein Verkehrsunfall unter Privaten mit vielen Verletzten, Toten und anderweitig Geschädigten können also nicht mit der MFK aufgearbeitet oder vorbereitet werden. 7

2. Nur Feststellungen

Innerhalb der b2c-Situation können nur Feststellungen erzielt werden, Leistungen wie etwa Schadensersatz können nicht verlangt werden. Zu diesem Spezifikum der deutschen Verbandsmusterklage (→ 8

---

3 Vgl. *Röthemeyer* in: Borowski/Röthemeyer/Steike § 28 Rn. 10 ff.

Einf. Rn. 86, 102 ff.). Auch verkappte Leistungsansprüche sind ausgeschlossen. Ein Antrag etwa auf Feststellung, dass das Unternehmen jedem der betroffenen Verbraucher als Schadensersatz 10 EUR zu zahlen verpflichtet sei, wäre (bereits) unzulässig. Das ergibt sich zwar noch nicht zwingend aus dem allgemeinen Grundsatz, wonach die Feststellung mangels Feststellungsinteresses nicht statthaft ist, wenn (gleich) die Leistung gefordert werden kann.[4] Denn diese allgemeine Einschränkung ist nur sinnvoll, wenn der Kläger auch (überhaupt) auf Leistung klagen könnte, was bei der MFK gerade nicht der Fall ist. Die konkrete Leistungsverpflichtungsfeststellung beachtete aber nicht die **Vorgreiflichkeit**, auf die es nach Abs. 1 gerade ankommt (→ Rn 17 f.).

3. Feststellungsbefugnis nur auf Aktivseite

9 Der Gesetzeswortlaut, wonach die qualifizierte Einrichtung Feststellungen anstreben kann, legt Exklusivität in dem Sinne nahe, dass nicht auch der Beklagte Feststellungsziele durch entsprechende Anträge soll verfolgen dürfen. Dagegen ist in der Anhörung des Rechtsausschusses mehrfach vorgeschlagen worden, zur Waffengleichheit, zur Berücksichtigung von Einwänden oder Einreden oder negativen Tatbestandsmerkmalen auch den **Beklagten zu befugen, Feststellungen zu beantragen**. Diesen Vorschlägen ist der Gesetzgeber nachvollziehbar nicht gefolgt. Der klagende Verband kann und sollte seinerseits Gegenrechte berücksichtigen und die Feststellungsziele (negativ) auch hierauf beziehen. Dazu lädt das Gesetz förmlich ein, indem es auch das „Nichtvorliegen" von Voraussetzungen und das „Nichtbestehen" von Ansprüchen und Rechtsverhältnissen einbezieht (→ Rn. 10 ff.). Die Frage der Waffengleichheit stellt sich nicht in dieser Schärfe, weil Einreden oder andere dem Beklagten günstige Aspekte, die der Kläger übersieht oder ignoriert, entweder vom Beklagten auch ohne Antragsrecht im MFV geltend gemacht (zB Einrede der Verjährung) oder vorgetragen (negative Tatbestandsmerkmale) werden können. Versäumt der Kläger etwa die Klärung eines Tatbestandsmerkmals, wird der Antrag je nach Fassung abgewiesen oder umfasst die Bindungswirkung das Merkmal nicht. Allerdings hätte eine in diesem Sinne aktivere Rolle des Beklagten der Effektivität des Verfahrens dienlich sein können, wäre andererseits aber in dem Sinne missbrauchbar, dass Anträge auch in Verschleppungsabsicht hätten gestellt werden können.

---

4 Vgl. Musielak/Voit/*Foerste* § 256 Rn. 12.

4. Tatsächliche und rechtliche Voraussetzungen

Die Feststellung muss sich nach der Legaldefinition auf das Vorliegen von tatsächlichen oder rechtlichen Voraussetzungen für das Bestehen oder Nichtbestehen von Ansprüchen oder Rechtsverhältnissen beziehen. 10

Tatsachen- und Rechtsfragen können getrennt, in Ein- oder Mehrzahl der Klärung zugeführt werden. 11

Es kommt **nicht** darauf an, dass die MFK sämtliche tatsächlichen und rechtlichen Voraussetzungen in den Blick nimmt, das dürfte im Gegenteil die Ausnahme sein. Eher wird es häufig um eine oder wenige Streitfragen gehen. So wird der klagende Verband sich vielleicht auf eine zentrale Frage konzentrieren in der Annahme, die anderen Voraussetzungen seien im Einzelfall unstreitig, leicht zu beweisen oder von den Gegebenheiten des Einzelfalls abhängig. Eine in diesem Sine schlüssige Strategie muss der Verband freilich nicht darlegen. Jede scheinbar willkürlich herausgegriffene tatsächliche oder rechtliche Frage kann die MFK tragen. 12

Neben dem Vorliegen der Voraussetzungen für das Bestehen von Ansprüchen oder Rechtsverhältnissen (positiv-positiv-Kombination) kann es jeweils auch um das Nichtvorliegen gehen. 13

Am ehesten vorstellbar ist das Vorliegen der Voraussetzungen für das Nichtbestehen eines Rechtsverhältnisses (positiv-negativ-Kombination), etwa wenn der Verband geltend macht, massenhaft geschlossene Verträge seien wegen Täuschung oder Wuchers unwirksam. Auch mag die Unwirksamkeit einer AGB-Klausel geltend gemacht werden. 14

Die negativ-positiv-Kombination, also das Nichtvorliegen einer Anspruchsvoraussetzung, ist schon weniger praktikabel. Es ist kaum vorstellbar, worin das Interesse an solchen Feststellungen bestehen könnte, jedenfalls scheint der positiv-positiv-Ansatz, also das Vorliegen der Voraussetzungen, praktisch überlegen. Eher philosophisch mutet die negativ-negativ-Kombination an. Es müsste geltend gemacht werden, dass eine Voraussetzung für das Nichtbestehen eines Anspruchs oder Rechtsverhältnisses nicht besteht. Um ein Beispiel zu konstruieren, stellen wir uns vor, der Verband wolle die von einem Maklerunternehmen massenhaft vereinbarte Courtage auf Wucher gerichtlich überprüfen. Hierzu könnte er auf Feststellung antragen, dass das Unternehmen nicht die Unerfahrenheit oder wirtschaftliche Abhängigkeit der Verbraucher ausgenutzt habe. Gewönne der Verband, würde feststehen, dass kein Wucher vorliegt, verlöre er, stünde noch nicht einmal fest, dass eine Voraussetzung des Wuchers vor- 15 liegt, kann es sich doch um eine non-liquid-Entscheidung gehandelt haben.

16 An solchen Prozessstrategien dürfte kaum ein rechtlich geschütztes Interesse bestehen. Jedenfalls dann, wenn der teils negativ formulierte Antrag bei Obsiegen in der Sache das Unternehmen gewinnen ließe, wie das im geschilderten Beispiel der Fall sein kann, ist der Antrag mit Blick auf die Kostenfolgen nicht durch das Rechtsschutzinteresse des Verbandes geschützt. Denn der Grundsatz der ZPO, dass der Verlierer die Kosten des Prozesses trägt (§ 91 ZPO), ist auf die im Prozess gestellten Anträge, nicht auf die „wahren" Auswirkungen orientiert. Das Unternehmen **muss nicht hinnehmen, dass seine Rechtstreue auf seine Kosten festgestellt wird.** Das mag dann anders zu beurteilen sein, wenn der Beklagte der negativen Kostenfolge gem. § 93 ZPO durch ein sofortiges Anerkenntnis entgehen kann.

5. Bedeutung der Konnexität

17 Nach Abs. 1 kann des „Vorliegen ...von ... Voraussetzungen für das Bestehen oder Nichtbestehen von Ansprüchen..." festgestellt werden. Bei dieser Formulierung kann es sich um eine bloße Beschreibung von Sinn und Zweck der MFK ohne Rechtsfolge für den Fall fehlender Konnexität handeln, wie der Bundesrat, der eine ausdrückliche gesetzliche Regelung verlangte, es offenbar für möglich hielt.[5] Zu der damit erstrebten Klarstellung auf gesetzlicher Ebene kam es nicht mehr. Gleichwohl ist nicht zweifelhaft, dass die Vorgreiflichkeit der Feststellungsziele für die Verbraucheransprüche oder die Rechtsverhältnisse Voraussetzung für den Erfolg der MFK ist. Denn in ihrer Gegenäußerung kündigte die Bundesregierung an, es werde im weiteren Verlauf des Gesetzgebungsverfahrens geklärt, ob es sich bei der Konnexität um eine Frage der Zulässigkeit wie nach § 3 Abs. 1 Nr. 1 des KapMuG handele oder um eine Begründetheitsfrage.[6] Freilich unterblieb diese Prüfung, so dass die Frage durch Auslegung geklärt werden muss.

18 Für die Klärung auf Zulässigkeitsebene hatte der Bundesrat argumentiert, Gerichte dürften nicht gezwungen sein, Feststellungen zu einzelnen Voraussetzungen zu treffen, obwohl es an anderen Voraussetzungen fehlt.[7] So kann etwa ein Sachverhaltsdetail wie eine bestimmte dem Unternehmen unterstellte Handlung oder Äußerung für

---

[5] BR-Drs. 176/18 (Beschluss), 4 (Nr. 4).
[6] BT-Drs. 19/2701, 13 (zu Nr. 4).
[7] BR-Drs. 176/18 (Beschluss), 4 (Nr. 4).

den geltend zu machenden Anspruch dann irrelevant sein, wenn es hierauf unter bestimmten rechtlichen Aspekten nicht ankäme. Freilich kann das Gericht solche Abschichtungen auch in der Begründetheitsprüfung vornehmen, mehr noch wäre die Zulässigkeitsphase des MFV mit einer derart differenzierten Prüfung überlastet. Im Übrigen wäre, nachdem die Bundesregierung für den Fall der Schaffung einer Zulässigkeitsschranke Bezug auf die ausdrückliche Regelung in § 3 Abs. 1 Nr. 1 KapMuG genommen hatte, für den Fall, dass der Gesetzgeber dem hätte folgen wollen, eine ebenfalls ausdrückliche Regelung zu erwarten gewesen. Damit lässt sich eine **Abweisung als unzulässig allenfalls bei eindeutig fehlender Konnexität** rechtfertigen. Wenn sämtliche aufgeworfenen Tatsachen- und Rechtsfragen für alle denkbaren oder denkbar geltend zu machenden Ansprüche oder Rechtsverhältnisse sicher irrelevant sind, mag die Klage unzulässig sein. Damit ist ein gewisser Missbrauchsschutz gewährleistet.

III. Klagebefugnis

Klagen können nur qualifizierte Einrichtungen (Satz 1), die in Satz 2 definiert werden. Zum einen gelten die Vorgaben des § 3 Abs. 1 Satz 1 Nr. 1 Unterlassungsklagengesetz (UKlaG), weiter müssen besondere Voraussetzungen erfüllt sein. Damit verwenden UKlaG einerseits und § 606 ZPO andererseits unterschiedliche Begriffe der „qualifizierten Einrichtung", wobei der Begriff in § 606 ZPO enger ist. Mit den erhöhten Anforderungen hat die Bundesregierung Bedenken gegen **Missbrauchsmöglichkeiten** aufgegriffen, die vorgebracht worden waren.

1. Eintragung (Satz 2)

Durch den Verweis auf § 3 Abs. 1 Satz 1 Nr. 1 UKlaG ist vorgegeben, dass eine Eintragung nach § 4 UKlaG oder im Verzeichnis der Europäischen Kommission nach Art. 4 der Richtlinie über Unterlassungsklagen[8] vorliegen muss. In Deutschland wird gemäß § 4 UKlaG eine Liste über qualifizierte Einrichtungen beim Bundesamt für Justiz (BfJ) geführt, die den Anforderungen des § 4 Abs. 2 Satz 1 UKlaG entsprechen:

19

20

---

8 Richtlinie 2009/22/EG des Europäischen Parlaments und des Rates vom 23.4.2009 über Unterlassungsklagen zum Schutz der Verbraucherinteressen (ABl. L 110 vom 1.5.2009, S. 30).

„In die Liste werden auf Antrag rechtsfähige Vereine eingetragen, zu deren satzungsmäßigen Aufgaben es gehört, Interessen der Verbraucher durch nicht gewerbsmäßige Aufklärung und Beratung wahrzunehmen, wenn
1. sie mindestens drei Verbände, die im gleichen Aufgabenbereich tätig sind, oder mindestens 75 natürliche Personen als Mitglieder haben,
2. sie mindestens ein Jahr bestanden haben und
3. auf Grund ihrer bisherigen Tätigkeit gesichert erscheint, dass sie ihre satzungsmäßigen Aufgaben auch künftig dauerhaft wirksam und sachgerecht erfüllen werden."

21 Die Voraussetzungen werden halbjährig überprüft, gegebenenfalls hebt das BfJ die Eintragung auf (§ 4 Abs. 2 Satz 4 UKlaG). Nach § 4 Abs. 4 UKlaG kann aus Anlass eines Verfahrens auch eine außerordentliche Prüfung angeregt werden. Auf diese Umstände weist die Begründung des Regierungsentwurfs ausführlich hin,[9] offenbar um Vertrauen in die Seriosität der in Deutschland gelisteten qualifizierten Einrichtungen zu vermitteln.

22 Nach deutschem Recht ist für die Erfassung qualifizierter Einrichtungen nicht ein Bezug zu Deutschland erforderlich, insbesondere nicht ein Vereinssitz in Deutschland. Die derzeit gelisteten 78 Einrichtungen sind indessen sämtlich in Deutschland registriert. Die Liste ist im Internet auf der Website des BfJ www.bundesjustizamt.de[10] einsehbar.

23 Durch die Bezugnahme auf § 3 Abs. 1 Satz 1 Nr. 1 UKlaG ist neben der beim BfJ geführten Liste auch die bei der **Europäischen Kommission geführte Liste** einbezogen. Damit wollte die Bundesregierung offensichtlich dem Risiko entgehen, dass eine auf in Deutschland eingetragene Organisationen begrenzte Klagebefugnis unionsrechtswidrig sein könnte. Ein Verstoß gegen die Richtlinie 2009/22/EG kommt allerdings nicht in Betracht, weil diese begrenzt ist auf die dort genannten Unterlassungsklagen, wozu eine Musterfeststellungsklage oder ähnliche Instrumente nicht gehören. Ein Verstoß gegen die Dienstleistungsfreiheit nach den Art. 56 bis 62 AEUV ist womöglich weniger fernliegend. Der Begriff der Dienstleistung umfasst gemäß Art. 57 AEUV insbesondere auch Tätigkeiten mit Rechtsbezug. Für den Anwendungsbereich des UKlaG wird zwar vertreten, dass die nach § 4 UKlaG gelisteten Verbände ihre Klagetätigkeit unentgeltlich verrichten.[11] Der EuGH legt den Begriff der Entgeltlichkeit im Sinne einer „wirtschaftliche Gegenleistung"[12] aber weit aus. Es genüge nach wirtschaftlicher Betrachtungsweise, wenn der Dienstleistende das

---

9 BT-Drs. 19/2439, 21.
10 https://www.bundesjustizamt.de/DE/Themen/Buergerdienste/Verbraucherschutz/qualifizierte_Einrichtungen/Liste_node.html.
11 MüKoZPO/*Micklitz* § 3 UKlaG Rn. 41.
12 EuGHC-263/86, Humbel und Edel, Slg 1988, 5365 Rn. 16.

Entgelt von einem Dritten beziehe. Ferner fielen unter den Begriff einer wirtschaftlichen Gegenleistung mittelbare Renumerationen von Vereinigungen an ihre Mitglieder im Rahmen der gewerblichen Tätigkeit der Vereinigung. Unerheblich sei auch, ob eine Gewinnerzielungsabsicht des Leistungserbringers vorliege oder nicht. Es genüge eine auf Kostendeckung ausgerichtete Tätigkeit ebenso wie eine gemeinnützige, aber regelmäßige und entgeltliche Tätigkeit sowie „quasi-ehrenamtlich" verrichtete Tätigkeiten, für welche die Gegenleistung in einer bloßen Aufwandsentschädigung bestehe.[13]

Nach diesen Maßstäben ist zunächst zu bedenken, dass die qualifizierten Einrichtungen aus eigenem Recht und in der Regel auf eigene Initiative tätig werden. Zur Klageerhebung ist ein Auftrag der Verbraucher nicht erforderlich und ein rechtsgeschäftlicher Kontakt zu ihnen nicht vorgesehen (→ § 608 ZPO Rn. 27 ff.). Verbraucher werden in der Regel auch nicht Mitglied der Einrichtung sein, zumindest ist dies weder rechtlich erforderlich noch anderweitig vertypt. Eine Kostendeckung im dargestellten Sinne durch Dritte gehört zumindest nicht zur Grundkonstruktion der MFK. Vielmehr werden die entstehenden Kosten im Erfolgsfalle vom verklagten Unternehmen erstattet. Für den Nicht-Erfolgsfall wird der Verband an eine Refinanzierung oder vorbeugend an einer Absicherung interessiert sein. Für den Fall, dass es dem Verband gelingt, hierfür unentgeltliche Zuwendungen zu erhalten oder staatliche Zuwendungen in diesem Sinne als relevant betrachtet werden, ist im Ergebnis ein unionsrechtliches Risiko nicht völlig auszuschließen. 24

Deshalb ist es nachvollziehbar, dass der Gesetzgeber die **Klagebefugnis für europäisch gelistete Einrichtungen** geöffnet hat. Die weiteren Voraussetzungen (→ Rn. 27 ff.) gelten freilich auch für diese, so dass einerseits ein unionsrechtliches Restrisiko verbleibt, andererseits aber die Zielrichtung der weiteren Voraussetzungen, die deutlich Richtung Altruismus steuern, das Risiko tendenziell verringern. 25

Von dem Verweis auf § 3 Abs. 1 Satz 1 UKlaG ausgenommen sind die Verbände zur Förderung gewerblicher oder selbstständiger beruflicher Interessen (Nr. 2) sowie die Industrie-, Handels- und Handwerkskammern (Nr. 3). Letztere hatte der intern gebliebene Referentenentwurf noch mit der Erwägung einbeziehen wollen, sie böten aufgrund ihrer Verfassung eine erhöhte Gewähr für einen verantwortungsvollen Umgang mit der Klagebefugnis und für die Wahrnehmung der ihnen eingeräumten Filterfunktion. Schon im Diskussionsentwurf war diese Klagebefugnis entfallen. Hintergrund war vor al- 26

---

13 EuGHC-281/06, Jund, Slg 2007, I-12 231.

lem die Unwilligkeit der Kammern, die insbesondere Interessenkonflikte aus ihrer Rolle als Unternehmensverbände befürchteten. (→ Rn. 5)

2. Weitere Voraussetzungen (Satz 2)

27 Die besonderen Voraussetzungen, die über die Anforderungen der Richtlinie 2009/22/EG hinausgehen, sind erst im Rahmen der letzten Abstimmungsphase auf Regierungsebene hinzugekommen. Sie dienen vor allem dem Schutz vor Missbrauch, der von wirtschaftsnahen Kreisen verlangt wurde.

28 a) **Mindestgröße (Nr. 1).** Nach Nr. 1 ist eine erhöhte Mindestgröße erforderlich, ausgedrückt in der Mitgliedschaft von zehn Verbänden oder 350 natürlichen Personen. Damit soll eine unter Umständen auch finanzielle Überforderung kleinerer Verbände vermieden werden, die im Falle des Unterliegens womöglich die Kosten nicht aufbringen könnten.

29 b) **Kontinuität (Nr. 2).** Nr. 2 verlangt eine mindestens vierjährige Eintragungszeit. Nach der Begründung[14] sollen damit ad-hoc-Gründungen aus Anlass eines bestimmten Einzelfalls ausgenommen werden. Da Ansprüche gem. § 195 BGB regelmäßig in drei Jahren verjähren, käme die **anlassbezogene Neugründung** zu spät. Dieser Zusammenhang ist freilich im Gesetz nicht abgebildet mit der Folge, dass ein sich neu gründender Verband in den ersten vier Jahren keine MFK führen kann, auch wenn kein konkreter Fall Anlass zur Gründung gab. Nach der Begründung des Regierungsentwurfs habe dies den weiteren Vorteil, dass hinreichend Zeit für die Seriositätsprüfung und -bewährung bestehe.[15]

30 c) **Schwerpunkt Aufklärung und Beratung (Nr. 3).** Es soll verhindert werden, dass Verbände überwiegend MFK führen. Der Schwerpunkt soll nach der Begründung („weit überwiegend")[16] in nicht gewerbsmäßiger aufklärender oder beratender Tätigkeit (Grundaufgaben) bestehen. Allerdings kommt ein solcher quantitativer Tätigkeitsbereichsvergleich im Wortlaut nicht recht zum Ausdruck. „Weitgehend" im Wortsinn ist die Wahrnehmung solcher Grundaufgaben auch dann, wenn sie einen signifikanten absoluten Umfang einnehmen. Ein Verband, der zwar viele MFK durchführt und vielleicht die Mehrzahl der Mitarbeitenden dafür einsetzt, kann durchaus „weitge-

---

14 BT-Drs. 19/2439, 21.
15 BT-Drs. 19/2439, 20.
16 BT-Drs. 19/2439, 21.

hend" Grundaufgaben wahrnehmen. Anders mag es sein, wenn dies nur in marginaler Größenordnung geschieht oder ersichtlich nur auf das Gesetz zur Einführung der zivilprozessualen MFK orientiert ist. Versteht man das Gesetz so, dass es um den rechnerischen Anteil des Grundgeschäfts geht, ist überdies der Vergleichsmaßstab fraglich. Ein bloßer Zahlenvergleich (Geschäftsvorfälle) zwischen Beratungsfällen und MFK dürfte nicht weiterhelfen. Möglicherweise könnte auf das Maß der Inanspruchnahme interner und externer Aufwandes für das Führen von MFK einerseits und Beratungs- und Aufklärungstätigkeit andererseits abgestellt werden. Ab welchem Verhältnis die Grundtätigkeit nicht mehr „weitgehend" ist, kann allerdings auch so kaum bemessen werden. Insgesamt scheint auch mit Blick auf die Vielzahl von Sicherungen in Satz 2 eine **restriktive Auslegung** geboten.

d) **Keine Gewinnerzielung (Nr. 4).** Es soll die **Gewinnerzielungsabsicht** ausgeschlossen sein. Es ist ohnehin schwierig vorstellbar, auf welche Weise der Verband aus der MFK selbst Gewinn sollte schöpfen können, da ja der prozessuale Erfolg nur in Feststellungen überdies zugunsten von Verbrauchern bestehen kann und als Kosten nur tatsächlich angefallene Ausgaben etwa für Rechtsanwälte abgerechnet werden können. Im Fokus stehen hier wohl verdeckte Interessen, die über Prozessfinanzierer oder law firms bedient werden könnten. Es besteht wohl die Befürchtung, solche Einrichtungen könnten im Rahmen einer weiter gesteckten Strategie Verbände „kaufen" und sie für die Erhebung einer MFK bezahlen. Ob solche „Zuwendungen" satzungskonform wären und ob entsprechende „zuwendungsoffene" Verbände überhaupt im Sinne von Satz 1 in die betreffenden Listen eintragungsfähig wären, kann zweifelhaft sein, wobei es auf die konkreten Umstände des Einzelfalls ankommen wird. 31

e) **Kein Interessenkonflikt (Nr. 5). aa) Ziele: Wettbewerbsschutz und Missbrauchsschutz.** Nr. 5 sichert die Unabhängigkeit des klagenden Verbandes von möglicherweise betroffenen Unternehmen. 32

Hauptzielrichtung ausweislich der Gesetzesbegründung[17] ist es zu verhindern, dass der Verband unter dem Einfluss solcher Unternehmen steht, gegen deren **Wettbewerber** sich die MFK richtet. Die der Bundesregierung offensichtlich aus der Wirtschaft zugetragene konkrete Befürchtung wird in der Begründung nur angedeutet. Dort ist von einem zu verhindernden „Einfluss auf den (gegebenenfalls auch ausländischen) Verband"[18] die Rede. Diese Wendung lässt einerseits 33

---
17 BT-Drs. 19/2439, 21.
18 BT-Drs. 19/2439, 21.

erkennen, dass die Bundesregierung inländische Verbände eher nicht in dieser Weise für korruptionsanfällig hält. Ob andererseits Anhaltspunkte hinsichtlich konkreter **ausländischer Verbände**, bei denen es sich ja immerhin um solche handeln muss, die in der Liste der europäischen Kommission eingetragen sind, bestehen, wird nicht deutlich.

34 Neben einem unzulässigen Einfluss eines Wettbewerbers hat bei dieser Regelung gewiss noch ein anderer Gedanke Pate gestanden. Im Rahmen der öffentlich geführten Diskussion im Vorfeld des Regierungsentwurfs war immer wieder von der Gefahr die Rede, dass Anwaltskanzleien, insbesondere US-amerikanische, sich eines Verbandes bedienen könnten, um im Rahmen einer Gesamtstrategie Unternehmen zu schädigen. Die Fantasie ging und geht dahin, dass sich Kanzleien über das MFV Erleichterungen für die Durchsetzung von Massenansprüchen etwa im Rahmen einer Prozessfinanzierung (→ Einf. Rn. 114 ff.) verschaffen könnten. Für den Fall, dass sich etwa aus Sorge vor zu hohen Risiken kein Verband findet, könnten Anwaltsfirmen oder Prozessfinanzierer an Zuwendungen gegenüber Verbänden denken.

35 Das Höchstmaß von 5 % unternehmensseitig erhaltener Zuwendungen schützt zudem gegen einen möglichen Missbrauch in anderer Richtung. So wird verhindert oder erschwert, dass das betroffene Unternehmen die **MFK selbst lanciert** mit dem Ziel, Einfluss auf den klagenden Verband zu haben. Dieser könnte die Klage „schlecht" zu führen veranlasst werden. Das Kalkül könnte sein, eine Klageabweisung zu erreichen oder ein für das Unternehmen vorteilhaften Vergleich, während und wodurch die MFK für andere Verbände dauerhaft gesperrt wäre (→ § 610 ZPO Rn. 15 ff.). Dabei könnte die Strategie auch darauf beschränkt sein, Zeit zu gewinnen, indem das Verfahren ohne Entscheidung in der Sache beendet wird und damit andere MFK bis zu diesem Zeitpunkt gesperrt wären. Ob Anhaltspunkte dafür bestehen, dass immerhin öffentlich gelistete Verbände in diesem Sinne korruptionsanfällig sein könnten, ist hier allerdings ebenso wenig validisierbar wie die oben geschilderte Konstellation.

36 **bb) Voraussetzungen.** Hinsichtlich der **finanziellen Mittel** dürfte schon aus Gründen der Praktikabilität auf die finanzielle Grundausstattung abzustellen sein. Dabei kommt es nicht darauf an, aus welcher Quelle die Mittel stammen. Es sind also Zuwendungen aus öffentlichen Kassen, Stiftungen und auch private Zahlungen zu berücksichtigen. Sondereffekte wie Einzelspenden, Gebühren oder Erlöse mit Einmalcharakter sind hingegen nicht zu berücksichtigen.

Zuwendungen: Erfasst werden nicht nur Beiträge zur finanziellen Grundausstattung oder aber laufende jährliche Zahlungen, sondern auch und gerade einzelfallbezogene Zuwendungen mit Blick auf ein konkretes Verfahren. Das Gesetz verlangt **keinen konkreten Interessenkonflikt**. Es begrenzt auch Zuwendungen von Unternehmen, mit denen das beklagte Unternehmen nicht im Wettbewerb steht. Es kommt also nicht darauf an, von welchem Unternehmen die Zuwendung stammt. Eine (erste) praktische Folge der Regelung besteht darin, dass die Deutsche Umwelthilfe wegen der Zuwendungen von Toyota[19] als Kläger ausscheidet.

37

Beurteilungszeitraum: Es liegt nahe, sowohl für die Gesamtsumme der finanziellen Zuwendungen wie auch hinsichtlich der Unternehmenszuwendungen auf das Kalenderjahr abzustellen. Dabei wird in der Regel das Jahr vor Klageerhebung zugrunde gelegt werden. Aus besonderen Gründen, etwa weil das betreffende Jahr noch nicht abgerechnet ist, oder aufgrund von absehbaren aktuellen Sonderentwicklungen, kann auch ein anderes Jahr oder können mehrere Jahre herangezogen werden. Das Gericht wird auf Basis der von dem Verband auch hierfür nach Abs. 2 vorgelegten Unterlagen ggf. nachhaken.

38

Unternehmen: Mangels eigenständiger Definition in der ZPO gilt der Unternehmensbegriff nach § 14 BGB. Unternehmen ist danach jede natürliche oder juristische Person, die am Markt planmäßig und dauerhaft Leistungen gegen ein Entgelt anbietet.[20] Darunter fallen auch Rechtsanwaltskanzleien und Prozessfinanzierer.

39

Hinsichtlich des Schutzziels, **Missbrauch von Beklagtenseite** zu verhindern, bedarf es einer erweiternden Auslegung. Jede Zuwendung des (ggf. noch zukünftigen) beklagten Unternehmens, auch jede (verdeckte) Zahlung durch Dritte, hinter der das Unternehmen steht, auch jedes Versprechen einer Zahlung für bestimmte Ergebnisse oder Prozesshandlungen und letztlich jeder irgendwie geartete Einfluss der Beklagtenseite auf den Verband würde dem Verfahren unter rechtsstaatlichen Gesichtspunkten den Boden entziehen. Insoweit kommt es nicht auf das Überschreiten des Anteils von 5 % an. Mit einer Strategie, ein MFV gleichsam zu inszenieren und zu choreografieren würde das Unternehmen faktisch auf beiden Seiten Partei. Die Verbraucher, die selbst keinen Einfluss auf das Gerichtsverfahren haben, wären in dem Prozess nicht effektiv vertreten und wären der Bin-

40

---

19 http://www.faz.net/aktuell/wirtschaft/diesel-affaere/deutsche-umwelthilfe-bekommt-geld-von-toyota-14256098.html.
20 Vgl. Palandt/*Ellenberger* § 14 Rn. 2.

dungswirkung eines abweisenden oder unzureichenden Urteils ausgeliefert. Eine solche Konstellation ist durchaus der des Parteiverrats eines Rechtsanwalts, der auf beiden Seiten steht, vergleichbar. Nach § 356 StGB wird ein Rechtsanwalt oder anderer Rechtsbeistand, welcher unter weiteren Voraussetzungen beiden Parteien pflichtwidrig dient, bestraft. Wenn auch die qualifizierte Einrichtung nicht Rechtsbeistand in diesem Sinne ist, ist die Interessen- und Gefährdungslage doch durchaus vergleichbar. Einen Verband, der unter einem irgendwie gearteten Einfluss der Beklagtenseite oder -sphäre steht, weist das Gericht als nicht klagebefugt zurück. Das Gericht hat diese Prüfung analog § 56 Abs. 1 ZPO von Amts wegen vorzunehmen. Dem Gericht kommt auch insoweit (zum aktiven, frühzeitigen Prozessmanagement → § 610 ZPO Rn. 40 ff.) eine gesteigerte Prüfungspflicht zu, weil die potenziell geschädigten Verbraucher keine eigenen Verfahrensrechte haben und zu dieser Frage der klagende Verband – naturgemäß – die Interessen der Verbraucher wahrzunehmen nicht in der Lage und bereit wäre. Auch die weiter von einem Missbrauch betroffenen qualifizierten Einrichtungen, die gemäß § 610 Abs. 1 ZPO von der Einreichung einer eigenen MFK gehindert wären, sind an dem Verfahren formal nicht beteiligt. Die **Amtsermittlungspflicht**, die im allgemeinen als Ausfluss der Parteiautonomie (vgl. § 139 Abs. 3 ZPO) und des Beibringungsgrundsatzes[21] nur eingeschränkt zu intensiven Ermittlungen führt, hat mit Blick auf die faktische Abwesenheit von korrigierenden Interessen der Prozessbeteiligten zu dieser Frage eine **gesteigerte Bedeutung**. Das Gericht wird deshalb auch allgemein zugängliche Quellen nutzen, möglicherweise auch (inländische) qualifizierte Einrichtungen befragen. Sich so ergebenden Anhaltspunkten für einen solchen Missbrauch kann das Gericht im Rahmen des ihm gemäß Satz 3 möglichen Verlangens nach Offenlegung der finanziellen Mittel des Verbandes nachgehen.

3. Überprüfung der Voraussetzungen (Satz 3)

41 Abgesehen davon, dass Abs. 2 Satz 1 Nr. 2 Angaben und Nachweise für die Voraussetzungen von Satz 2 verlangt, kann das Gericht hinsichtlich der Voraussetzungen der Nr. 4 und 5 bei Bestehen ernsthafter Zweifel die Offenlegung der finanziellen Mittel des Verbandes verlangen. Die Zweifel können sich auf gerichtsbekannte Umstände ebenso stützen wie auf den Vortrag des Beklagten (zu Zweifeln an der erforderlichen Unabhängigkeit von der Beklagtenseite → Rn. 40)

---

21 Thomas/Putzo/*Reichold* vor § 253 Rn. 12.

sowie sich auf Hinweisen Dritter gründen, etwa anderer qualifizierter Einrichtungen.

Im Rahmen der von Amts wegen zu prüfenden Zulässigkeitsvoraussetzungen hat das Gericht den **Freibeweis** zur Verfügung,[22] ist also nicht an die förmlichen Beweismittel der ZPO gebunden. Satz 3 ist also eigentlich überflüssig. Das Herausheben gerade der Möglichkeit, die Offenlegung der finanziellen Mittel zu verlangen, mag wie andere Regelungen dem Interesse geschuldet sein, Skeptikern aus der Wirtschaftssphäre die Wirksamkeit des Missbrauchsschutzes vor Augen zu führen. Deshalb rechtfertigt die Regelung nicht den Rückschluss, hinsichtlich der Zulässigkeitsvoraussetzungen des MFK gölten die allgemeine Regelung der ZPO nicht. 42

4. Vermutung zugunsten öffentlich geförderter Einrichtungen (Satz 4)

Die unwiderlegliche Vermutung in Satz 4 überträgt den Gedanken aus § 4 Abs. 2 Satz 1 UKlaG, „dass Verbraucherzentralen und andere Verbraucherverbände, die mit öffentlichen Mitteln gefördert werden", die besonderen Voraussetzungen der dort gelisteten Verbände, erfüllen, auf die Voraussetzungen von Satz 2. 43

Diese Regelung zielt ebenso wie die Bezugsregelung im UKlaG auf die in Deutschland derzeit bestehenden 16 Verbraucherzentralen. Erfasst werden als „andere Verbraucherverbände" ua die Verbraucherzentrale Bundesverband eV sowie der Verbraucherschutzverein Berlin.[23] Die gesetzliche Formulierung ist aber für weitere Organisationen, die die Voraussetzungen erfüllen, offen. 44

Förderung mit öffentlichen Mitteln verlangt eine substanzielle, nicht lediglich projektbezogene öffentliche Förderung.[24] Es kommt nicht darauf an, dass die Einrichtung ausschließlich öffentlich finanziert wird. Im Regierungsentwurf war noch die entsprechende Anwendung von § 4 Abs. 2 Satz 1 UKlaG vorgesehen, der keine Konkretisierung zum Maß der Förderung enthält. Die redaktionelle Nachschärfung sichert das **Überwiegen öffentlicher Mittel** an der Gesamtfinanzierung. Eigeneinnahmen, die bei den bestehenden Verbraucherzentralen teilweise bis zu 30 % der Gesamteinnahmen ausmachen,[25] sind zwar auch im Rahmen der MFK nicht schädlich. Die Fortset- 45

---

22 Vgl. Thomas/Putzo/*Reichold* vor § 253 Rn. 12.
23 MüKoZPO/*Micklitz* § 4 UKlaG Rn. 23.
24 Gesetzesbegründung BT-Drs. 19/2439, 21; MüKoZPO/*Micklitz* § 4 UKlaG Rn. 24.
25 MüKoZPO/*Micklitz* § 4 UKlaG Rn. 24.

zung einer so beschriebenen Tendenz der öffentlichen Hand, die Mittel (relativ) zu reduzieren und die für die Klagebefugnis nach dem Unterlassungsklagengesetz kritisch gesehen wird,[26] würde bei Absinken des Förderungsanteils unter 50 % der Gesamtfinanzierung zu einem Verlust der Klagebefugnis führen.

5. Streitgenossenschaft

46 Nach §§ 59, 60 ZPO, dessen Anwendbarkeit weder durch § 610 ZPO noch anderweitig ausgeschlossen ist, können sowohl auf Kläger- wie auf Beklagtenseite mehrere Personen beteiligt sein, wenn sie aus demselben oder im Wesentlichen gleichartigen tatsächlichen und rechtlichen Grund berechtigt bzw. verpflichtet sind.

47 Eine Streitgenossenschaft auf Klägerseite ist allerdings nur in sehr beschränktem Umfang möglich, wie sich aus § 610 Abs. 2 ZPO ergibt. Mit dieser erst in den Ausschussberatungen eingefügten Regelung wird dem Umstand Rechnung getragen, dass einerseits nach § 610 Abs. 1 ZPO ein Prioritäts- und Ausschließlichkeitsgrundsatz gilt (→ § 610 ZPO Rn. 2 ff.), andererseits Klagen am selben Tag eingehen können, was eine Priorisierung (scheinbar → § 610 ZPO Rn. 23) nicht erlaubt. Mit dieser Regelung hat der Gesetzgeber klargestellt, dass das 6. Buch über diese Sonderkonstellation hinaus eine Streitgenossenschaft auf Klägerseite ausschließt.

48 Allerdings wäre der Wunsch mehrerer Verbände, eine Klage gemeinsam zu führen und insbesondere auch das Risiko zu teilen, praktisch auch anders umzusetzen. Eine gemeinsame Strategie und auch die Kostenbeteiligung ließe sich durch materiellrechtlichen Vertrag herbeiführen. Der formal allein am Verfahren beteiligte Kläger kann sich für die Prozessführung an die Abstimmung mit dem anderen Verband – freilich nur intern wirksam – binden.

IV. Unternehmer

1. Begriff

49 Die ZPO kennt den **Unternehmerbegriff** nicht, weshalb auf die Definition in § 14 BGB zurückzugreifen ist, wonach Unternehmer „eine natürliche oder juristische Person oder eine rechtsfähige Personengesellschaft (ist), die bei Abschluss eines Rechtsgeschäfts in Ausübung ihrer gewerblichen oder selbständigen beruflichen Tätigkeit han-

---
26 So MüKoZPO/*Micklitz* § 4 UKlaG Rn. 24.

delt". Bei zweckentsprechender Auslegung dieser Bestimmung kommt es entscheidend darauf an, dass der Beklagte am Markt planmäßig und dauerhaft Leistungen gegen ein Entgelt anbietet[27] und mit der MFK in dieser Rolle in Anspruch genommen wird; näher → Rn. 3.

2. Streitgenossenschaft

Auf Klägerseite ist eine Streitgenossenschaft nur eingeschränkt statthaft (→ Rn. 47). 50

Auf Beklagtenseite bleibt es bei dem Grundsatz, dass auch **mehrere Parteien** verklagt werden können. Etwas anderes ergibt sich zunächst nicht aus dem Wortlaut, der zwar für die Beklagtenseite den Singular verwendet und für die Klägerseite sowie für die Anmelder den Plural. Die Verwendung des Singulars entspricht zwar den allgemeinen Begrifflichkeiten in der ZPO. Der Gebrauch des Plurals für die Klägerseite beruht allein darauf, dass in Abs. 1 der Kreis der in Betracht kommenden Verbände insgesamt hat beschrieben werden sollen. Ferner ist von „Verbrauchern" offensichtlich nur deshalb die Rede, weil nach den Zulässigkeitsregeln des § 606 ZPO die Betroffenheit nur eines Verbrauchers nicht in Betracht kommt. Der Gegenschluss in dem Sinne, dass nur ein Unternehmer beteiligt sein kann, ist also nicht zulässig. 51

3. Rolle im Prozess

Der Beklagte kann nicht selbst Feststellungziele einbringen. Anders als in § 15 KapMuG ist eine Erweiterung des Verfahrens um weitere Feststellungsziele nicht vorgesehen (→ Rn. 9). Damit ist auch eine Widerklage etwa mit dem Ziel, das Nichtvorliegen von Voraussetzungen feststellen zu lassen, ausgeschlossen (→ § 610 ZPO Rn. 60). 52

V. Verbraucherbegriff

Für das MFV gilt der prozessuale Verbraucherbegriff (§ 29 c Abs. 2 ZPO). Damit ist klar, dass es im 6. Buch nur um Ansprüche oder Rechtsverhältnisse gehen kann, die bei ihrer Entstehung in b2c-Beziehung standen. Damit ist nicht geklärt, ob nur der konkrete Verbraucher, durch den oder mit dem das Rechtsverhältnis begründet wurde, die Rolle des Verbrauchers im MFV wahrnehmen kann. 53

---

27 Vgl. BGH NJW 2006, 2250.

1. Vertretung

54 Zunächst muss der Verbraucher nicht höchstpersönlich handeln, sondern kann sich bei der Anmeldung, Rücknahme oder bei dem Austritt aus dem Vergleich rechtsgeschäftlich vertreten lassen. Über die Statthaftigkeit oder die Anforderungen an die Vertretung gelten die Vorschriften der ZPO in den §§ 78 ff. ZPO nicht. Der Verbraucher ist nicht Partei im Sinne der ZPO (→ Rn. 2). Deshalb gilt insbesondere nicht der Anwaltszwang, der nach § 78 ZPO an sich für Prozesse vor den Landgerichten und Oberlandesgerichten besteht.[28] Es gelten aber auch nicht die Einschränkungen des § 79 ZPO, der im sogenannten Parteiprozess gewisse Anforderungen an die zur Vertretung eingesetzte Person stellt. Schließlich fehlt es an einer Sonderregelung im 6. Buch, wie sie etwa in § 13 VSBG vorgesehen ist. Gleichwohl gelten nicht die allgemeinen Regelungen des BGB über die rechtsgeschäftliche Vertretung. Denn durch die Änderung des § 19 Rechtsanwaltsvergütungsgesetz (RVG) ist die Anmeldung sowie deren Rücknahme gebührenrechtlich als Teil der Vorbereitung eines möglichen Prozesses eingeordnet (→ § 19 RVG Rn. 1). Damit handelte es sich nach Vorstellung des Gesetzgebers um eine Rechtsdienstleistung. Daher kann zur rechtsgeschäftlichen Vertretung grundsätzlich nur ein Rechtsanwalt oder eine andere Person, die zur Erbringung außergerichtlicher Rechtsdienstleistungen befugt ist, herangezogen werden. Nach dem Rechtsdienstleistungsgesetz (RDG) kann die Vertretung unentgeltlich aber zum Beispiel grundsätzlich auch durch Personen erfolgen, die in familiärer, nachbarschaftlicher oder ähnlich enger persönlicher Beziehungen stehen (§ 6 Abs. 2 RDG). Weiter sind auch besondere Einrichtungen und Stellen nach §§ 7 ff. RDG befugt.

55 Für nicht (voll) geschäftsfähige Verbraucher handelt der gesetzliche Vertreter.

2. Vorgehen aus übergegangenem Recht

56 Nicht ausdrücklich geregelt ist die Frage, ob der Anspruch oder das Rechtsverhältnis als Grundlage des MFV nur dann geeignet ist, wenn der hieran ursprünglich beteiligte Verbraucher bei Klageerhebung oder Anmeldung noch immer Anspruchsinhaber ist. Anders gewendet ist klärungsbedürftig, ob der Anspruch auch im Wege der Rechtsnachfolge auf eine dritte Person übergegangen sein kann.

---

28 Vgl. Gesetzesbegründung BT-Drs. 19/2439, 1, 15, 23.

Im Ergebnis kommt es darauf an, ob der Anspruchsinhaber zum 57
Zeitpunkt der Erhebung der MFK Verbraucher ist. Hat die Abtretung dazu geführt, dass Inhaber des Anspruchs oder Beteiligter des Rechtsverhältnisses ein Unternehmer oder ein anderer Nicht-Verbraucher ist, kann ein Anspruch oder ein Rechtsverhältnis dem MFV nicht zugrunde gelegt werden. Zu den Einzelheiten → § 29 c ZPO Rn. 6 ff.

Wenn nach Rechtshängigkeit ein Rechtsinhaberwechsel stattfindet, 58
ist dies analog § 265 ZPO – in jedem Fall – unerheblich (→ § 611 ZPO Rn. 9).

3. Rolle des angemeldeten Verbrauchers

Der betroffene Verbraucher hat die Möglichkeit, Ansprüche oder 59
Rechtsverhältnisse, die von den Feststellungszielen abhängen, bis zum Tag vor Beginn der Verhandlung zum Klageregister anzumelden und die Anmeldung bis zum Ende des ersten Verhandlungstags zurücknehmen. Er ist nicht Partei (→ Rn. 2), kann sich nicht durch Nebenintervention einbringen oder durch Streitverkündung einbezogen werden (→ § 610 ZPO Rn. 58 ff.). Die Rolle des Anmelders im Prozess ist also eine passive, obgleich das MFU ggf. auch ihn bindet (→ § 613 ZPO Rn. 2 ff.). Kommt es zu einem Vergleich, hat er auch auf dessen Inhalt keinen Einfluss, kann freilich gem. § 611 Abs. 4 Satz 2 ZPO austreten.

VI. Anforderungen an die Klageschrift (Abs. 2)

Zu den besonderen Anforderungen an die Einrichtung ist vorzutragen und sind Nachweise zu erbringen (Nr. 1). Falls es hieran fehlt, hat das Gericht nachzufassen. 60

Angaben und Nachweise zu betroffenen Verbrauchern (Nr. 2) dienen 61
der Überprüfung der besonderen Zulässigkeitsvoraussetzung des Abs. 3 Nr. 2 (→ Rn. 67 ff.). Auch hier gilt allerdings, dass das Gericht gegebenenfalls nachzuhaken hat.

Ferner soll eine kurze **Darstellung des vorgetragenen Sachverhalts** 62
enthalten sein (Satz 2). Das Gesetz selbst nennt als Grund die Bekanntmachung im Klageregister. Der vorgetragene Sachverhalt soll Betroffene umfassend informieren, „damit diese die Relevanz der in der Musterverstellungsklage geltend gemachten Feststellungsziele für

eigene Ansprüche oder Rechtsverhältnisse einschätzen können."[29] Diese Sachverhaltsdarstellung ist Aufgabe des Gerichts,[30] weshalb der Kläger hierzu nur vorbereiten „soll". Weder an das Fehlen der Darstellung noch an etwaige Unzulänglichkeiten sind Rechtsfolgen geknüpft. Insbesondere hängt hiervon nicht die Zulässigkeit der Klage ab. Das Gericht wird allerdings bei Fehlen oder grober Unzulänglichkeit den Kläger vor der Zustellung zur Nachbesserung auffordern.

63 Satz 3 stellt klar, dass es sich bei Abs. 2 nicht um eine abschließende Sonderregelung über die Anforderungen an die Klageschrift handelt, sondern dass die Anforderungen nach § 253 Abs. 2 ZPO auch im MFV gelten. Die Klageschrift muss daher die Parteien und das Gericht bezeichnen und eine bestimmte Angabe des Gegenstandes und des Grundes des erhobenen Anspruchs sowie einen bestimmten Antrag enthalten.

64 Die weiteren Soll-Vorgaben des § 253 Abs. 3 ZPO sind in § 606 ZPO nicht erwähnt. In der Tat wäre eine Angabe über den Versuch einer außergerichtlichen Konfliktbeilegung vor Klageerhebung (§ 253 Abs. 3 Nr. 1 ZPO) wenig hilfreich, weil der klagende Verband selbst nicht Anspruchsinhaber ist, ihm über eine Mediation oÄ zwischen einzelnen Verbrauchern und dem Unternehmen in der Regel Informationen nicht vorliegen werden und zumindest eine Zielrichtung dieser Angabe, die Erfolgsaussichten einer Güterichter-Verhandlung abzuschätzen, ohnehin nicht erfüllt werden kann. Denn im Rahmen der MFK findet § 278 Abs. 5 ZPO keine Anwendung (§ 610 Abs. 4 ZPO). Auch die Angabe zum Streitwert (§ 253 Abs. 3 Nr. 3 ZPO) wäre müßig, weil die funktionale Zuständigkeit des Gerichts ohnehin feststeht (§ 119 Abs. 3 GVG). Ebenso überflüssig wäre eine Äußerung dazu, ob die Übertragung der Sache auf den Einzelrichter in Betracht kommt (§ 253 Abs. 3 Nr. 3 ZPO). Denn das Einzelrichterverfahren ist im MFV ausgeschlossen (§ 610 Abs. 3 ZPO).

VII. Besondere Zulässigkeitsvoraussetzungen (Abs. 3)

65 Abs. 3 regelt lediglich die besonderen Zulässigkeitsvoraussetzungen. Die weiteren allgemeinen Prozess- und Zulässigkeitsvoraussetzungen sind daneben beachtlich. Soweit diese allgemeinen Regelungen für die MFK besondere Relevanz haben, wird hierauf unter → Rn. 76 ff. eingegangen.

---

29 Gesetzesbegründung BT-Drs. 19/2439, 22.
30 Gesetzesbegründung BT-Drs. 19/2439, 22.

1. Qualifizierte Einrichtung (Nr. 1)

Nr. 1 betrifft die Eigenschaft als qualifizierte Einrichtung unter den besonderen Voraussetzungen des Abs. 1 Satz 2 (→ 27 ff.). Die ausdrückliche Regelung ist insoweit überraschend, als von der Klagebefugnis ohnehin die Zulässigkeit abhängt. Auch diese Regelung erschien wohl im Vorfeld des Regierungsentwurfs notwendig, um die Skeptiker von der Hinlänglichkeit des Missbrauchsschutzes zu überzeugen („Schaufenstergesetzgebung"). 66

2. Mindestens zehn betroffene Verbraucher (Nr. 2)

a) Einführung. Um zu verhindern, dass Einzelansprüche mit geringer Breitenwirkung geltend gemacht werden, für die die Individualklage letztlich geeigneter erschien, ist in den Entwürfen von Anfang an verlangt worden, dass von den Feststellungszielen Ansprüche oder Rechtsverhältnisse von mindestens zehn Verbrauchern abhängen. Im Diskussionsentwurf ist offengelassen worden, ob das Quorum besser auf 50 oder 100 angehoben werden sollte. Im Rahmen der Koalitionsvereinbarung wurde dann das Gesetz gewordene Konzept fixiert, das Quorum bei zehn zu belassen, andererseits zusätzlich 50 Anmeldungen zu verlangen (Nr. 3). 67

b) Mögliche Abhängigkeit. Die verlangte Abhängigkeit der Verbraucheransprüche ist dann gegeben, wenn den nach dem vorgetragenen Sachverhalt geschädigten, benachteiligten oder sonst betroffenen Verbrauchern bei Unterstellung der Richtigkeit des Sachvortrags Ansprüche zustünden. In rechtlicher Hinsicht ist nicht Schlüssigkeit im Sinne des allgemeinen ZPO-Verfahrens erforderlich. Hinsichtlich des Tatsachenvortrags bedarf es zunächst nicht fallspezifischer Details. Weiter muss die Rechtslage nicht im Sinne eines Anspruchs eindeutig sein, weil ja das MFV gerade auch der Klärung von Rechtsfragen dient. Es wäre die Vorwegnahme des Ergebnisses, wollte man bezogen auf die zehn potenziellen Verbraucher klare Rechtslagen verlangen. Im Rahmen der MFK muss es sogar möglich sein, eine Änderung selbst verfestigter BGH-Rechtsprechung anzustreben. 68

c) Glaubhaftmachung. Die mögliche Betroffenheit von zehn Verbrauchern hat der Kläger glaubhaft zu machen. Zur Glaubhaftmachung kann er sich gemäß § 294 ZPO aller Beweismittel bedienen und auch eine Versicherung an Eides statt anbieten. Hierzu kann der Kläger zum Beispiel einschlägige Vertragsurkunden, Ablehnungsschreiben der Unternehmen, je nach Fallkonstellation aber auch bloße Verkaufsbelege oder eidesstattliche Versicherungen der betroffe- 69 nen Verbraucher vorlegen. Bei öffentlichkeitswirksamen Vorgängen kommt schließlich auch eine Bezugnahme auf einschlägige Medienberichte oder allgemein zugängliche Quellen in Betracht. In der Literatur wird etwa als Beispiel die Verwendung rechtswidriger Einwilligungserklärungen zur Datenverarbeitung genannt. Zutreffend „dürfte sich allein aus der Tatsache, dass das Unternehmen pro Tag eine bestimmte Anzahl von Verträgen mit rechtswidriger Einwilligungserklärung abschließt, auf die Mindestzahl der Betroffenen schließen lassen"[31], was für die Glaubhaftmachung ausreicht.

3. 50 wirksame Anmeldungen (Nr. 3)

70 Mit dieser Vorgabe soll unabhängig von der Glaubhaftmachung nach Nr. 2 sichergestellt werden, dass sich eine gewisse Zahl von Verbrauchern tatsächlich zum Klageregister anmeldet. Aus der Sicht der optimistischen Beklagten hat die Anmeldung gegenüber der bloßen Glaubhaftmachung von Betroffenheit den Vorzug, dass mit der Anmeldung eine potenzielle Bindung an einen möglichen Vergleich oder ein mögliches Urteil erfolgt.

71 Die 50 Anmeldungen sind unabhängig von der Glaubhaftmachung nach Nr. 2. Es ist weder erforderlich noch hinderlich, wenn unter den 50 Anmeldern solche Verbraucher sind, auf die sich die Glaubhaftmachung bezieht.

72 Die Voraussetzungen für die Wirksamkeit ergeben sich aus § 608 Abs. 2 ZPO (→ § 608 ZPO Rn. 4 ff.). Eine inhaltliche Überprüfung der Anmeldungen erfolgt hierbei nicht. Zwar hat das BfJ gewisse formale Kompetenzen (→ § 608 ZPO Rn. 14), nimmt aber eine inhaltliche Prüfung nicht vor (§ 608 Abs. 2 Satz 3 ZPO). Deshalb besteht auch für das Gericht weder die Pflicht noch überhaupt die Möglichkeit, die Angaben inhaltlich zu überprüfen. Insbesondere die Frage, ob die Verbraucher im Sinne etwa der Nr. 2 betroffen sind, wird nicht überprüft. Auch der Beklagte wird mit entsprechenden Einwänden nicht gehört.

73 Entscheidend ist die Zahl vorliegender und verbliebener Anmeldungen zum **Stichtag**, also zwei Monate nach öffentlicher Bekanntmachung der Klage. Die Berechnung des Stichtags richtet sich nicht nach § 222 ZPO iVm §§ 187 ff. BGB, da es sich nicht um eine Frist handelt. Eine Frist ist eine Zeitspanne, innerhalb der Leistungen erbracht oder Handlungen vorgenommen werden sollen oder kön-

---

31 *Huber* S. 4.

nen.[32] Zwar geht es auch hier mit der Anmeldung um eine Handlung, aber nicht um deren zeitliche Begrenzung. Vielmehr handelt es um einen Termin im Sinne eines bestimmten Zeitpunkts, an dem eine Rechtswirkung eintritt.[33] Weder die ZPO noch das BGB enthalten Regelungen zur Berechnung von Zeiträumen. Bei lebensnaher Betrachtung und mit dem Rechtsgedanken des § 188 Abs. 2 BGB liegt es aber nahe, als Stichtag den Tag zu nehmen, der durch seine Benennung dem Tag der Bekanntmachung entspricht. Ferner mag auch der für Fristen geltende Grundsatz, für den Ablauf auf das Tagesende abzustellen (§ 188 BGB), übertragen werden. Zwar wird sich die öffentliche Bekanntmachung zeitlich genau dokumentieren lassen und es kann auch erwartet werden, dass mittelfristig den Verbrauchern ein Anmeldeportal zur Verfügung steht. Allerdings bleibt nach § 608 Abs. 4 ZPO jede Art der Textform statthaft, also mit dem einfachen Schreiben auch Erklärungen, deren Eingang jedenfalls üblicherweise zwar tag-, aber nicht uhrzeitgenau erfasst wird. Im Ergebnis ist also auf das **Tagesende** abzustellen. Wenn zB die Klage am 15. November öffentlich bekannt gemacht worden ist, ist auf den 15. Januar des Folgejahres um 24 Uhr abzustellen.

4. Beurteilungszeitpunkt

a) **Allgemeines.** Im Grundsatz muss die Zulässigkeit zu jedem Zeitpunkt gegeben sein, kann also auch noch zum Zeitpunkt des Urteils und auch noch im Rechtsmittelverfahren beanstandet und überprüft werden. Allerdings besteht nach Ermessen des Gerichts die Möglichkeit, über ein Zwischenurteil abzuschichten (§ 280 ZPO), gegen das die allgemeinen Rechtsmittel gegeben sind, hier also gem. § 614 Abs. 1 ZPO die Revision zum BGH. Ein solches Vorgehen bietet sich dann an, wenn die Zulässigkeit rechtlich oder tatsächlich zweifelhaft ist, um für den Fall sich herausstellender Unzuständigkeit Aufwand zu sparen. 74

b) **Besondere Zulässigkeitsvoraussetzungen des Abs. 3.** Im Verlaufe des Verfahrens noch auftretenden Zweifeln an der Klagebefugnis ist nachzugehen. Entsprechendes gilt für die Glaubhaftmachung betroffener Verbraucher. Allerdings kann der Kläger, wenn bezüglich der ursprünglich geltend gemachten Verbraucher Zweifel auftreten, zur Auffüllung des Quorums die Betroffenheit anderer Verbraucher nachschieben. Hierzu kann er sich insbesondere des Klageregisters bedienen, aus dem ihm das BfJ gem. § 609 Abs. 6 ZPO die Anmelde- 75

---

32 VGH München NJW 1991, 1250, 1251.
33 MüKoBGB/*Grothe* § 186 Rn. 4.

daten auf Aufforderung übersendet. Anders als in Bezug auf die Klagebefugnis und die Glaubhaftmachung sind Veränderungen zur Zahl der Anmelder zeitlich nur begrenzt relevant und überprüfbar. Denn Nr. 3 stellt auf einen festen Zeitpunkt, zwei Monate nach öffentlicher Bekanntgabe der MFK ab. Damit sind mögliche Anmeldungen oder Rücknahmen, die danach noch (bis zum Tage vor bzw. des ersten Termins) eintreten können, unbeachtlich. Ein Absinken der Anmeldezahl nach dem Stichtag berührt die Zulässigkeit der Klage nicht. Allerdings reicht es auch nicht, dass irgendwann in dem Zweimonatszeitraum das Quorum einmal erreicht wird. Entscheidend sind die Zahl wirksamer und verbliebener Anmeldungen am Tagesende zwei Monate nach Veröffentlichung.

VIII. Allgemeine Prozess- und Zulässigkeitsvoraussetzungen

1. Internationale Zuständigkeit

76 Es gelten die allgemeinen Regelungen des Unionsrechts.[34] Es findet also insbesondere die Verordnung (EU) Nr. 1215/2012 des Europäischen Parlaments und Rats über die gerichtliche Zuständigkeit und die Anerkennung und Vollstreckung von Entscheidungen in Zivil- und Handelssachen vom 10.1.2015 (Brüssel Ia-VO bzw. EuGVVO) Anwendung;[35] näheres → § 32 c ZPO Rn. 7.

2. Funktionale und örtliche Zuständigkeit

77 Auf Vorschlag des Bundesrats sind die Oberlandesgerichte als Eingangsgericht (§ 119 Abs. 3 GVG) und der BGH als Revisionsinstanz zuständig. Örtlich ist das Oberlandesgericht am Unternehmenssitz zuständig (§ 32 ZPO).

3. Prozessführungsbefugnis

78 Die Prozessführungsbefugnis hat der Kläger im allgemeinen Prozessrecht nur, wenn er zur Geltendmachung des Anspruchs berechtigt ist.[36] Damit sollen Popularklagen ausgeschlossen, also gesichert werden, dass die Parteien eine auch materiellrechtliche Verbindung ha-

---

34 So auch die Bundesregierung BT-Drs. 19/2439, 16.
35 VO (EU) Nr. 1215/2012 vom 12.12.2012, ABl. L 351 vom 20.12.2012, S. 1, zuletzt geändert durch VO (EU) 2015/281 vom 26.11.2014, ABl. L 54 vom 25.2.2015, S. 1.
36 Musielak/Voit/*Foerste* § 51 Rn. 15.

ben.[37] Zwischen Verbraucherschutzorganisationen und Unternehmen bestehen bezüglich der Verbraucherrechte grundsätzlich keine materiellrechtlichen Beziehungen. § 606 Abs. 1 ZPO befugt die dort genannten Verbände unter den dort genannten Voraussetzungen indes ausdrücklich und schafft somit eine Ausnahme zu dem allgemeinen Grundsatz.

Damit ist allerdings keine Prozessstandschaft für die Verbraucher begründet, auch nicht für diejenigen, die ihre Ansprüche nach § 608 ZPO anmelden, denn die betroffenen Ansprüche werden nicht rechtshängig. Wegen der (potenziellen) Bindungswirkung nach § 613 Abs. 1 ZPO und der möglichen Einbeziehung in einen Vergleich nach § 611 ZPO kann mit Blick auf die passive Rolle des Verbrauchers (→ Rn. 2) allerdings von einer **Quasi-Prozessstandschaft** gesprochen werden.

79

4. Keine anderweitige Rechtshängigkeit

Nach der allgemeinen Regel des § 261 Abs. 3 Nr. 1 ZPO kann während der Rechtshängigkeit die Streitsache von keiner Partei anderweitig anhängig gemacht werden. Diese allgemeine Sperre wird im 6. Buch insoweit ergänzt, als gemäß § 610 Abs. 1 ZPO ab dem Tage der Rechtshängigkeit zum selben Lebenssachverhalt auch andere Verbände keine Klage einreichen können und diese Sperre grundsätzlich auch nach Abschluss des Verfahrens erhalten bleibt (→ § 610 ZPO Rn. 17). Ferner kann gemäß § 610 Abs. 2 ZPO ein angemeldeter Verbraucher keine Individualklage mit identischem Streitgegenstand erheben. Diese Erweiterungen sind ebenfalls der Zuerkennung der Quasi-Prozessstandschaft an eine materiellrechtlich nicht betroffene Partei geschuldet.

80

5. Keine entgegenstehende Rechtskraft

Rechtskräftige Urteile stehen einer erneuten gerichtlichen Befassung entgegen. Diese materielle Rechtskraft ist in der ZPO nicht ausdrücklich geregelt, aber (zum Beispiel von § 322 ZPO) vorausgesetzt. Deshalb kann nach rechtskräftigem Abschluss derselbe Verband die MFK nicht noch einmal gegen dasselbe Unternehmen erheben. Darüber hinaus enthält das 6. Buch weitere spezifische Regelungen, die andere (potenzielle) Parteien betreffen. Zum einen sind gemäß § 610 Abs. 1 ZPO auch MFK anderer Verbände unzulässig (→ § 610 ZPO

81

---

[37] Musielak/Voit/*Foerste* § 51 Rn. 14.

Rn. 15 f.), zum anderen bindet das rechtskräftige Urteil gemäß § 613 Abs. 1 ZPO abweichend vom allgemeinen Grundsatz mit den angemeldeten Verbrauchern auch Personen, die nicht Prozesspartei sind.

§ 607 ZPO Bekanntmachung der Musterfeststellungsklage

(1) Die Musterfeststellungsklage ist im Klageregister mit folgenden Angaben öffentlich bekannt zu machen:
1. Bezeichnung der Parteien,
2. Bezeichnung des Gerichts und des Aktenzeichens der Musterfeststellungsklage,
3. Feststellungsziele,
4. kurze Darstellung des vorgetragenen Lebenssachverhaltes,
5. Zeitpunkt der Bekanntmachung im Klageregister,
6. Befugnis der Verbraucher, Ansprüche oder Rechtsverhältnisse, die von den Feststellungszielen abhängen, zur Eintragung in das Klageregister anzumelden, Form, Frist und Wirkung der Anmeldung sowie ihrer Rücknahme,
7. Wirkung eines Vergleichs, Befugnis der angemeldeten Verbraucher zum Austritt aus dem Vergleich sowie Form, Frist und Wirkung des Austritts,
8. Verpflichtung des Bundesamts für Justiz, nach rechtskräftigem Abschluss des Musterfeststellungsverfahrens jedem angemeldeten Verbraucher auf dessen Verlangen einen schriftlichen Auszug über die Angaben zu überlassen, die im Klageregister zu ihm und seiner Anmeldung erfasst sind.

(2) Das Gericht veranlasst innerhalb von 14 Tagen nach Erhebung der Musterfeststellungklage deren öffentliche Bekanntmachung, wenn die Klageschrift die nach § 606 Absatz 2 Satz 1 vorgeschriebenen Anforderungen erfüllt.

(3) Das Gericht veranlasst unverzüglich die öffentliche Bekanntmachung seiner Terminbestimmungen, Hinweise und Zwischenentscheidungen im Klageregister, wenn dies zur Information der Verbraucher über den Fortgang des Verfahrens erforderlich ist. Die öffentliche Bekanntmachung von Terminen muss spätestens eine Woche vor dem jeweiligen Terminstag erfolgen. Das Gericht veranlasst ferner unverzüglich die öffentliche Bekanntmachung einer Beendigung des Musterfeststellungsverfahrens; die Vorschriften der §§ 611, 612 bleiben hiervon unberührt.

I. Einleitung 1	III. Informationen zum Fortgang des Verfahrens
II. Klageerhebung............ 3	(Abs. 3) 11
1. Bekanntzumachende Angaben 3	1. Informationen zu Beginn................... 12
2. Prüfungsumfang und Frist....................... 5	2. Termin 13
3. Rechtsbehelf des Beklagten 10	

3. Informationen mit Blick auf einen möglichen Vergleich 14
4. Informationen zum Abschluss (Absatz 3 Satz 3) 15

IV. Art und Weise der öffentlichen Bekanntmachung .. 16

I. Einleitung

1 Die Vorschrift regelt die öffentliche Bekanntmachung der MFK und bedeutender gerichtlicher Handlungen. Die näheren Regelungen zum Klageregister selbst finden sich in § 609 ZPO.

2 Hauptzweck der Bekanntmachung ist nach der Gesetzesbegründung, die betroffenen Verbraucher „über die Rechtshängigkeit einer MFK zu informieren und ihnen so zu ermöglichen, von dem Verfahren durch die Anmeldung eigener Ansprüche oder Rechtsverhältnisse zu profitieren."[1] Freilich muss der Verbraucher überhaupt erst auf die Idee kommen, im Klageregister nachzusehen. Die Information betrachtet die Bundesregierung zutreffend nicht als staatliche Aufgabe. Auf eine entsprechende, auf den Dieselskandal orientierte Frage hat die Bundesregierung geantwortet, es sei damit zu rechnen, dass qualifizierte Einrichtungen, die eine MFK erwögen, betroffene Verbraucher über die beabsichtigte Klage und die sich daraus ergebenden Rechtsfolgen informierten.[2] Es dürfte letztlich eine Frage der Medienpolitik der Verbraucherverbände sein, in welchem Umfang Verbraucher erreicht werden. Womöglich ist auch insoweit eine Kooperation mit Prozessfinanzierern (→ Einf. Rn. 114 ff.) hilfreich.

II. Klageerhebung

1. Bekanntzumachende Angaben

3 Die Klage(schrift) selbst wird nicht veröffentlicht, obwohl der Wortlaut („mit folgenden Angaben") so verstanden werden könnte. Vielmehr soll das Register eine knappe Zusammenfassung aller relevanten Daten enthalten und umfangreiches, uU Vorwissen erforderndes Einarbeiten in die womöglich umfangreiche Klageschrift vermeiden. Das Gesetz ist also in dem Sinne zu verstehen, dass die MFK „durch" die betreffenden Angaben bekannt gemacht wird.

4 Die **Datenauswahl** beruht auf dem angenommenen Informationsinteresse der Verbraucher. Die Informationen über die Parteien, die

---

1 BT-Drs. 19/2439, 22.
2 BT-Drs. 19/2710, 5 (zu Nr. 12).

Feststellungsziele und insbesondere die „kurze Darstellung des vorgetragenen Lebenssachverhalts" dienen als Hilfe für die Einschätzung, ob eigene Ansprüche oder Rechtsverhältnisse überhaupt betroffen sind oder sein können, und als Grundlage der Entscheidung, ob eine Anmeldung zum Klageregister erfolgen soll. Die Formalien zum Klageverfahren (Nr. 1, 4) benötigt der Verbraucher bei der Anmeldung (§ 608 Abs. 2 Nr. 2 und 3 ZPO). Der Zeitpunkt der Veröffentlichung im Klageregister (Nr. 5) ermöglicht die Abschätzung des Verfahrensstandes und lässt errechnen, bis wann die Anmeldung erfolgen muss, um für das Quorum nach § 606 Abs. 3 Nr. 3 ZPO berücksichtigt zu werden (→ § 606 ZPO Rn. 73). Mit den Angaben zu Nr. 6 bis 8 werden allgemeine, nicht fallspezifische, Informationen zur Anmeldung zum Klageregister (§ 608 ZPO), zum Vergleich (§ 611 ZPO) und zur Auskunftspflicht des BfJ über die Anmeldedaten gegeben. Besonders wichtig erscheint die Information über die Bindungswirkung eines Urteils (§ 613 Abs. 1 ZPO), die durch Nr. 6 („Wirkung der Anmeldung") erfasst ist. Nicht ausdrücklich geregelt ist ein Hinweis darauf, wie der Verbraucher sich über relevante Verfahrensschritte informieren kann (Abs. 3) bzw. informiert wird (§ 611 Abs. 4 Satz 1 ZPO). Diese Informationen dürfen (selbstverständlich) und sollten in abstrakter Form gleichfalls gegeben werden. Dies gilt umso mehr, als der Gesetzgeber von einer Obliegenheit der Verbraucher ausgeht, sich informiert zu halten.[3]

2. Prüfungsumfang und Frist

Innerhalb von zwei Wochen nach Erhebung der MFK, also nach Zustellung an den Beklagten (§ 253 Abs. 1 ZPO), veranlasst das Gericht die Bekanntgabe. Veranlassen meint das Absenden der Daten, was elektronisch geschehen kann und sollte. 5

Prüfungsumfang: Das Gericht hat zu prüfen, ob die Voraussetzungen nach § 606 Abs. 2 Satz 1 ZPO erfüllt sind, ob also die Nachweise über die Klagebefugnis (→ § 606 ZPO Rn. 19 ff., 66) und die Glaubhaftmachung der Betroffenheit von mindestens zehn Verbrauchern (→ § 606 ZPO Rn. 67) vorliegen. Dies ist Voraussetzung für die öffentliche Bekanntmachung.[4] Nach der Gesetzesbegründung[5] soll es genügen, wenn die betreffenden Unterlagen „beigefügt" sind; ähnlich 6

---

3 Zur Rücknahme der Anmeldung heißt es in der Begründung: „Die Rücknahme bewirkt auch, dass sich Betroffene nicht länger über den weiteren Verfahrensgang informiert halten müssen." (BT-Drs. 19/2439, 23).
4 Bundesregierung BT-Drs. 19/2294, 12 (zu Frage 34).
5 BT-Drs. 19/2439, 22.

heißt es in der Antwort der Bundesregierung auf eine Kleine Anfrage: „Der Klageschrift müssen bereits Angaben und Nachweise zu der Glaubhaftmachung beigefügt sein ...".[6] In der Tat wäre es überzogen, vom Gericht bereits zu diesem Zeitpunkt eine inhaltliche Überprüfung zu verlangen, zumal die Klageerwiderungsfrist noch läuft, der Beklagte sich mithin zu diesen Fragen noch nicht geäußert haben wird. Wenn allerdings die zwar beigefügten Unterlagen offensichtlich unzureichend sind, wird das Gericht den Kläger zur Ergänzung auffordern, womöglich bereits vor der Zustellung der Klage. Dies ist auch im Interesse des Beklagten geboten, wenn das Gericht Anlass zu der Annahme hat, die Klage sei missbräuchlich.

7 Die „kurze Darstellung des vorgetragenen Lebenssachverhalts" ist Aufgabe des Gerichts. Es wird die Darstellung, die der Kläger nach § 606 Abs. 2 Satz 2 ZPO beifügen „soll", überprüfen. Hierbei wird es besonders berücksichtigen, dass der Beklagte zu dem klägerischen Vortrag noch nicht hat erwidern können, dass die Darstellung also (bloße) **Behauptungen** enthält, von denen offen ist, ob sie unstreitig werden. Dies muss in der „kurzen Darstellung" deutlich werden, wobei auf den Horizont des juristischen Laien abzustellen ist. Es gilt, den Eindruck zu verhindern, das Gericht, das sich ja immerhin öffentlich äußert, habe eine wie auch immer geartete inhaltliche Prüfung vorgenommen. Es bietet sich an, herauf in einem allgemein gehaltenen Vorspann hinzuweisen.

8 Eine **Anhörung des Beklagten vor Bekanntmachung** ist nicht vorgesehen. Das Gericht ist auch nicht gehalten, die zweiwöchige Frist auszuschöpfen, um dem Beklagten Gelegenheit zur Reaktion zu geben. Das Gesetz sieht kein rechtliches Gehör für den Beklagten vor und damit zur Bekanntmachung vor. Das ist insbesondere der Beschleunigung des Verfahrens geschuldet. Äußert sich der Beklagte gleichwohl, kann das Gericht dies bei seiner (eingeschränkten → Rn. 6) Prüfung berücksichtigen. Hinsichtlich der Möglichkeit des Beklagten, die Bekanntmachung im Rahmen des einstweiligen Rechtsschutzes zu verhindern → Rn. 10.

9 Zum weiteren Fortgang der Eintragung → § 609 ZPO Rn. 3 ff.

3. Rechtsbehelf des Beklagten

10 Macht der Beklagte geltend, die Klage sei missbräuchlich und geeignet, seinen Ruf zu schädigen oder dies gar beabsichtigt, ist auch für eine solche Rüge im Rahmen des MFV, unabhängig von ihrer prozes-

---

[6] BT-Drs. 19/2294, 12 (zu Frage 34).

sualen Einordnung, kein Raum. Insbesondere ist kein Rechtsbehelf ersichtlich, der das Gericht von der Bekanntgabe abhalten könnte. Denkbar ist allenfalls ein Antrag auf einstweilige Verfügung gegen den Kläger, die Klage zurückzunehmen. Grundsätzlich sind zwar statthafte Rechtsbehelfe zur Einwirkung auf Verfahrensbeteiligte (und das Gericht) in der Prozessordnung erschöpfend und abschließend geregelt. Das MVF weist aber insofern eine wesentliche Besonderheit auf, als die Bekanntmachung im Klageregister über die Parteien hinaus wirkt. Etwaige unrichtige und rufschädigende Behauptungen würden besonders öffentlichkeitswirksam präsentiert (Prangerwirkung). Hiergegen kann der Kläger im Wege eines einstweiligen Rechtsschutzverfahrens (§§ 935 ff. ZPO) auf Unterlassung in Anspruch genommen werden, die nach den Vorgaben des § 607 ZPO zum Registerverfahren nur in der Verpflichtung zur Klagerücknahme bestehen kann, weil nur diese die Bekanntmachung verhindern kann. Denkbar ist indessen auch eine **vorbeugende Unterlassungsklage** des Unternehmens, das die Erhebung einer MFK nur befürchtet. Auch insoweit kommt – naturgemäß – einstweiliger Rechtsschutz in Betracht.[7]

III. Informationen zum Fortgang des Verfahrens (Abs. 3)

Wegen der passiven Rolle der Verbraucher im MFV sind diese in besonderer Weise darauf angewiesen, vom Gericht über den Fortgang informiert zu werden. Auch dies geschieht über das Klageregister.

1. Informationen zu Beginn

Von besonderem Interesse für (potenziell) betroffene Verbraucher sind die Terminsbestimmung und bis dahin ergangene Hinweise des Gerichts, da die Anmeldefrist am Tag vor dem ersten Termin endet (§ 608 Abs. 1 ZPO). Einschätzungen etwa zu den angekündigten Klageanträgen und damit mittelbar zu den Feststellungszielen und zur Zulässigkeit der Klage können (potenziell) betroffenen Verbrauchern maßgeblich die Entscheidung erleichtern, ob sie sich anmelden. Es versteht sich von selbst, dass das Gericht dabei andererseits strikt die Neutralitätspflicht zu beachten hat. Diese frühzeitige Information ergänzt das aktive frühzeitige Prozessmanagement des Gerichts mit Blick auf das rechtliche Gehör der Anmelder (→ § 610 ZPO Rn. 39 ff.).

---

[7] *Schmidt-Kessel*, S. 13.

2. Termin

13 Von dem ersten Termin und ggf. den weiteren erfahren die Verbraucher im Rahmen der allgemeinen Frist nach § 217 ZPO, also spätestens eine Woche zuvor (Satz 2).

3. Informationen mit Blick auf einen möglichen Vergleich

14 Der nach Anmeldung und Ablauf der Rücknahmefrist nächste mögliche Handlungsbedarf des Angemeldeten ist die Entscheidung über einen Austritt aus einem etwaigen Vergleich (§ 611 Abs. 4 Satz 2 ZPO). Hierüber erfährt der Verbraucher auch unmittelbar im Wege der Zustellung (§ 611 Abs. 4 Satz 1 ZPO) und hat dann für die Austrittsentscheidung einen Monat Zeit (§ 611 Abs. 4 Satz 2 ZPO). Zu diesem Zusammenhang und Zeitraum sind im Klageregister veröffentliche gerichtliche Handlungen von großer Bedeutung, womöglich aber auch schon im Vorfeld des Vergleichsschlusses, weshalb das Gesetz die unverzügliche Bekanntmachung anordnet (Satz 1).

4. Informationen zum Abschluss (Absatz 3 Satz 3)

15 Gemäß § 611 Abs. 5 Satz 3 ZPO wird der Beschluss über den Inhalt und die Wirksamkeit eines Vergleichs im Klageregister bekannt gemacht, ebenso das Musterfeststellungsurteil, etwaige Rechtsmittel und schließlich die Rechtskraft (§ 612 ZPO). Wie auf Vorschlag des Bundesrats[8] klargestellt wurde, ist auch **jede andere Beendigung** bekanntzugeben. In Betracht kommen Klagerücknahme und übereinstimmende Erledigungserklärung. Die Klagerücknahme kann ab Beginn der mündlichen Verhandlung nur noch mit Zustimmung des Beklagten erfolgen (§ 269 Abs. 1 ZPO). Mit der Erledigungserklärung reagieren die Parteien auf eine Erledigung, die außerhalb des Verfahrens eintritt. Diese kann sich etwa darauf gründen, dass das Unternehmen die verfolgten Ansprüche außerhalb des MFV befriedigt oder darauf, dass die mit der MFK (allein) verfolgte Rechtsklärung zwischenzeitlich durch eine anderweitige höchstrichterliche Entscheidung erfolgt ist. Die weiteren Erledigungsarten des Anerkenntnisses und des Verzichts führen zu Urteilen, so dass § 612 ZPO unmittelbar einschlägig ist. Zu einem Verzichtsurteil kann es allerdings gem. § 610 Abs. 3 ZPO ohnehin nicht kommen.

---

8 BR-Drs. 176/18 (Beschluss), 7 (Nr. 7).

IV. Art und Weise der öffentlichen Bekanntmachung

Das Gericht nimmt die öffentlichen Bekanntmachungen nach den Abs. 2 und 3 nicht selbst vor, sondern „veranlasst" sie lediglich. Veröffentlichungsort ist das Klageregister, was sich für die MFK aus Abs. 1 und für die weiteren Bekanntmachungen aus Abs. 3 ergibt. Zuständig für das Führen des Klageregisters und damit für die öffentlichen Bekanntmachungen im engeren Sinne ist gemäß § 609 Abs. 1 Satz 2 ZPO das BfJ. 16

Auf welche insbesondere technische Weise die öffentlichen Bekanntmachungen vorzunehmen sind, ist anders als etwa in § 9 Insolvenzordnung gesetzlich nicht näher bestimmt. Allerdings erlaubt die Verordnungsermächtigung in § 609 Abs. 7 ZPO auch Regelungen zu öffentlichen Bekanntmachungen. Da diese über das Klageregister erfolgen, wird die Art und Weise der öffentlichen Bekanntmachung von der Ermächtigungsnorm, die Bestimmungen über den „Inhalt... des Klageregisters" erlaubt, erfasst. 17

Das Klageregister kann und wird mittelfristig elektronisch betrieben werden (→ § 609 ZPO Rn. 2). Auch solange es manuell betrieben werden wird, wird die öffentliche Bekanntmachung über das Internet erfolgen. Nur so ist eine Erreichbarkeit (potenziell) Interessierter, insbesondere der Verbraucher, zu gewährleisten. 18

§ 608 ZPO Anmeldung von Ansprüchen oder Rechtsverhältnissen

(1) Bis zum Ablauf des Tages vor Beginn des ersten Termins können Verbraucher Ansprüche oder Rechtsverhältnisse, die von den Feststellungszielen abhängen, zur Eintragung in das Klageregister anmelden.

(2) Die Anmeldung ist nur wirksam, wenn sie frist- und formgerecht erfolgt und folgende Angaben enthält:
1. Name und Anschrift des Verbrauchers,
2. Bezeichnung des Gerichts und Aktenzeichen der Musterfeststellungsklage,
3. Bezeichnung des Beklagten der Musterfeststellungsklage,
4. Gegenstand und Grund des Anspruchs oder des Rechtsverhältnisses des Verbrauchers,
5. Versicherung der Richtigkeit und Vollständigkeit der Angaben.

Die Anmeldung soll ferner Angaben zum Betrag der Forderung enthalten. Die Angaben der Anmeldung werden ohne inhaltliche Prüfung in das Klageregister eingetragen.

(3) Die Anmeldung kann bis zum Ablauf des Tages des Beginns der mündlichen Verhandlung in der ersten Instanz zurückgenommen werden.

(4) Anmeldung und Rücknahme sind in Textform gegenüber dem Bundesamt für Justiz zu erklären.

I. Einleitung	1
II. Anmeldefrist (Abs. 1)	2
III. Wirksamkeitsvoraussetzungen (Abs. 2 und 4)	4
1. Frist und Textform	4
2. Erforderliche Angaben	6
3. Soll-Angabe Forderungshöhe	9
4. Keine Konnexität	10
5. Kein Anwaltszwang....	11
6. Keine Gebühr	12
IV. Eintragung in das Klageregister (Abs. 2 Satz 3)	13
1. Verfahren	13
2. Folgen der Anmeldung und der Eintragung	15
3. Rechtsbehelfe gegen die Eintragung oder ihre Versagung	18
4. Rolle des Anmelders im Verfahren	20
V. Verhältnis Anmelder und Kläger	21
1. Ausgangslage............	21
2. Haftung der Klägersphäre gegenüber den Anmeldern................	25
a) Ansprüche gegen den klagenden Verband	27
aa) Haftung aus Vertrag	27

bb) Gesetzliches Schuldverhältnis, insbesondere Geschäftsführung ohne Auftrag....... 30
cc) Deliktische Haftung 35
b) Ansprüche gegen den Prozessbevollmächtigten des Klägers 37
VI. Zurücknahme der Anmeldung (Abs. 3) 39

I. Einleitung

Es handelt sich um die zentrale Vorschrift über die Anmeldung zum Klageregister. Das Klageregister selbst ist in § 609 ZPO geregelt. 1

II. Anmeldefrist (Abs. 1)

Die Anmeldefrist läuft mit dem Tag vor dem ersten Termin ab. Dabei kann es sich um einen frühen ersten Termin nach § 275 ZPO handeln oder – nach Durchführung des schriftlichen Vorverfahrens (§ 276 ZPO) – um den Haupttermin. Mit dieser Regelung wäre ein schriftliches Verfahren nach §v 128 Abs. 2 ZPO nicht vereinbar, weshalb es gem. § 610 Abs. 5 Satz 2 ZPO ausgeschlossen ist. Der relativ frühe Anmeldeschluss lässt nicht zu, dass Verbraucher erst die Entwicklung des Prozesses abwarten. So können sie bei ihrer Entscheidung nicht die Sichtweise des Gerichts in der mündlichen Verhandlung und den sich danach abzeichnenden Zeitbedarf berücksichtigen. Im Sinne dieser Ziele war in den Vorentwürfen eine großzügigere Anmeldefrist vorgesehen, nämlich bis zum Schluss der mündlichen Verhandlung. Im Rahmen der Abstimmung innerhalb der Bundesregierung hat sich der Gedanke durchgesetzt, der Verbraucher solle der Bindungswirkung, die ihrerseits auch erst spät im Gesetzgebungsverfahren implementiert worden ist (→ Einf. Rn. 76, 80), nicht noch zu einem späten Zeitpunkt entgehen können. Kritisch ist dies vor allem unter dem Aspekt unzureichenden rechtlichen Gehörs (→ § 610 ZPO Rn. 42 ff.) 2

Für die Einhaltung der Frist kommt es auf den Eingang beim BfJ an. 3

III. Wirksamkeitsvoraussetzungen (Abs. 2 und 4)

1. Frist und Textform

Neben der Frist (Abs. 1) muss auch eine bestimmte Form eingehalten werden, die **Textform** (Abs. 4). Der Begriff der Textform ist in der ZPO nicht definiert. Zurückzugreifen ist deshalb auf § 126 b BGB. Danach muss eine „lesbare Erklärung, in der die Person des Erklä- 4 renden genannt ist, auf einem dauerhaften Datenträger abgegeben werden." Die gesetzliche Definition des dauerhaften Datenträgers wird erfüllt durch Papier, USB-Stick, CD-ROM, Speicherkarten, Festplatten und E-Mails sowie Computer-Fax.[1]

5 Das Formerfordernis dürfte auch dann erfüllt sein, wenn das BfJ eine **Plattform** im Internet zur Verfügung stellt, über die die Eingabe im Rahmen vorgegebener Felder erfolgt. Von der Literatur wird eine Internetseite dann für ausreichend gehalten, wenn sie vom Empfänger ausgedruckt oder gespeichert werden kann und damit bei ihm dauerhaft abrufbar ist.[2] Gemeint sind damit jene Fälle, in denen der Betreiber der Internetseite Erklärungen abgibt, die an die Textform gebunden sind. Damit dürfte eine Plattform erst recht ausreichen. Das BfJ als Betreiber beabsichtigt gerade, die Informationen aus der Eingabe zu erfassen und zu speichern. Der Zweck der Textform, die Dokumentation,[3] wird also erfüllt.

2. Erforderliche Angaben

6 Die nach Abs. 2 verlangten Eintragungen verfolgen verschiedene Zwecke. Mit der Bezeichnung des Gerichts, des Aktenzeichens und des Beklagten (Nr. 2, 3) erfolgt die Zuordnung zu der spezifischen MFK. Die Daten des Verbrauchers (Nr. 1), zum Gegenstand und Grund (Nr. 4) sowie zum Betrag der Forderung (Satz 2) dienen der Identifizierung des vom Verbraucher verfolgten Ziels. Sie sind relevant zunächst für die Beurteilung der Zulässigkeitsvoraussetzung nach § 606 Abs. 3 Nr. 3 ZPO, also für die Frage, ob das Quorum von 50 Anmeldungen zum Stichtag erreicht ist. Sie sind weiter für die Prozessparteien und das Gericht, etwa im Rahmen von Vergleichsüberlegungen und -verhandlungen, von Bedeutung (→ § 611 ZPO Rn. 13 ff.). Schließlich sind die Angaben erforderlich, um wirksam die Hemmung der Verjährung herbeiführen zu können.

7 Der Bundesrat[4] und andere hatten kritisiert, die Angabe zu **Gegenstand und Grund** überforderten den Anmelder. Die Orientierung an den für die Klageschrift geltenden Anforderungen[5] sei überzogen.[6] Dem hielt die Bundesregierung zutreffend entgegen, eine hinreichende Individualisierung sei mit Blick auf die Verjährungshemmung, die

---
1 Vgl. Palandt/*Ellenberger* § 126 b Rn. 3.
2 MüKoBGB/*Einsele* § 126 b Rn. 11.
3 MüKoBGB/*Einsele* § 126 b Rn. 9.
4 BR-Drs. 176/18 (Beschluss), 8 (Nr. 9).
5 So ausdrücklich die Begründung des Regierungsentwurfs, BT-Drs. 19/2439, 23.
6 BR-Drs. 176/18 (Beschluss), 8 (Nr. 9).

Bindungswirkung eines Urteils, die Reichweite eines Vergleichs und die Sperrwirkung der MFK erforderlich. Zugleich hat die Bundesregierung angekündigt, für Erleichterungen im Rahmen der Rechtsverordnung nach § 609 Abs. 7 ZPO sorgen zu wollen. Letztlich steht es dem BfJ frei, den Verbraucher auch unabhängig von der Verordnung durch Erläuterungen und Beispielsformulierungen zu unterstützen.[7]

Die nach Nr. 5 dem Verbraucher abverlangte **Versicherung** ist gleichsam Kompensation des Umstandes, dass die angemeldeten Daten nach Abs. 2 Satz 3 inhaltlich nicht geprüft werden. Die abverlangte Versicherung führt dem Verbraucher die Bedeutung der Anmeldung und die Relevanz der Daten vor Augen. Eine falsche Versicherung stellt allerdings keine Straftat dar. § 156 StGB setzt voraus, dass die Behörde zur Abnahme einer Versicherung an Eides statt befugt ist. An der Eidesstattlichkeit der Versicherung fehlt es im Gesetz. Theoretisch denkbar wäre eine Strafbarkeit nach § 263 StGB. In der Regel wird es allerdings an der Absicht, sich einen rechtswidrigen Vermögensvorteil zu verschaffen, fehlen. Die Angaben allein führen nicht zur Begründung eines Anspruchs und auch nicht zur Verjährungshemmung. Für beide Fragen kommt es auf die tatsächliche Faktenlage an; die Anmeldung und auch die Eintragung sind nicht konstitutiv. Falls falsche Angaben dazu dienen sollten, das Quorum nach § 606 Abs. 3 Nr. 3 ZPO zu erreichen, könnte zwar die Zulässigkeit der Klage erschlichen werden. Auch insoweit ist aber kaum denkbar, dass der Verbraucher sich einen Vermögensvorteil zu verschaffen beabsichtigte. Im Ergebnis kann er nur Erfolg haben, wenn er objektiv über einen Anspruch verfügt. Die unter Umständen leichtere Durchsetzbarkeit über den Weg der MFK, ggf. sogar der Umstand, dass der Verbraucher den Anspruch individuell nicht verfolgt hätte, ändert nichts daran, dass er ggf. eine tatsächlich bestehende Forderung verfolgt hat. Es fehlt also für den Betrugstatbestand zumindest an der Rechtswidrigkeit des verfolgten Vermögensvorteils.

3. Soll-Angabe Forderungshöhe

Der Regierungsentwurf hatte den Betrag der Forderung noch als zwingende Angabe vorgesehen und damit als Zulässigkeitsvoraussetzung behandeln wollen (Nr. 5 aF). Dies hatte der Bundesrat unter Verweis darauf kritisiert, dass der Verbraucher nicht zwingend eine Geldleistung verfolgen muss, sondern etwa Wandelung, Rückabwicklung des Vertrages oder dessen (Un-)Wirksamkeit begehren

---

7 Gegenäußerung BT-Drs. 19/2701, 14 (Nr. 9).

könnte.[8] Entsprechend der hierzu von der Bundesregierung signalisierten Offenheit[9] ist im Rechtsausschuss aus der Pflicht- eine Soll-Angabe geworden. Die gesetzliche Formulierung „Angaben zum Betrag der Forderung" lässt im Übrigen auch Spannen oder textliche Angaben ohne eine konkrete Zahl zu. Damit wird das Ziel, den Parteien die Beurteilung der wirtschaftlichen Gesamtbedeutung zu ermöglichen,[10] erfüllt. Da solche Angaben auch für die Verhandlung über Vergleichsmöglichkeiten von Bedeutung sein können, gerade wenn Einzelansprüche von Verbraucher(gruppen) konkretisiert werden sollen, bieten sich vertiefende, ggf. durch die Rechtsvorordnung nach § 609 Abs. 7 ZPO zu bahnende Hinweise durch das BfJ an.

4. Keine Konnexität

10 Mit der Wendung in Abs. 1, anmeldefähig seien Ansprüche oder Rechtsverhältnisse, „die von den Feststellungszielen abhängen", ist keine Wirksamkeitsvoraussetzung geschaffen. Zwar könnte theoretisch aus den nach Nr. 4 und Satz 2 verlangten Angaben in Abgleich mit der MFK die Überprüfung einer solchen Konnexität vorgenommen werden. Eben diese Prüfung aber ist vom Gesetz nicht vorgesehen, wie sich insbesondere aus Abs. 2 Satz 3 ergibt. Die Erwähnung des Konnexes in Abs. 1 hat also bloß deskriptiven Charakter.

5. Kein Anwaltszwang

11 Da der Anmelder nicht Partei ist (→ § 606 ZPO Rn. 2), ist § 78 ZPO, der für den Prozess bei den Land- und Oberlandesgerichten Anwaltszwang begründet, nicht anwendbar mit der Folge, dass die Anmeldung auch ohne anwaltliche Vertretung wirksam ist. Dies ist in der Entwurfsbegründung mehrfach[11] klargestellt. Statthaft ist diese Vertretung freilich durchaus; zu den Kosten → § 19 RVG Rn. 1.

6. Keine Gebühr

12 Anders als noch in den Vorentwürfen vorgesehen, wird für die Eintragung keine Gebühr erhoben. Ursprünglich war eine solche in Höhe von 10 EUR beabsichtigt, die vor allem deshalb entfiel, weil der Verwaltungsaufwand zu Erhebung und ggf. Eintreibung der Gebühr

---

8 BR-Drs. 176/18 (Beschluss), 8 (Nr. 10).
9 Gegenäußerung BT-Drs. 19/2701, 14 f. (zu Nr. 10).
10 So Beschlussempfehlung des Rechtsausschusses BT-Drs. 19/2741, 25.
11 BT-Drs. 19/2439, 1, 15, 23.

nach Einschätzung des Bundesministeriums der Justiz und Verbraucherschutz unverhältnismäßig hoch wäre. Eine Gebühr wäre aber auch aus anderen Gründen problematisch. Das Gesetz zielt gerade auch auf sogenannte Streuschäden (→ Einf. Rn. 4), also Schäden oder sonstige Nachteile, die für den einzelnen Verbraucher gering oder gar nur marginal sind, andererseits für das Unternehmen von großer wirtschaftlicher Relevanz sein können („kalkulierter Rechtsbruch" → Einf. Rn. 4 ff.). Realistischerweise würden solche Ansprüche im Falle einer wenn auch für sich maßvollen Gebühr nicht geltend gemacht. Dies hätte dazu geführt, dass vermutlich MFK in diesem Bereich vollständig unterblieben wären. Demgegenüber ist in der politischen Diskussion eingewandt worden, eine Gebühr sei auch deshalb erforderlich, um Missbrauch zu verhindern.[12] Dem ist entgegenzuhalten, dass mangels materiellrechtlicher Bedeutung der Anmeldung ein Missbrauch selbst im Extremfall allenfalls dazu führen kann, dass eine MFK trotz Betroffenheit von nur zehn Verbrauchern zulässig werden kann (vgl. § 606 Abs. 3 Nr. 2 ZPO). Dieser Nachteil erscheint wesentlich weniger gewichtig als der Ausschluss von Streuschäden.

IV. Eintragung in das Klageregister (Abs. 2 Satz 3)

1. Verfahren

Die eingegebenen Daten werden vom BfJ in das Klageregister eingetragen, was gemäß § 609 Abs. 2 Satz 1 ZPO unverzüglich zu erfolgen hat (→ § 609 ZPO Rn. 3 ff.). 13

Eine inhaltliche Prüfung der Anmeldedaten wird weder vom BfJ noch von dem Gericht vorgenommen. Hauptgrund hierfür ist, dass das Verfahren nicht mit langwierigen Prüfungen belastet werden soll. Insbesondere die Verbindung mit der Zulässigkeitsvoraussetzung des erfüllten Quorums würde zu unter Umständen langwierigen Auseinandersetzungen im Prozess zur Frage der Wirksamkeit der Anmeldung führen können. Dabei ginge es vor allem um die in Abs. 1 vorausgesetzte Frage, ob die angemeldeten Ansprüche von den Feststellungszielen abhängen. Dieser Zusammenhang ist zwar in Abs. 1 angesprochen, aber schon nicht expliziter Gegenstand der abverlangten Daten und kann umso weniger vom BfJ geprüft werden (→ Rn. 10). Hinsichtlich der übrigen Angaben wird das BfJ sich auf eine reine Vollständigkeits- und Plausibilitätskontrolle beschränken. Damit fin- 14

---

12 Auch der Bundesrat (BR-Drs. 176/18 (Beschluss), 5.) sieht zumindest Evaluierungsbedarf.

det auch keine Überprüfung zB darauf statt, ob der Anmelder Verbraucher ist (näher → § 29 c ZPO Rn. 5) oder ob über den anzumeldenden Anspruch bereits rechtskräftig entschieden ist (näher → Rn. 17).

2. Folgen der Anmeldung und der Eintragung

15 Das Gesetz knüpft an die wirksame Anmeldung eine Reihe von Rechtsfolgen. Nach § 606 Abs. 3 Nr. 3 ZPO hängt das für die Zulässigkeit der Klage bedeutsame Quorum von der Anmeldung ab. § 609 Abs. 4 bis 6 ZPO knüpft verschiedene Informationspflichten und Rechte an den Anmeldestatus. § 610 Abs. 3 ZPO sperrt für angemeldete Verbraucher die Individualklage. Nach § 611 ZPO gilt ein Vergleich auch für und gegen angemeldete Verbraucher. Auch die Bindungswirkung eines MFU ist gemäß § 613 Abs. 1 ZPO von der wirksamen Anmeldung abhängig. Schließlich verlangt auch die Verjährungshemmung nach § 204 Abs. 1 Nr. 1a BGB die wirksame Anmeldung.

16 All diesen Regelungen ist gemeinsam, dass auf die wirksame Anmeldung und nicht etwa auf die Eintragung im Klageregister abgestellt wird. Die **Eintragung** ist also **nicht konstitutiv**. Das kommt auch in der Gesetzesbegründung zum Ausdruck. Bezogen auf die Auswirkung der Eintragung auf die Beurteilung des Quorums „kommt es auf den fristgerechten Eingang der Anmeldung bei dem Bundesamt für Justiz an. Daher ist unbeachtlich, ob das Bundesamt für Justiz die Angaben der Anmeldung bereits zum Stichtag in das Klageregister eingetragen hat."[13] Dieser Gedanke ist auf sämtliche Rechtsfolgen in dem Sinne übertragbar, dass es nicht auf die Eintragung, sondern nur auf die Anmeldung als solche ankommt. Im Streit also um die Bindungswirkung des MFU oder die Wirksamkeit des Vergleichs wird von dem Gericht des späteren Verfahrens beurteilt, ob die Anmeldung wirksam war.

17 Die Anmeldung hat mit Ausnahme der Verjährungshemmung (§ 204 BGB) **keine materiellrechtlichen Folgen**, und der Verbraucher behält auch die Verfügungsgewalt. Er kann den Anspruch abtreten (zur Folge auf das MFV → § 611 ZPO Rn. 7 ff., → § 613 ZPO Rn. 9 ff.), er kann in einem anderen Verfahren die Aufrechnung erklären (→ § 610 ZPO Rn. 38) oder sich außerhalb eines Prozesses wirksam mit dem Unternehmen einigen. Die materiellrechtlichen Folgen solcher Handlungen sind für das MFV unbedeutend, ihnen wird im mögli-

---

13 BT-Drs. 19/2439, 24.

chen Folge-Individualprozess Rechnung getragen. Ist über den angemeldeten Anspruch bereits anderweitig rechtskräftig entschieden, ändert auch hieran die Anmeldung nichts. Ist ein einschlägiges Individualverfahren anhängig, wird dieses ausgesetzt (→ § 613 ZPO Rn. 19 ff.), eine neue Individualklage kann nicht erhoben werden (→ § 610 ZPO Rn. 83 ff.).

3. Rechtsbehelfe gegen die Eintragung oder ihre Versagung

Gegen die Eintragung oder ihre Versagung ist nach den Regeln der ZPO ein Rechtsbehelf schon deshalb nicht gegeben, weil das Gericht insoweit keine Maßnahmen trifft. Es könnte sich allerdings bei dem Eintragungsvorgang um die Maßnahme einer Justizbehörde im Sinne von § 23 des Einführungsgesetzes zum Gerichtsverfassungsgesetz (EGGVG) handeln mit der Folge, dass die Eintragung oder ihre Versagung im Rahmen eines gesonderten Verfahrens vor dem Oberlandesgericht (§ 25 EGGVG) angefochten werden könnte. Allerdings hat die Eintragung als solche keine materiellrechtlichen Folgen (→ Rn. 17), eine von § 24 EGGVG geforderte (geltend zu machende) Rechtsverletzung dürfte also weder durch die Eintragung noch durch ihre Versagung vorliegen können. Zwar kann als Folge der Versagung der Eintragung in den Rechtskreis des Verbrauchers alsbald eingegriffen werden; so wird etwa das BfJ einem Verbraucher, dessen Anmeldung es nicht in das Klageregister eingetragen hat, die Auskünfte nach § 609 Abs. 4 ZPO versagen. Andererseits sind vorbeugende Anträge nicht zulässig.[14] **Verweigert das BfJ dem Verbraucher die Auskunft** nach § 609 Abs. 4 Satz 1 oder den Auszug nach § 609 Abs. 4 Satz 2 ZPO, steht dem Verbraucher hiergegen dann der **Rechtsweg nach §§ 23 ff. EGGVG** offen. Dem kann nicht mit zeitlichen Erwägungen entgegnet werden, denn auch in dem Verfahren nach § 23 ff. EGGVG ist einstweiliger Rechtsschutz statthaft.[15] Die Versagung der Eintragung ist dem Verbraucher gegenüber mitzuteilen, damit er seine Rechte wahren kann. 18

Die Parteien können gegen die Eintragung oder deren Versagung (selbst) nicht nach § 23 ff. EGGVG vorgehen. Zwar kann der Rechtskreis der Parteien insoweit betroffen sein, als von der fraglichen spezifischen Eintragung die Zulässigkeit der Klage abhängen kann (§ 606 Abs. 3 Nr. 3 ZPO). Ferner kann der Beklagte insofern betroffen sein, als es in späteren Verfahren um die Fragen der Bindungswirkung des Urteils (§ 613 ZPO) oder der Reichweite des Vergleichs 19

---

14 Zöller/*Lückemann* § 24 EGGVG Rn. 1.
15 MüKoZPO/*Pabst* vor § 23 ff. EGGVG Rn. 10.

(§ 611 ZPO) geht. Auch hierfür gilt allerdings, dass die Eintragung oder ihre Versagung materielle Rechtsfolgen nicht erzeugt (→ Rn. 17), eine Rechtsverletzung im Sinne des § 24 EGGVG also nicht in Betracht kommt. Diese wird sich auch nicht im Zusammenhang mit § 609 Abs. 6 ZPO ergeben können. Danach haben die Parteien zwar Anspruch auf einen Auszug der im Klageregister erfassten Angaben, daraus leitet sich aber nicht ein Anspruch auf Eintragung fehlender Daten oder auf Löschung unrichtig eingetragener Daten ab. Die betreffenden Interessen der Parteien werden dadurch gewahrt, dass der Auskunftsanspruch auch Anmeldungen, die nicht in das Klageregister übernommen wurden, erfasst (→ § 609 ZPO Rn. 16).

4. Rolle des Anmelders im Verfahren

20 Das Gesetz gibt dem angemeldeten Verbraucher eine passive Rolle. Im Fall eines Vergleichsschlusses allerdings kann er entscheiden, ob er den Vergleich akzeptiert oder ob er austritt (§ 611 Abs. 4 ZPO). Der Bindungswirkung des MFU (§ 613 Abs. 1 ZPO) kann er nach Ablauf der Rücknahmefrist (→ Rn. 39 ff.) nicht mehr entgehen. Da der Anmelder nicht Partei ist, kann er ohne weiteres als Zeuge benannt werden.[16]

V. Verhältnis Anmelder und Kläger

1. Ausgangslage

21 Der Anmelder ist nicht in das Prozessgeschehen eingebunden. Er hat **keinerlei Einfluss auf das Verfahren,** kann insbesondere keine Anträge stellen, nicht einmal Erklärungen abgeben. Anders als nach dem Kapitalanleger-Musterverfahrensgesetz (KapMuG) kann er auch nicht beigeladen werden, hat also selbst dann, wenn er bereit ist Kostenrisiken zu tragen, keine Möglichkeit in den Prozess einzugreifen. Nach Ablauf der Rücknahmefrist steht ihm als einzige Handlungsmöglichkeit der Austritt aus einem etwaigen Vergleich zur Verfügung. Der Bindungswirkung eines Urteils ist er ebenso ausgeliefert wie der fremdbestimmten Prozessdauer, zu der (auch taktische) Anträge und Rechtsmittel beitragen können. Außerdem trägt er das Risiko, dass seine Anmeldung mangels hinreichender Konkretisierung des Anspruchs oder mangels Kongruenz die Verjährung (doch) nicht hemmt, diese also unerwartet eintritt. Wenn demgegenüber die Bundesregierung formuliert, mit der Anmeldung würden „die prozessua-

---

16 Vgl. Gesetzesbegründung BT-Drs. 19/2439, 15.

len Möglichkeiten der Rechtsverfolgung ausschließlich erweitert",[17] darf man Zweifel anmelden.

Man kann allerdings die Passivität und Abhängigkeit kompensiert 22 sehen durch den unzweifelhaften Vorteil, kostenlos, **ohne Aufwand und ohne Kostenrisiko** an grundsätzlichen Klärungen teilzuhaben oder – wie die Bundesregierung chancenorientiert betont – zu profitieren.[18]

Die Abwägung der Vor- und Nachteile fällt vermutlich jenem leicht, 23 der mögliche Ansprüche ohnehin nicht verfolgt hätte. Der „rational desinteressierte" (→ Einf. Rn. 4) Verbraucher wird die wenigen Angaben, die für eine Anmeldung erforderlich sind, nicht scheuen. Ein mögliches negatives Ergebnis des MFV wird er antizipativ für hinnehmbar halten, ebenso das Risiko verfehlter Bindung oder des Eintritts der Verjährung im Falle unwirksamer Anmeldung oder verfehlter Verjährungshemmung. Für diese Gruppe der **desinteressierten oder unreflektierten Anmelder** mag die Erwägung der Bundesregierung tragen, die Freiwilligkeit der Anmeldung rechtfertige mögliche negative Folgen.[19]

Für andere Verbrauchergruppen kann anderes gelten. Jene, die den 24 Individualprozess erwägen und – vielleicht mittels anwaltlicher Unterstützung – das MFV als taktisches Mittel sehen und einsetzen, werden die potenziellen Nachteile sehr wohl erwägen. Zumindest für diese Gruppe der **taktischen Anmelder** stellt sich auch praktisch die allerdings rechtlich für alle Anmelder relevante Fragen, ob das Gesetz hinreichend die Garantie rechtlichen Gehörs (Art. 103 GG) beachtet, welche Kompensation ggf. im Verfahren geleistet werden kann (→ § 610 ZPO Rn. 39 ff.) und nicht zuletzt, ob der Verband oder dessen Prozessvertreter ggf. für Fehler haften.

2. Haftung der Klägersphäre gegenüber den Anmeldern

Spiegelbildlich zu der defensiven Ausgestaltung der Rolle von Verbrauchern und Angemeldeten sind Einfluss und Verantwortung des klagenden Verbandes von herausgehobener Bedeutung. Eine missratene Prozessführung kann im schlechtesten Fall tatsächlich bestehende Ansprüche verloren gehen lassen. Schlechte Information im Vorfeld kann ein Anmeldeverhalten erzeugen, das mangels Betroffenheit nicht nur nicht an der erreichten Bindungswirkung teilhaben lässt, 25

---

17 BT-Drs. 19/2439, 26.
18 BT-Drs. 19/2439, 22, 23.
19 BT-Drs. 19/2439, 15, 26.

sondern mangels Verjährungshemmung zu Rechtsverlusten führt. Zu defensive Information hingegen kann zielführende Anmeldungen verhindern.

26 Die Frage der Haftung für solche Fehler ist erst spät in das Blickfeld des Gesetzgebers geraten[20] und hat im Gesetz selbst[21] keine Spuren (mehr) hinterlassen. Mangels Regelung im Gesetz über die MFK gelten damit die allgemeinen Regeln.

27 a) **Ansprüche gegen den klagenden Verband.** aa) **Haftung aus Vertrag.** Zwischen Verbrauchern im Allgemeinen bzw. Anmeldern im Besonderen muss nach der Logik des Gesetzes im Rahmen des MFV ein Vertrag nicht zustande kommen. Gewiss kann der zur Klage entschlossene oder diese erwägende Verband Vereinbarungen mit Verbrauchern schließen, auf deren Basis die Klage erhoben wird und die Anmeldung später erfolgt. Einen Sinn kann das vor allem mit Blick auf die Individualphase (→ Einf. Rn. 102 ff.) ergeben, also die Durchsetzung der Einzelansprüche auf Basis erreichter Feststellungen etwa im Rahmen eines Einziehungsmodells nach § 79 ZPO (→ Einf. Rn. 110). In solchen Vereinbarungen mögen explizit oder implizit (Sorgfalts-)Pflichten des Verbandes hinsichtlich der Klage und der Prozessführung begründet, begrenzt oder ausgeschlossen werden.

28 Vom Gesetz gefordert oder auch nur vorausgesetzt ist dies freilich nicht. Abgesehen davon, dass der Kläger zehn Betroffenheitsfälle glaubhaft machen muss (§ 606 Abs. 3 Nr. 2 ZPO), was aber bei öffentlichkeitswirksamen Vorgängen nicht einmal einen direkten Verbraucherkontakt voraussetzt, erhebt der Verband nach der gesetzlichen Grundkonstruktion allein und unabhängig Klage und die Verbraucher melden ihre Ansprüche und Rechtsverhältnisse individuell, unkoordiniert und ohne Notwendigkeit eines Kontakts zum Kläger an. Es ist nicht ersichtlich, wie in diesem gesetzlichen Normalfall ein Vertrag zwischen Kläger und Anmeldern, und sei es durch konkludentes Handeln, zustande kommen sollte.

29 Soweit etwa *Schmidt-Kessel*[22] von einem Auftragsverhältnis nach §§ 662 ff. BGB ausgeht, dürften die Essentialia nicht passen. Der Geschäftsherr ist dem Geschäftsführer gegenüber grundsätzlich wei-

---

20 In der Anhörung im Rechtsausschuss sind *Meller-Hannich*, S. 5, und *Schmidt-Kessel*, S. 16, von einer Haftung ausgegangen.
21 Der Rechtsausschuss hat in der Begründung der Beschlussempfehlung allerdings der Verbraucherzentrale Bundesverband „insbesondere auch zusätzliche Mittel für eine Vermögenshaftpflichtversicherung" in Aussicht gestellt (BT-Drs. 19/2741, 24).
22 Soweit *Schmidt-Kessel*, S. 14 sich auf § 663 BGB bezieht, ist dem entgegenzuhalten, dass diese Vorschrift eine Geschäftsbesorgung (über öffentliche Bestellung oder Selbsterbietung) voraussetzt und nicht etwa herbeiführt.

sungsbefugt.²³ Der klagende Verband ist demgegenüber vom 6. Buch eine von den Anmeldern unabhängige Rolle zugewiesen. Eine Weisungsbefugnis der mindestens 50, womöglich mehrere (Zehn-)Tausend Anmelder ist damit offensichtlich unvereinbar. Widersprüche in der Ausübung der Weisungsbefugnis wären vorprogrammiert und der Umgang mit solchen Widersprüchlichkeiten ist im Auftragsrecht nicht geregelt. Erforderlich wäre eine innere Verfasstheit der Gesamtheit der angemeldeten Verbraucher,²⁴ an der es aber gerade fehlt. Ferner erwächst aus dem Geschäftsbesorgungsvertrag gem. § 670 BGB ein Aufwandsersatzanspruch. Indessen nimmt der Anmelder nach dem mehrfach erklärten²⁵ Willen des Gesetzgebers über das Klageregister ohne Kosten und Kostenrisiken am MFV teil. Damit wäre ein Anspruch des Klägers auf Erstattung des internen Aufwandes und ggf. der Kosten der Prozessführung unvereinbar.

bb) Gesetzliches Schuldverhältnis, insbesondere Geschäftsführung ohne Auftrag. Auch ein gesetzliches Schuldverhältnis liegt fern. Mit Einführung dieser besonderen Verbandsklage, der den Verbänden im Rahmen einer Quasi-Prozessstandschaft (→ § 606 ZPO Rn. 79) Verbraucherinteressen gleichsam in die Hände legt, hätte der Gesetzgeber durchaus Pflichten der Verbände begründen können. Indessen schweigt das Gesetz hierzu, was zumal vor dem Hintergrund der Thematisierung im Rahmen der Ausschussberatungen auch nicht in den Willen zur Begründung gesetzlicher Pflichten umgedeutet werden kann. 30

Im Rahmen der Ausschussberatungen ist eine mögliche Haftung aus §§ 677 ff. BGB, der Geschäftsführung ohne Auftrag, ins Gespräch gebracht worden.²⁶ Richtig ist, dass der Kläger objektiv und subjektiv zumindest auch (eigene Reputationserwägungen mögen ebenfalls eine Rolle spielen) orientiert auf fremde Interessen handelt, nämlich auf jene der betroffenen Verbraucher, genauer auf jene derer, die sich anmelden (werden). Genau in Letzterem liegt der Zweifel an der Einschlägigkeit dieser Rechtsfigur. Die Grundidee der **GoA passt nicht auf die Prozessführung** nach dem 6. Buch. 31

Der Geschäftsführer der allein in Betracht kommenden „echten" GoA nimmt aus rechtlich anerkannten Gründen unerbeten Interessen des Geschäftsherrn wahr,²⁷ ist indessen zur unverzüglichen Offenle- 32

---

23 Vgl. Palandt/*Sprau*, § 665 Rn. 2 ff.
24 So auch *Schmidt-Kessel*, S. 15.
25 BT-Drs. 18/2439, 14, 15, 23.
26 *Meller-Hannich*, S. 5.
27 Palandt/*Sprau* Einf. vor § 677 Rn. 3.

gung gegenüber dem Geschäftsherrn verpflichtet und hat „dessen Entschließung abzuwarten" (§ 681 Satz 1 BGB).

33 Vor der Anmeldung führt der Kläger nicht bereits ein Geschäft im Rechtskreis der späteren Anmelder, denn die Klageerhebung als solche ändert nichts an der Rechtsbeziehung des Verbrauchers zu dem Unternehmen. Der Verbraucher bleibt frei, seine Ansprüche individuell zu verfolgen. Mit der Klage allein wird der Verband nicht im Rechtskreis des Verbrauchers tätig, es handelt sich bis dahin um ein nur-eigenes Geschäft des Verbandes im Rahmen einer Tätigkeit, zu der das Gesetz ihn befugt. Die zwar unerbetene Klageerhebung als solche berührt die Interessen des Verbrauchers nicht unmittelbar, erst mit der aber ganz zu seiner Disposition stehenden Anmeldung bekommt die Klage (potenzielle) Bedeutung für den Verbraucher. Nach § 608 Abs. 2 ZPO fallen der Beginn des möglichen fremden Geschäfts und die Kenntnis des Geschäftsherrn zeitlich zusammen. Die Anmeldung zeigt, dass der Verbraucher informiert ist; mit seiner Anmeldung akzeptiert er die Bindungswirkung des Urteils (vorbehaltlich rechtzeitiger Rücknahme) und damit alles das, was Gegenstand einer Geschäftsführung sein könnte. Läge eine Geschäftsführung vor, wäre sie also nicht auftragslos.

34 **Fazit:** Die Anmeldung liegt in der Sphäre des Verbrauchers und schafft gleichsam den Auftrag, dessen Fehlen §§ 677 ff. BGB voraussetzen, der andererseits nicht zur Begründung eines Auftragsverhältnisses führt (→ Rn. 27 ff.).

35 **cc) Deliktische Haftung.** Ein Verband, der mit der Beklagtenseite kollusiv zusammenwirkt (→ § 606 ZPO Rn. 40), haftet nach § 826 BGB wegen vorsätzlicher sittenwidriger Schädigung.

36 Fehler bei der Bewerbung des Verfahrens vermögen deliktisch schon deshalb nicht durchzuschlagen, weil nicht ersichtlich ist, welches der Rechtsgüter der §§ 823 ff. BGB sollte betroffen sein können. Das Vermögen als solches ist jedenfalls deliktisch nicht geschützt.

37 **b) Ansprüche gegen den Prozessbevollmächtigten des Klägers.** Für im Prozess verursachte Schäden kommt die Haftung der beauftragten anwaltlichen Vertreter in Betracht. Zu diesen hat der Verbraucher zwar keine unmittelbare Rechtsbeziehung, sondern nur zum Kläger. Dieser erleidet als Folge eines schuldhaft verlorenen Prozesses Schaden durch Kosten, die er bei sachgerechter Prozessführung nicht hätte, also Gerichts- und Anwaltsgebühren sowie Kosten der Beweisaufnahme, die nach § 91 ZPO insgesamt der Verlierer des Prozesses zu

tragen hat. In der Sache hat der Verband aber keinen (materiellen)[28] Schaden, da er nicht eigene Ansprüche (verloren) hat. Das mit der Anwaltstätigkeit typischerweise verbundene Risiko, der Verlust objektiv bestehender Rechte, realisiert sich über die Bindungswirkung an anderer Stelle, nämlich bei den angemeldeten Verbrauchern. Diese Konstellation einer „zufälligen" Schadensverschiebung wird durch das von der Rechtsprechung entwickelte Institut der Drittschadensliquidation[29] aufgefangen. Alternativ könnte man auch an einen Vertrag mit Schutzwirkung zugunsten Dritter[30] in dem Sinne denken, dass der über die Bindungswirkung abhängige Verbraucher in den Schutzbereich des Anwaltsvertrages des klagenden Verbandes mit den Prozessbevollmächtigten aufgenommen ist. Nimmt man das klassische Abgrenzungskriterium, scheint eher das Institut der **Drittschadensliquidation** einschlägig: Die fraglichen Schäden treten nicht zusätzlich ein (so typischerweise beim Vertrag mit Schutzwirkung), sondern werden in Abweichung von der typischen Konstellation, dass der Auftraggeber des schlecht leistenden Anwalts neben der Kostenlast auch den Rechtsverlust erleidet, auf die Anmelder verlagert. Stellt man auf die Unabsehbarkeit der Zahl der Anmelder und (je nach Fallkonstellation) auf die Unkalkulierbarkeit der Höhe potenziell einzubüßender Ansprüche ab, könnte man (je nach Fallgestaltung) auch Gründe für die Figur des **Vertrages mit Schutzwirkung** finden.

Allerdings brächte eine Haftung den Anwalt des Klägers in eine uU schwierige Situation. Einerseits ist sein Honoraranspruch auf einen Streitwert von 250.000 EUR gedeckelt, andererseits haftete er für Risiken, die womöglich über diesen Wert (weit) hinausgehen und bei Mandatsübernahme auch noch nicht kalkulierbar sein mögen. Damit könnte je nach Fallkonstellation die Deckung der Haftpflichtversicherung des Anwalts gefährdet oder nur durch Leistung eines Prämienaufschlags erreichbar sein. Jedenfalls dann, wenn hierdurch ein Missverhältnis zu dem gedeckelten Honorar entstünde, spräche dies entscheidend gegen einen Vertrag mit Schutzwirkung. Nach der Rechtsprechung des BGH muss der Schuldner die Möglichkeit haben, das Risiko bei Vertragsschluss zu kalkulieren und zu versichern, wozu eine zusätzliche Vergütung erforderlich sein könne.[31] Es liegt also nahe, bei Begründung des Auftragsverhältnisses die Bedingungen zu klären, zu denen das Anwaltsrisiko versicherbar ist. **Diesen**

38

---

28 Der Reputationsverlust steht auf einem anderen Blatt.
29 Palandt/*Grüneberg* vor § 13 Rn. 105 ff.
30 Palandt/*Grüneberg* § 328 Rn. 13 ff.
31 BGH NJW 2004, 3035, 3038 mwN.

VI. Zurücknahme der Anmeldung (Abs. 3)

39 Die Anmeldung kann bis Ende des Tages des ersten Termins zurückgenommen werden. Dies wurde im Gesetzgebungsverfahren vor allem aus verbraucherpolitischer Perspektive kritisiert, und es ist gefordert worden, wie in den Vorentwürfen zunächst vorgesehen, die Rücknahme noch bis zum Schluss der mündlichen Verhandlung zu erlauben. Der Grund für einen frühen Entscheidungszeitpunkt entspricht dem für die Begrenzung der Anmeldefrist (→ Rn. 2): Verbraucher sollen den Wirkungen der Anmeldung nicht taktisch in Abhängigkeit vom Verfahrensverlauf entgehen können.

40 Der Regierungsentwurf hatte sogar einen Gleichlauf von Anmelde- und Rücknahmefrist vorgesehen, die Rücknahme also nur bis zum Vortag des ersten Termins zulassen wollen. Erst bei den finalen Ausschussberatungen ist dann der Tag des ersten Termins selbst noch mit einbezogen werden. Hintergrund war gewiss die Sorge, ansonsten werde womöglich die Garantie des rechtlichen Gehörs verletzt (→ § 610 ZPO Rn. 42 f.). In diesem Zusammenhang muss auch die ebenfalls erst in den Ausschussberatungen eingefügte Vorschrift des § 610 Abs. 4 ZPO gesehen werden (→ § 610 ZPO Rn. 39). Das Gericht hat auf sachdienliche Klageanträge spätestens im ersten Termin zur mündlichen Verhandlung eben deshalb hinzuwirken, damit der Anmelder sich (gerade noch) rechtzeitig vor Ablauf der Rücknahmefrist über die wesentlichen Klageinhalte und -strategien informieren (lassen) kann, auch wenn dieses Motiv in der Begründung der Ausschussempfehlung nicht zum Ausdruck gebracht ist.[33]

41 Die Reaktionszeit, die dem Anmelder zur Verfügung steht, ist allerdings überaus knapp. Auch wenn er selbst an der mündlichen Verhandlung teilnimmt, erscheint ungewiss, ob die Zeit genügt, eine sachlich fundierte Entscheidung zu treffen. In der Praxis könnte es naheliegen, sich (doch) anwaltlicher Beratung zu versichern, was zu einer hohen Präsenz von Rechtsanwältinnen und Rechtsanwälten im ersten Termin führen dürfte.

---

32 BT-Drs. 19/2741, 24.
33 BT-Drs. 19/2741, 25 (möglichst effektives Verfahren).

Die Rücknahme ist ebenso wie die Anmeldung in Textform zu erklä- 42
ren; für die Einhaltung der Frist kommt es auf den Eingang beim BfJ
an. Ebenso wie die Anmeldung kann auch die Zurücknahme der Anmeldung ohne anwaltliche Vertretung erklärt werden.

Die Folgen der Rücknahme ist spiegelbildlich zu den Folgen der An- 43
meldung (→ Rn. 15 ff.). Es entfällt die Möglichkeit der Bindungswirkung eines Urteils (§ 613 ZPO) und der Wirkung eines Vergleichs
(§ 611 ZPO). Zugleich enden Informationsrechte (§ 609 Abs. 4
ZPO) und -obliegenheiten.[34]

Die Rücknahme hindert mangels entsprechender Regelung nicht eine 44
erneute Anmeldung.

---

34 Gesetzesbegründung BT-Drs. 19/2439, 23.

§ 609 ZPO Klageregister; Verordnungsermächtigung

(1) Klageregister ist das Register für Musterfeststellungsklagen. Es wird vom Bundesamt für Justiz geführt und kann elektronisch betrieben werden.

(2) Bekanntmachungen und Eintragungen nach den §§ 607 und 608 sind unverzüglich vorzunehmen. Die im Klageregister zu einer Musterfeststellungsklage erfassten Angaben sind bis zum Schluss des dritten Jahres nach rechtskräftigem Abschluss des Verfahrens aufzubewahren.

(3) Öffentliche Bekanntmachungen können von jedermann unentgeltlich im Klageregister eingesehen werden.

(4) Nach § 608 angemeldete Verbraucher können vom Bundesamt für Justiz Auskunft über die zu ihrer Anmeldung im Klageregister erfassten Angaben verlangen. Nach rechtskräftigem Abschluss des Musterfeststellungsverfahrens hat das Bundesamt für Justiz einem angemeldeten Verbraucher auf dessen Verlangen einen schriftlichen Auszug über die Angaben zu überlassen, die im Klageregister zu ihm und seiner Anmeldung erfasst sind.

(5) Das Bundesamt für Justiz hat dem Gericht der Musterfeststellungsklage auf dessen Anforderung einen Auszug aller im Klageregister zu der Musterfeststellungsklage erfassten Angaben über die Personen zu übersenden, die bis zum Ablauf des in § 606 Absatz 3 Nummer 3 genannten Tages zur Eintragung in das Klageregister angemeldet sind. Das Gericht übermittelt den Parteien formlos eine Abschrift des Auszugs.

(6) Das Bundesamt für Justiz hat den Parteien auf deren Anforderung einen schriftlichen Auszug aller im Klageregister zu der Musterfeststellungsklage erfassten Angaben über die Personen zu überlassen, die sich bis zu dem in § 608 Absatz 1 genannten Tag zur Eintragung in das Klageregister angemeldet haben.

(7) Das Bundesministerium der Justiz und für Verbraucherschutz wird ermächtigt, durch Rechtsverordnung ohne Zustimmung des Bundesrates die näheren Bestimmungen über Inhalt, Aufbau und Führung des Klageregisters, die Einreichung, Eintragung, Änderung und Vernichtung der im Klageregister erfassten Angaben, die Erteilung von Auszügen aus dem Klageregister sowie die Datensicherheit und Barrierefreiheit zu treffen.

I. Einleitung 1
II. Zuständigkeit und Technik (Abs. 1) 2
III. Bekanntmachungen und Eintragungen (Abs. 2) 3
IV. Öffentliches Einsichtsrecht (Abs. 3) 8
V. Auskunftsrechte der angemeldeten Verbraucher (Abs. 4) 11
VI. Informationen gegenüber dem Gericht (Abs. 5) 14
VII. Informationen gegenüber den Parteien (Abs. 6) 16
VIII. Rechtsverordnung (Abs. 7) 17

I. Einleitung

Es handelt sich um die zentrale Vorschrift zum Klageregister. Neben 1 den Rahmenbedingungen für die Einrichtung geht es im Schwerpunkt um Einsichts- und Auskunftsrechte.

II. Zuständigkeit und Technik (Abs. 1)

Abs. 1 Satz 1 definiert den im Gesetz auch anderweitig verwendeten 2 Begriff „Klageregister" als das Register für MFK. Zuständig ist nach Satz 2 das BfJ, bei dem auch bereits das Klageregister nach § 4 Kapitalanleger-Musterverfahrensgesetz (KapMuG) geführt wird. Die Regelung, dass das Klageregister „elektronisch betrieben werden" „kann", also nicht muss, ist dem durch den Dieselskandal vermittelten Zeitdruck geschuldet. Ursprünglich war die Vorgabe eines elektronischen Registers vorgesehen, allerdings sollte das Gesetz mit Rücksicht auf die erforderliche Aufbauphase für die Errichtung eines elektronischen Klageregisters erst 24 Monate nach der Verkündung des Gesetzes sowie der Bereitstellung der erforderlichen Haushaltsmittel in Kraft treten. Von diesem verzögerten Inkrafttreten hat die Bundesregierung deshalb Abstand genommen, weil die Hemmung der Ende 2018 eintretenden Verjährung von Ansprüchen in Zusammenhang mit dem Dieselskandal erreicht werden sollte. Wie sich aus der Darstellung der Gesetzesfolgen in der Gesetzesbegründung[1] ergibt, wird das Klageregister zunächst manuell geführt. Daneben soll ein elektronisches Fachverfahren aufgebaut werden, das ab dem Jahr 2021 in Betrieb gehen soll.[2]

---

1 BT-Drs. 19/2439, 18.
2 Während die Bundesregierung in der Begründung des Regierungsentwurfs als Start des elektronischen Registers noch „voraussichtlich" den 1.1.2021 angab (BT-Drs. 19/2439, 18), wird nach der Antwort auf eine Kleine Anfrage im Juni 2018 eine „vollelektronische Registerführung" ab 2021 nur noch „angestrebt": „... es lässt sich derzeit allerdings noch nicht genau sagen, wann die Arbeiten abgeschlossen sein werden" (BT-Drs. 19/2710, 4 (zu Nr. 8 bis 10)).

III. Bekanntmachungen und Eintragungen (Abs. 2)

3 Nach Satz 1 sind Bekanntmachungen und Eintragungen unverzüglich vorzunehmen. Gemeint sind die Bekanntmachung der Musterfeststellungsklage nach § 607 Abs. 1 ZPO sowie die der Terminbestimmungen, Hinweise und Zwischenentscheidungen nach 607 Abs. 3 Satz 1 ZPO. Ferner geht es um die Eintragung der Anmeldung in das Klageregister (§ 608 Abs. 1 ZPO). Fraglich kann sein, ob die Daten jener Verbraucher, die zwar Ansprüche oder Rechtsverhältnisse angemeldet, aber rechtzeitig (vgl. § 608 Abs. 3 ZPO) wieder zurückgenommen haben, weiterhin im Klageregister verzeichnet werden. In Betracht kommt einerseits, die Anmeldung zu löschen, andererseits, die Zurücknahme der Anmeldung im Klageregister zu dokumentieren. Da die Aufbewahrungsfrist nach Satz 2 keine Ausnahme hinsichtlich zurückgenommener Anmeldungen enthält, kommt eine sofortige Löschung nicht in Betracht. Im Übrigen scheint die **Erfassung der Zurücknahme** auch zu Dokumentationszwecken sinnvoll.

4 Unverzüglich bedeutet nach der allgemein gültigen Legaldefinition in § 121 Satz 1 BGB „ohne schuldhaftes Zögern", was eine Erledigung am Tage des Eingangs oder, falls dieser kein Werktag ist, am nächsten Werktag erfordert.

5 Die weiteren vorgesehenen öffentlichen Bekanntmachungen, also der Beschluss über den wirksam gewordenen Vergleich (§ 611 Abs. 5 Satz 3 ZPO) sowie das Urteil und die Einlegung von Rechtsmitteln und die Rechtskraft (§ 612 ZPO), unterliegen nicht dem Unverzüglichkeitsgebot, auch insoweit wird das BfJ aber nicht unnötig Zeit verlieren.

6 Soweit Verbraucher, die ihre Ansprüche oder Rechtsverhältnisse anmelden, nicht eingetragen werden oder soweit die Parteien Eintragungen oder deren Versagung beanstanden, kann das für sich nicht angefochten werden (→ § 608 ZPO Rn. 18).

7 Die Aufbewahrungsfrist von drei Jahren, die sowohl Bekanntmachungen wie auch Eintragungen betrifft, korrespondiert mit der regelmäßigen Verjährungsfrist (§ 195 BGB). Damit soll erreicht werden, dass Daten für eine rechtzeitige Geltendmachung der Ansprüche zur Verfügung stehen.[3] In Fällen der Verjährungshemmung nach §§ 203 ff. BGB mag diese Aufbewahrungsfrist unzureichend sein. Da die Herbeiführung der Verjährungshemmung im Regelfall aber bewusst geschieht, hat der Verbraucher erkennbaren Anlass, sich die relevanten Daten unter Gebrauchmachen des Auskunftsrechts (→

---

3 Vgl. Gesetzesbegründung BT-Drs. 19/2439, 24.

Rn. 11) rechtzeitig geben zu lassen. Im Übrigen enthält Satz 2 keine Löschungsverpflichtung, das BfJ mag sich aus den vorgenannten Gründen eine längere Aufbewahrung vornehmen.

IV. Öffentliches Einsichtsrecht (Abs. 3)

Öffentliche Bekanntmachungen können dem Sinn und Begriff entsprechend von jedermann eingesehen werden. Bei den öffentlichen Bekanntmachungen handelt es sich um die nach § 607 Abs. 1, Abs. 3 ZPO, § 611 Abs. 5 Satz 3 ZPO und § 612 ZPO. Soweit die Begründung des Gesetzentwurfs auch auf den gerichtlich genehmigten Vergleich verweist,[4] handelt es sich um ein Redaktionsversehen. Die ursprünglich auch für die Genehmigung vorgesehene öffentliche Bekanntmachung und damit auch der zitierte Satz 4 von § 611 Abs. 3 ZPO sind im Laufe des Gesetzgebungsverfahrens entfallen.

Das Einsichtsrecht ist unentgeltlich und besteht gegenüber dem BfJ.[5]

Das Einsichtsrecht gilt nicht für die Eintragungen nach § 608 ZPO. Hierbei handelt sich zum einen um individuelle Daten, datenschutzrechtlich also um personenbezogene Angaben, die zum anderen für die Öffentlichkeit nur von begrenztem Interesse sind.

V. Auskunftsrechte der angemeldeten Verbraucher (Abs. 4)

Das Auskunftsrecht nach Satz 1 bezieht sich auf die Eintragung, die als Folge der Anmeldung nach § 608 ZPO entstanden ist. Damit kann der Verbraucher kontrollieren, ob seine Angaben korrekt erfasst sind. Für die Form der Auskunft enthält das Gesetz keine Regelung. Falls trotz der Anmeldung die Eintragung unterblieben ist, hat das BfJ dies dem Verbraucher von sich aus sogleich mitzuteilen (→ § 608 ZPO Rn. 18).

Dem Verbraucher ist auf dessen Verlangen nach rechtskräftigem Abschluss des MFV anders als nach Satz 1 ein **schriftlicher Auszug** über die betreffenden Daten im Klageregister zu überlassen. Damit kann der Verbraucher den Umstand der Anmeldung dokumentieren und beweisen, was für die Geltendmachung von Rechten aus einem Vergleich (§ 611 ZPO) oder aus dem Urteil (§ 613 ZPO) relevant sein kann.

---

4 BT-Drs. 19/2439, 24.
5 Vgl. Gesetzesbegründung BT-Drs. 19/2439, 24.

13 Das **Auskunftsrecht** gilt auch für jene Verbraucher, die zwar Ansprüche oder Rechtsverhältnisse angemeldet, aber rechtzeitig (vgl. § 608 Abs. 3 ZPO) wieder **zurückgenommen** haben. Das ergibt sich zwar nicht in dem Sinne bereits aus dem Wortlaut, als das Gesetz hier von „angemeldete(m) Verbraucher" spricht und dem Umstand der Zurücknahme, anders als etwa in § 613 Abs. 1 Satz 2 ZPO, nicht ausdrücklich Rechnung trägt. Die gesetzlichen Regelungen zu dieser Frage sind nicht einheitlich, so dass aus dem Wortlaut keine Rückschlüsse gezogen werden können (→ § 611 ZPO Rn. 5). Da das Klageregister den gesamten den Verbraucher betreffenden Anmelde- und Zurücknahmevorgang enthält (→ Rn. 3), muss er schon aus datenschutzrechtlichen Gründen Einsicht nehmen können.

VI. Informationen gegenüber dem Gericht (Abs. 5)

14 Die Übersendung des Auszugs aller im Klageregister erfassten Angaben ist auf jene Personen beschränkt, die sich bis zum Ablauf des Stichtags nach § 606 Abs. 3 Nr. 3 ZPO angemeldet haben. Damit wird das Gericht in die Lage versetzt zu beurteilen, ob das Quorum von mindestens 50 betroffenen Verbrauchern erreicht ist. Das BfJ hat dabei auch die Daten jener zu übersenden, die die Anmeldung zurückgenommen haben, selbst wenn die Zurücknahme rechtzeitig im Sinne von § 608 Abs. 3 ZPO erfolgt ist. Zwar könnte die stichtagsbezogene Formulierung „*zu dem ... angemeldet sind*" auf das Gegenteil deuten. Die Daten der Zurücknehmenden sind indessen im Klageregister zu erfassen (→ Rn. 3) und stehen dem Verbraucher zur Verfügung (→ Rn. 13). Auch dem Gericht müssen sie zugänglich sein. Mit Blick darauf, dass auch die Erfassung der Anmeldung nicht konstitutiv ist (→ § 608 ZPO Rn. 16), sind dem Gericht auf dessen Verlangen auch die Daten jener zu übermitteln, deren Anmeldungen nicht zu einer Eintragung ins Klageregister geführt haben (→ § 608 ZPO Rn. 18).

15 Wie der Abgleich mit Abs. 6 ergibt, kann das Gericht nicht die Daten jener anfordern, die sich ggf. **nach dem Stichtag** aus § 606 Abs. 3 Nr. 3 ZPO noch rechtzeitig (und wirksam) angemeldet haben. Diese Daten haben in der Tat keinen Einfluss auf das MFV. Anders als für das Gericht der MFK können diese Daten aber für andere Gerichte relevant sein. So kann sich die Frage stellen, ob eine während der Rechtshängigkeit der MFK erhobene Individualklage statthaft ist (§ 610 Abs. 3 ZPO), ob ein Vergleich wirkt (§ 611 ZPO) oder die Bindungswirkung eines Urteils gilt (§ 613 ZPO). In all diesen Fällen kann es auf die wirksame Anmeldung des Verbrauchers zum Klage-

register ankommen. Über die Auskunftsrechte des Verbrauchers (Abs. 4) und des Beklagten (Abs. 6) mögen diese Daten auch dem Folge- oder Parallelgericht zur Verfügung stehen. Im Zweifel kann aber auch dieses Gericht entsprechende Daten in Analogie zu den Abs. 4 bis 6 anfordern. Dies ergibt sich im Übrigen auch schon aus den allgemeinen Regelungen über die Amtshilfe (Art. 35 GG), die auch zugunsten von Gerichten gilt.

VII. Informationen gegenüber den Parteien (Abs. 6)

Der Anspruch der Parteien auf einen Klageregisterauszug umfasst sämtliche Personen, die sich bis zum Ablauf des Tages vor Beginn des ersten Termins angemeldet haben. Auch hier gilt, dass auch die Daten jener zu übermitteln sind, die die Anmeldung zurückgenommen haben (→ Rn. 13 f.). Ebenfalls sind vom Auskunftsanspruch die Daten jener umfasst, deren Anmeldung nicht zur Erfassung im Klageregister geführt hat (→ Rn. 14). Der Anspruch ist zeitlich nicht beschränkt, kann also sowohl während des MFV wie auch, solange die Daten nicht gelöscht sind (→ Rn. 7), danach geltend gemacht werden. Das Interesse der Parteien besteht während des Verfahrens vor allem darin, Informationen für Vergleichsverhandlungen zu erhalten. Nach Abschluss des MFV dienen die Daten als Grundlage für die mögliche Individualphase, vor allem im Falle eines obsiegenden Urteils dem Kläger für eine aktive Rolle im Rahmen einer Einziehung(sklage) (→ Einf. Rn. 110). 16

VIII. Rechtsverordnung (Abs. 7)

Nähere Bestimmungen zum Klageregister und insbesondere zu datenschutzrelevanten Fragen hat der Gesetzgeber einer Rechtsverordnung des Bundesministeriums der Justiz und für Verbraucherschutz (BMJV) überlassen. Dieses Vorgehen entspricht dem nach § 4 Abs. 5 KapMuG mit dem Unterschied, dass anders als bei der Verordnung nach dem KapMuG ein Zustimmungserfordernis des Bundesrats nicht vorgesehen ist. In der Tat sind beim Klageregister nach dem 6. Buch der ZPO Länderinteressen nur marginal betroffen. Die Registerführung liegt ganz beim BfJ, wegen des stark formalen Charakters des Klageregisters sind inhaltliche Auswirkungen der Verordnung auf das Verfahren nicht zu erwarten. Auch deshalb werden Rechtsübergänge in Bezug auf angemeldete Ansprüche oder Rechtsverhältnisse nicht im Klageregister erfasst (→ § 611 ZPO Rn. 7 ff., → § 613 ZPO Rn. 9 ff.). Das gilt auch für andere denkbare Änderungen wie etwa 17 einem Vergleich zwischen angemeldetem Verbraucher und Unternehmen außerhalb des MFV.

§ 610 ZPO Besonderheiten der Musterfeststellungsklage

(1) Ab dem Tag der Rechtshängigkeit der Musterfeststellungsklage kann gegen den Beklagten keine andere Musterfeststellungsklage erhoben werden, soweit deren Streitgegenstand denselben Lebenssachverhalt und dieselben Feststellungsziele betrifft. Die Wirkung von Satz 1 entfällt, sobald die Musterfeststellungsklage ohne Entscheidung in der Sache beendet wird.

(2) Werden am selben Tag mehrere Musterfeststellungsklagen, deren Streitgegenstand denselben Lebenssachverhalt und dieselben Feststellungsziele betrifft, bei Gericht eingereicht, findet § 147 Anwendung.

(3) Während der Rechtshängigkeit der Musterfeststellungsklage kann ein angemeldeter Verbraucher gegen den Beklagten keine Klage erheben, deren Streitgegenstand denselben Lebenssachverhalt und dieselben Feststellungsziele betrifft.

(4) Das Gericht hat spätestens im ersten Termin zur mündlichen Verhandlung auf sachdienliche Klageanträge hinzuwirken.

(5) Auf die Musterfeststellungsklage sind die im ersten Rechtszug für das Verfahren vor den Landgerichten geltenden Vorschriften entsprechend anzuwenden, soweit sich aus den Vorschriften dieses Buches nicht Abweichungen ergeben. Nicht anzuwenden sind § 128 Absatz 2, § 278 Absatz 2 bis 5 sowie die §§ 306 und 348 bis 350.

(6) Die §§ 66 bis 74 finden keine Anwendung im Verhältnis zwischen den Parteien der Musterfeststellungsklage und Verbrauchern, die
1. einen Anspruch oder ein Rechtsverhältnis angemeldet haben oder
2. behaupten, entweder einen Anspruch gegen den Beklagten zu haben oder vom Beklagten in Anspruch genommen zu werden oder in einem Rechtsverhältnis zum Beklagten zu stehen.

I. Einleitung 1	bb) Vorgehen des Gerichts 11
II. Unzulässigkeit eines parallelen MFV (Abs. 1) 2	4. Rechtsfolgen 15
1. Zweck 2	a) Sperrwirkung während des Verfahrens 15
2. Folge: Zeitwettbewerb 3	b) Sperrwirkung nach Abschluss des Verfahrens 17
3. Voraussetzungen 6	
a) Derselbe Streitgegenstand 6	
b) Rechtshängigkeit ... 8	c) Wegfall der Sperrwirkung 18
c) Problem: mehrere anhängige Klagen... 9	d) Vergleich ohne Einfluss auf Sperrwirkung 20
aa) Keine Rückwirkung der Zustellung................ 10	III. Eingang mehrerer Klagen am selben Tag (Abs. 2) 22

1. Voraussetzungen 23
   a) Zeitlicher Aspekt ... 23
   b) Derselbe Streitgegenstand 25
2. Verfahren 26
3. Rechtsfolgen 28
   a) Mehrere zulässige Klagen 28
   b) Notwendige Streitgenossenschaft sui generis 29
   c) Folge unterbleibender Verbindung 32
IV. Unzulässigkeit einer parallelen Individualklage (**Abs. 3**) 33
   1. Identität der Lebenssachverhalte und Feststellungsziele 34
   2. Rechtshängigkeit und Anmeldung 35
      a) Ab Rechtshängigkeit 35
      b) Zeitpunkt der Anmeldung 36
   3. Rechtsfolge 37
V. Aktives Prozessmanagement (**Abs. 4**) 39
   1. Ausgangspunkt und Hintergrund 39
   2. Rechtliches Gehör und Prozessmanagement.... 42
      a) Verfassungsrechtliche Garantie 42
   b) Verfahrensmanagement mit Blick auf Art. 103 Abs. 1 GG 44
      aa) Schriftliches Vorverfahren 45
      bb) Zeitpunkt des ersten Termins 46
      cc) Gerichtliche Hinweise 47
      dd) Beweisaufnahme vor der mündlichen Verhandlung 48
      ee) Ergebnis 49
VI. Anwendbare Vorschriften und Abweichungen (**Abs. 5, 6**) 50
   1. Anzuwendende Vorschriften................. 51
   2. Kein schriftliches Verfahren 52
   3. Keine Güte(richter)verhandlung................ 53
   4. Kein Verzichtsurteil 54
   5. Kollegialprinzip........ 57
   6. Eingeschränkte Nebenintervention 58
   7. Weitere Vorschriften ... 60
      a) Widerklage 60
      b) Zeugeneignung...... 61
      c) Klageänderung (§ 263 ZPO)......... 62

I. Einleitung

1 Die Vorschrift sperrt parallele MFV und Individualklagen. Außerdem enthält sie Vorgaben zum Prozessmanagement und schafft Abweichungen zu den allgemeinen Vorschriften der ZPO.

II. Unzulässigkeit eines parallelen MFV (Abs. 1)

1. Zweck

2 Es soll verhindert werden, dass mehrere MFK parallel geführt werden. Das entspricht dem allgemeinen Grundsatz, dass nur ein Prozess in derselben Streitsache rechtshängig sein soll, ermöglicht die Konzentration der Parteien auf (nur) ein Verfahren und soll vor allem wi-

dersprüchliche Urteile verhindern. Für das MFV bedarf es einer eigenen Regelung, weil im Ausgangspunkt eine Mehrzahl von Verbänden klagebefugt ist, die allgemeine Vorschrift des § 263 Abs. 3 Nr. 1 ZPO aber nur weitere Klagen desselben Verbandes verhindern kann.

2. Folge: Zeitwettbewerb

Dieser **Exklusivitätsgrundsatz** kann zu einem Wettbewerb verschiedener Verbände führen, der in rein zeitlicher, nicht etwa in qualitativer Perspektive geführt wird. So steht zu befürchten, dass die Qualität der Klage unter dem Zeitdruck, der erste sein zu müssen, leidet. Der Qualitätsaspekt ist vor allem deshalb von großer Bedeutung, weil die Klage jedenfalls in komplexen Verfahren gut vorbereitet werden muss. Hierzu können auch Erfahrungen und Erkenntnisse aus Individualprozessen dienlich sein, weil sich womöglich erst aus dem Vortrag der Beklagtenseite die kritischen Punkte ergeben.

Kein Auswahlermessen. Anders als im MFV ist nach § 9 Abs. 2 KapMuG dem Gericht die Befugnis zu Auswahl des Musterklägers gegeben, wobei gem. § 9 Abs. 2 Satz 2 Nr. 2 KapMuG ua auf die „besondere Eignung" abzustellen ist. Die Übertragung des Auswahlverfahrens auf das MFV ist im Gesetzgebungsverfahren zur Vermeidung eines „Windhundrennens" vorgeschlagen worden.[1] Bei einer an § 9 Abs. 2 KapMuG ausgerichteten Gesetzesfassung hätte das Gericht nach freiem Ermessen den Kläger auswählen und bei einer sachgerechten Weiterentwicklung des Kriteriums „Eignung des Klägers, das Musterverfahren unter Berücksichtigung der Interessen der Beigeladenen angemessen zu führen" (§ 9 Abs. 2 Satz 2 Nr. 2 KapMuG) hätten die Interessen der Verbraucher und damit der potenziellen Anmelder einbezogen werden können. Dabei hätte zB auf ausgewiesene Sachkunde, die Erfahrung des Prozessbevollmächtigten eines Klägers und/oder darauf abgestellt werden können, in welcher Klage der umfassendste Antrag angekündigt ist oder die meisten Feststellungsziele in den Blick genommen werden.[2] Auch hätte eine Seriositätsprüfung unter den verschiedenen Aspekten denkbaren Missbrauchs (→ § 606 ZPO Rn. 32 ff.) stattfinden können. Bei der Übertragung dieses Modells hätte freilich dem Umstand Rechnung getragen werden müssen, dass im MFV nicht verfahrensimmanent ein Klägerpool bereitgestellt wird; dies hätte etwa durch die Zulassung mehrerer paralleler MFK[3]

---
1 DAV Stellungnahme Nr. 20/2018, 12 f.
2 So Gängel/Huth/*Gansel* § 9 KapMuG Rn. 14 unter Verweis auf die Gesetzesbegründung zum KapMuG.
3 So DAV ebenda.

oder durch eine Frist zur „Bewerbung" als Kläger nach Erhebung der (einer ersten) MFK erreicht werden können.

5 Das Gesetz verzichtet zwar auf eine systematische Auswahl nach dieser Vorlage, schafft aber mittelbar doch die Situation, dass faktisch eine Auswahl möglich werden könnte (→ Rn. 11 ff.).

3. Voraussetzungen

6 **a) Derselbe Streitgegenstand.** Im Regierungsentwurf sollte die Sperrwirkung noch daran geknüpft sein, dass die „Feststellungsziele denselben zugrundeliegenden Lebenssachverhalt betreffen". Der Bundesrat hatte kritisiert, das Abstellen auf den Lebenssachverhalt enge den Spielraum für mögliche weitere MFV unnötig ein und führe zu Abgrenzungsschwierigkeiten.[4] Entsprechend der Zusage der Bundesregierung in der Gegenäußerung[5] hat der Bundestag schließlich den Formulierungsvorschlag des Bundesrats übernommen und damit auch Kohärenz zu den wortgleichen Formulierungen in Abs. 2 und 3 geschaffen. Entsprechend der Ausschussbegründung[6] ist damit gesichert, dass eng gefasste Feststellungsziele nicht den gesamten Lebenssachverhalt für zukünftige MFV sperren.

7 Die Identität der Streitgegenstände ist weder ausreichend noch erforderlich. Entscheidend ist die Identität der Lebenssachverhalte und (kumulativ) die der Feststellungsziele, wobei nach der Ausschussbegründung zur wortgleichen Formulierung in Abs. 2 „beinahe identische" oder „sehr ähnliche" Klagen ausreichen sollen.[7] Danach sind von der Sperrwirkung Klagen nicht erfasst, die sich zwar auf denselben Lebenssachverhalt beziehen, indessen andere Feststellungsziele verfolgen. Liegt keine Identität in diesem Sinne vor, wären die verschiedenen MFK parallel zulässig, ohne dass sie (zur Ausnahme → Rn. 22 ff.) verbunden werden können. Insgesamt werden praktische Probleme auftreten, die durch eine Auswahlbefugnis des Gerichts (→ Rn. 4 ff.) oder durch ein zielführenderes Verbindungsmanagement (→ Rn. 26 ff.) hätten vermieden werden können.

8 **b) Rechtshängigkeit.** Die Sperre gilt ab Rechtshängigkeit der (ersten) Klage, gem. §§ 261 Abs. 1, 253 Abs. 1 ZPO also ab ihrer **Zustellung an den Beklagten**. Eine parallele **Anhängigkeit** mehrerer Klagen verhindert die Vorschrift nicht. In Abs. 2 ist lediglich der Sonderfall er-

---

4 BR-Drs. 176/18 (Beschluss), 9 f. (Nr. 11).
5 BT-Drs. 19/2701, 15 (zu Nr. 11).
6 BT-Drs. 19/2741, 25.
7 BT-Drs. 19/2741, 25.

fasst, dass mehrere MFK zum selben Streitgegenstand am selben Tag eingehen (→ Rn. 22 ff.).

c) Problem: mehrere anhängige Klagen. Möglich bleibt freilich, dass noch weitere Klagen eingehen, bevor das Gericht die Zustellung der ersten (am selben Tag) eingereichten Klage(n) veranlasst. Hierauf ist § 610 Abs. 2 ZPO nicht (analog) anwendbar (→ Rn. 24). 9

aa) Keine Rückwirkung der Zustellung. Die Zustellung wirkt nicht auf den Zeitpunkt des Eingangs zurück. Eine solche Rückwirkung ist in § 167 ZPO vorgesehen, wenn die Zustellung für die Wahrung einer Frist oder in Zusammenhang mit Verjährungsfragen relevant ist. Eine unmittelbare Anwendung dieser Vorschrift scheidet aus, weil es hier nicht um die Einhaltung einer Frist, sondern um die (faktische) Auswahl des Klägers geht. Auch eine analoge Anwendung ist nicht möglich. Dem Gesetzgeber stand der „Wettlauf" um die Klagebefugnis sehr wohl vor Augen, wie sich insbesondere aus den Anhörungen im Rechtsausschuss ergibt.[8] Im Rahmen der Einfügung von Abs. 2 (→ Rn. 22 ff.) ist vom Rechtsausschuss ausdrücklich der „Zufall" angesprochen worden, nach dem sich die Zustellung richtet und zu dessen Überwindung die Verbindungsmöglichkeit geschaffen wurde.[9] Abgesehen davon, dass damit nur ein Teil des Problems gelöst wurde (→ Rn. 23), war das Verhältnis zwischen Anhängigkeit und Rechtshängigkeit in diesem Zusammenhang Gegenstand der parlamentarischen Erörterungen. Hätte der Gesetzgeber es für die Entscheidung über den Kläger also insgesamt auf die Anhängigkeit ankommen lassen wollen, hätte eine ausdrückliche Regelung in Abs. 1 nahegelegen. Die Herbeiführung dieser Rechtsfolge über eine analoge Anwendung des § 167 ZPO scheidet also aus. Damit kommt es auf den **Zeitpunkt der tatsächlichen Bewirkung der Zustellung** bei dem Beklagten an. 10

bb) Vorgehen des Gerichts. Es stellt sich die Frage, wie das Gericht mit der Situation umgeht, dass zum selben Zeitpunkt mehrere MFK von verschiedenen Klägern vorliegen. Es könnte nach dem Prinzip „first come, first serve" oder „first in, first out" die zuerst eingegangene Klage auch zuerst zuzustellen veranlassen. Diese Vorstellung lag möglicherweise den Erwägungen und Schlussfolgerungen des Rechtsausschusses zugrunde. Die Reihenfolge der richterlichen Zustellungsverfügungen ist allerdings nicht zwingend kausal für die Reihenfolge der Zustellungen. Diese sind nach § 168 Abs. 1 ZPO der Geschäfts- 11

---

[8] Vgl. DAV Stellungnahme Nr. 20/2018, 12; Stellungnahme der Verbraucherzentrale Bundesverband vom 1.6.2018, 3, 11.
[9] BT-Drs. 19/2741, 25.

stelle überlassen, die verschiedene Möglichkeiten zur Verfügung hat (§§ 173 bis 175 ZPO). Stattdessen kann gem. § 168 Abs. 2 ZPO der Vorsitzende mit der Zustellung auch einen Gerichtsvollzieher oder eine Behörde beauftragen. Es wäre schwer hinnehmbar, wenn in diesen Konstellationen der reine Zufall der Zustellungspraxis entscheiden würde. In bestimmten Konstellationen wäre im Übrigen sogar Raum für den Einfluss der Beklagtenseite. So ist nach § 172 ZPO die Zustellung an Prozessbevollmächtigte, deren Bestellung auf Beklagtenseite in der Klageschrift mitgeteilt wird,[10] möglich, was in der Praxis nach § 174 ZPO über ein Empfangsbekenntnis erfolgt. Werden dem so angekündigten Prozessbevollmächtigten des Beklagten mehrere Klagen durch Empfangsbekenntnis zugestellt, liegt es objektiv in seiner Hand, über den Zeitpunkt seiner hier erforderlichen Mitwirkung[11] den klagenden Verband auszuwählen.

12 Um Zufälligkeiten dieser Art einschließlich der Möglichkeit objektiver oder gar tatsächlicher Willkür zu vermeiden, ist das Gericht gehalten, eine **Steuerung im Rahmen des allgemeinen Prozessmanagements** vorzunehmen. Dazu könnte man mitbedenken, dass das Gericht ohnehin bereits vor der Zustellung der Klage Prüfungen etwa zur Zulässigkeit der Klage vornehmen und hierzu dem Kläger Hinweise geben oder Auflagen erteilen könnte. Zweifeln über das Vorliegen der Voraussetzungen der Klagbefugnis nach § 606 Abs. 1 Satz 2 ZPO hat das Gericht von Amts wegen nachzugehen und hat dazu von § 606 Abs. 1 Satz 3 ZPO besonders hervorgehobene und daneben die allgemeinen Ermittlungsmöglichkeiten und -pflichten (→ § 606 ZPO Rn. 41 f.). Mit Blick auf die hier erörterte Problemlage mehrfacher Anhängigkeit in Verbindung mit der Möglichkeit zweifelhafter Seriosität und Qualität (→ § 606 ZPO Rn. 27 ff.) könnte es sich anbieten, diese Prüfung vor der förmlichen Zustellung der Klage bzw. Klagen vorzunehmen. Hierbei könnte das Gericht erwägen, den Beklagten einzubeziehen, ohne die Klagen bereits förmlich zuzustellen. Ferner könnte in Betracht zu ziehen sein, die konkurrierenden Verbände anzuhören, zumal nicht ausgeschlossen ist, dass sie sich untereinander einigen und nur eine Klage nach Rücknahme der übrigen anhängig bleibt.

13 Wegen der möglichen Länge dieses Prüfungsschritts würde allerdings die Wahrscheinlichkeit mehrerer anhängiger Klagen steigen, was das Problem konkurrierender Klagen noch verschärfen könnte. Das könnte man freilich für hinnehmbar halten, zumal die Hemmung der

---

10 Zöller/*Stöber* § 172 Rn. 7.
11 Zöller/*Stöber* § 174 Rn. 6.

Verjährung wegen § 167 ZPO nicht gefährdet ist, solange die Zustellung noch „demnächst" erfolgt. Gegen ein solches Prozessmanagement vor Zustellung des Verfahrens spricht freilich das Gebot unverzüglicher Zustellung der Klage nach § 271 Abs. 1 ZPO, das ein vorläufiges Absehen von der Zustellung nur in Ausnahmefällen zulässt, etwa wenn der Klagevorschuss nicht entrichtet ist, erforderliche Abschriften fehlen oder die Klage unter formalen Mängeln leidet.[12] Letzteres könnte man immerhin für den Fall erheblicher Zweifel daran, ob einer oder mehrere Kläger die für die qualifizierte Einrichtung nach § 606 Abs. 1 ZPO geltenden Voraussetzungen erfüllen, annehmen. Man könnte allerdings entgegenhalten, dass der Gesetzgeber sich gerade über konkrete Vorschläge für die Auswahl unter verschiedenen Klägern hinweggesetzt hat (→ Rn. 10) und diese Entscheidung nicht über den hier skizzierten Umweg ausgehebelt werden dürfe.

Insgesamt spricht mehr dafür, dass dem Gericht ein Auswahlermessen in keiner dieser Konstellation zusteht, es vielmehr strikt die zeitliche Priorität zu beachten hat, wobei nach dem Rechtsgedanken aus Abs. 2 sicherzustellen ist, dass letztlich der **Eingang der Klage** entscheidet. Um in diesen Fällen nicht über die Zufälligkeiten der Zustellung eine abweichende Klägerzulässigkeit zu begründen, sollte das Gericht nur die Zustellung der Klage, die ursprünglich als erste einging, veranlassen. **Die weiteren Klagen sollten es zunächst nicht zustellen lassen**, sondern dem oder den weiteren Kläger(n) dies unter Hinweis auf die nun möglicherweise eintretende Unzulässigkeit ihrer Klage(n) mitteilen. Auch dies steht zwar in einem Spannungsverhältnis zum Gebot unverzügliche Zustellung nach § 271 Abs. 1 ZPO, erfolgt aber zu übergeordneten prozessualen Zwecken und steht auch im (Kosten-)Interesse zeitlich nachrangiger Kläger. Diese stehen dann vor der Wahl, die Klage zurückzunehmen oder die Klärung der Zulässigkeit der potenziell sperrenden Klage abzuwarten, wozu das Gericht ihnen Gelegenheit geben sollte. Wird nach Wegfall der Sperrwirkung der Weg für weitere MFK frei, sollte das Gericht zur Priorisierung auch insoweit auf den Eingang der (weiteren) Klagen abstellen. 14

---

12 Zöller/*Greger* § 271 Rn. 6.

4. Rechtsfolgen

15 **a) Sperrwirkung während des Verfahrens.** Bei Vorliegen der Voraussetzungen sind weitere MFK unzulässig und werden durch **Prozessurteil**, also als unzulässig, abgewiesen.

16 Bei der Frage, zu welchem Zeitpunkt die Entscheidung über die Abweisung erfolgt, kann und sollte das Gericht die Möglichkeit berücksichtigen, dass die sperrende MFK unzulässig ist, wodurch nach Abs. 1 Satz 2 die Sperrwirkung entfiele (→ Rn. 18). Zwar würde die Abweisung als unzulässig eine neue Klage nach Wegfall der Sperre nicht hindern, weil eben hierin relevante Änderungen der prozessualen Umstände liegen, die die materielle Rechtskraft überwinden.[13] Eine Klageabweisung vor Klärung der Zulässigkeit der sperrenden Klage widerspräche aber der Prozess- und Kostenökonomie und würde zum anderen den Verlust des „Rangplatzes" bei konkurrierenden MFK bedeuten (→ Rn. 14). Das Gericht sollte auch deshalb durch Zwischenurteil über die Zulässigkeit der sperrenden MFK nach § 280 ZPO entscheiden und bis dahin die weiteren MFK ruhen lassen. Hierzu kommt auch eine Aussetzung nach § 148 ZPO als Sonderfall gegenüber dem Grundsatz, dass die Aussetzung die Sachentscheidungsbefugnis erfordert,[14] in Betracht. Jedenfalls sollte abgewartet werden, ob die Zulässigkeitsvoraussetzung des Anmeldequorums nach § 606 Abs. 3 Nr. 3 ZPO erreicht wird. Dieser latente Unzulässigkeitsgrund der sperrenden MFK lässt spiegelbildlich latent die Sperrwirkung entfallen. In dieser Ambivalenzphase wäre ein Prozessurteil über weitere MFK sachwidrig.

17 **b) Sperrwirkung nach Abschluss des Verfahrens.** Die Sperrwirkung gilt nicht nur für den Zeitraum der Rechtshängigkeit des sperrenden MFV, sondern bleibt grundsätzlich nach rechtskräftigem Abschluss erhalten.[15] Damit soll sichergestellt werden, dass ein Unternehmen in derselben Angelegenheit nur einer MFK ausgesetzt ist und widersprüchliche Urteile sollen vermieden werden. Im Gesetzestext hat diese Absicht durch die Regelung in Abs. 1 Satz 2 Niederschlag gefunden, der die Fälle wegfallender Bindungswirkung abschließend regelt und den Abschluss des Verfahrens als solchen nicht erfasst.

18 **c) Wegfall der Sperrwirkung.** Nach Abs. 1 Satz 2 entfällt die Sperrwirkung bei den Beendigungsarten ohne Entscheidung in der Sache, also bei Abweisung der Klage durch Prozessurteil, bei Klägerrücknah-

---

13 Vgl. Zöller/*Vollkommer* § 322 Rn. 1 a.
14 Vgl. Baumbach/Lauterbach/*Hartmann* § 148 Rn. 31.
15 Begründung des Regierungsentwurfs, BT-Drs. 19/2439, 24.

me und bei übereinstimmender Erledigungserklärung.[16] Insbesondere dann, wenn die Klage nach § 606 Abs. 3 ZPO als unzulässig abgewiesen wird, wird der Weg für eine neue MFK frei. Zu den Auswirkungen auf den Zeitpunkt der Beurteilung der Zulässigkeit parallel erhobener weiterer MFK → Rn. 14.

d) Vergleich ohne Einfluss auf Sperrwirkung. Fraglich ist ob auch ein **Vergleich** die **Sperrwirkung** zu überwinden vermag. Solange der Vergleich als Zwischen- oder Teilvergleich die Fortsetzung des MFV nicht hindert (→ § 611 ZPO Rn. 21 f.), gilt noch die Sperrwirkung der rechtshängigen (ersten) MFK. Mit dem umfassenden und endgültigen Vergleich wird die MFK im Sinne von Abs. 1 Satz 2 zwar erledigt, allerdings im engeren Wortsinn nicht durch eine Entscheidung (in der Sache), sondern durch eine Einigung der Parteien. Auch hierzu bedarf es freilich der Entscheidung der Parteien, nämlich der zum Abschluss des Vergleichs, „Entscheidung" im Sinne der ZPO meint aber primär gerichtliche Entscheidungen.   19

Die teleologische Auslegung ergibt indes die **Einbeziehung des vollumfänglich erledigenden Vergleichs.** Das Unternehmen soll nicht einem zweiten Verfahren in derselben Angelegenheit ausgesetzt werden. Aus Sicht des Anmelders spielt es keine Rolle, ob die Tatsachen- oder Rechtsklärungen durch Urteil oder durch Vergleich erfolgt sind. Der Anmelder freilich, der aus einem Vergleich austritt, der gleichwohl wirksam wird (§ 611 Abs. 5 ZPO), hat damit endgültig den Zugang zu einem MFV verloren. Für den zwar betroffenen, aber nicht angemeldeten Verbraucher schafft weder das MFU noch ein Vergleich unmittelbare Rechtswirkungen. Die Präjudizwirkung tritt in beiden Fällen gleichermaßen ein. Die Möglichkeit eines weiteren MFV würde im Übrigen die Vergleichsbereitschaft des Unternehmens senken, was der erklärten gesetzgeberischen Intention zuwiderliefe.   20

Im Ergebnis **sperrt also auch der Vergleich,** der den Rechtsstreit erledigt, **dauerhaft weitere MFV.** Einem Zwischenvergleich kommt diese Wirkung nicht zu, vielmehr erst dem Urteil oder einem abschließenden Vergleich. Ein Teilvergleich schließt die MFK für den erfassten Teil aus, im Übrigen nicht.   21

III. Eingang mehrerer Klagen am selben Tag (Abs. 2)

Zu dem Einschub dieses Absatzes ist es erst im Verlaufe der Ausschussberatung gekommen. Erst in dieser späten Phase war der Um-   22

---

16 Begründung des Regierungsentwurfs, BT-Drs. 19/2439, 25.

gang mit zeitlich konkurrierenden Klagen in den Blick geraten. Gelöst hat der Gesetzgeber allerdings nur einen Ausschnitt des Gesamtproblems. Es ist nur der Fall tagesgleichen Eingangs verschiedener MFK zum selben Streitgegenstand angesprochen, nicht auch die Fälle dem Gericht zur gleichen Zeit vorliegender noch nicht zugestellter Klagen.

1. Voraussetzungen

23 a) **Zeitlicher Aspekt.** Es kommt nach dem Wortlaut auf den Eingang mehrerer MFK am selben Tag an, womit der Kalendertag gemeint ist. Dem Gesetzgeber ging es offenbar auf Anregung aus der Sachverständigenanhörung[17] darum zu verhindern, dass es rein vom Zufall abhängt, welche Klage zuerst zugestellt wird.[18] Damit freilich sind mehrere Ungenauigkeiten, um nicht zu sagen Irrtümer verknüpft. Zum einen wird in der Praxis der meisten Gerichte inzwischen nicht nur der Tag des Eingangs erfasst, sondern auch die Uhrzeit, jedenfalls würden die potenziell zuständig werdenden Oberlandesgerichte für eine uhrzeitgenaue Registrierung sorgen, sodass es sich bei dem vom Rechtsausschuss gesehenen Problem unter der mitgeteilten Dimension um ein **Scheinproblem** handelt. Zum zweiten ist die Argumentation nur dann schlüssig, wenn das Einreichen der Klage über die Zulässigkeit entscheidet, wie es in der Begründung des Rechtsausschusses auch anklingt („Nach Abs. 2 sind daher alle zeitgleich eingereichten Klagen parallel zulässig"[19]). Tatsächlich aber entscheidet nach dem unverändert gebliebenen Wortlaut von Abs. 1 nicht der Eingang bei Gericht, also die Anhängigkeit, über die **zeitliche Priorität**, sondern die **Rechtshängigkeit** (→ Rn. 8 ff.). Deshalb beschränkt sich das hier vom Rechtsausschuss gesehene Problem auch keinesfalls auf Konstellationen der Tagesgenauigkeit. Wenn das Gericht die Zustellung nicht sofort bei Eingang veranlasst, können mehrere zunächst nur anhängige Klagen gleichzeitig vorliegen. Praktisch kann dies selbst bei strikter Einhaltung des Gebots der unverzüglichen Zustellung aus § 271 Abs. 1 ZPO etwa dadurch auftreten, dass eine Klage kurz vor Mitternacht und die andere erst nach Mitternacht eingeht. Ferner wird nicht zugestellt, bevor der Kostenvorschuss eingezahlt ist;[20] deshalb könnte bei schnellem Einzahlen die später eingereichte Klage die frühere gleichsam überholen.

---

17 Stellungnahme der Verbraucherzentrale Bundesverbands vom 1. Juni 2018, 3, 11.
18 Ausschussbericht BT-Drs. 19/2741, 25.
19 Ausschussbericht BT-Drs. 19/2741, 25.
20 Zöller/*Greger* § 271 Rn. 6.

Abs. 2 ist dem Wortlaut entsprechend auf die Konstellation kalender- 24
tagesgleichen Eingangs beschränkt. Für eine Übertragung auf alle
Konstellationen, in denen dem Gericht mehrere Klagen zum gleichen
Zeitpunkt vorliegen, deren Zustellung noch nicht veranlasst ist,
könnte zwar der Sinn und Zweck der Regelung sprechen. Dagegen
steht aber der ziemlich eindeutige Wortlaut. Verbunden mit dem Umstand, dass Ausnahmevorschriften eng auszulegen sind, sprechen die
besseren Gründe für eine **enge Auslegung.** Das Problem muss deshalb
mit allgemeinen Erwägungen gelöst werden (→ Rn. 11 ff.).

b) Derselbe Streitgegenstand. Die Voraussetzung, der Streitgegen- 25
stand müsse denselben Sachverhalt und dieselben Feststellungsziele
betreffen, ist identisch mit der in Abs. 1 (→ Rn. 6 ff.). Aus der Begründung ergibt sich die Annahme des Gesetzgebers, dass es sich um
„identische oder sehr ähnliche Klagen handele",[21] was einen gewissen Spielraum eröffnet (→ Rn. 8).

2. Verfahren

Das Gesetz ordnet die Anwendung von § 147 ZPO an, räumt dem 26
Gericht also Ermessen („kann") dahin ein, die Verfahren „zum Zwecke der gleichzeitigen Verhandlung und Entscheidung zu verbinden."
An Anträge der Parteien hierzu ist das Gericht also nicht gebunden.
Zur Herbeiführung der Entscheidung ist eine mündliche Verhandlung nicht vorgesehen, nach allgemeinen Grundsätzen wohl aber
rechtliches Gehör zu gewähren.[22] Die Entscheidung ergeht durch Beschluss, der als solcher nicht anfechtbar ist,[23] aber im Rechtsmittelzug gegen das Endurteil überprüft werden kann.[24]

Praktisch problematisch könnte die Gewährung rechtlichen Gehörs 27
sein, weil dies zu Verzögerungen führt, die wiederum das Problem
weiterer eingehender Klagen verschärfen können; → Rn. 11 ff.

3. Rechtsfolgen

a) Mehrere zulässige Klagen. Nach der Begründung des Rechtsaus- 28
schusses hatte dieser offenbar die Vorstellung, dass die Regelung in
Abs. 2 zur parallelen Zulässigkeit tagesgleich eingereichter Klagen
führt.[25] In der Tat ergibt die Verbindung nur dann einen Sinn, wenn

---

21 Ausschussbericht BT-Drs. 19/2741, 25.
22 Zöller/*Greger* § 145 Rn. 6.
23 Musielak/Voit/*Voit* § 147 Rn. 7.
24 Zöller/*Greger* § 145 Rn. 6 a.
25 BT-Drs. 19/2741, 25.

die tagesgleich eingegangenen Klagen allesamt zulässig, jedenfalls nicht nach Abs. 1 unzulässig sind. Insoweit kann man aus Abs. 2 eine Ausnahme zu Abs. 1 in dem Sinne herauslesen, dass eine am selben Tage als zweite oder noch später eingegangene Klage nicht aus diesem Grund unzulässig ist. Allerdings muss das nicht zwingend für den Fall gelten, dass das Gericht die Verbindung unterlässt. Man könnte das Gesetz so verstehen, dass erst die Verbindung die Sperrwirkung überwindet. Allerdings war der Gesetzgeber von der Unklärbarkeit der zeitlichen Reihenfolge des Klageeingangs ausgegangen. Zwar ist diese Annahme unzutreffend und überdies ist die Sperrwirkung nicht hieran, sondern an die Zustellung geknüpft (→ Rn. 8 ff., 23), gleichwohl lässt sich der gesetzgeberische Wille nicht leugnen, unabhängig von der Frage der Verbindung zeitgleich eingegangener Klagen untereinander **keine Sperrwirkung** nach Abs. 1 zukommen zu lassen.

29 **b) Notwendige Streitgenossenschaft sui generis.** Die Verbindung zu „gleichzeitiger und gemeinsamer" Verhandlung lässt aus den mehreren klagenden Verbänden Streitgenossen werden.[26] Bei einer streitgenossenschaftlichen Klage handelt es sich formal um mehrere Klagen, die nach § 61 ZPO auch unterschiedliche Schicksale nehmen können. Prozesshandlungen wirken nur für die jeweils handelnde Partei. So kann jeder Streitgenosse die Klage unabhängig von dem anderen ändern, zurücknehmen oder durch Vergleich beenden.[27] Dies würde im MFV allerdings zu erheblichen Problemen führen. Würde etwa ein mit einem klagenden Verband geschlossener Vergleich nur im Verhältnis zu diesem Verband gelten, während über die Klage des anderen Verbandes durch Urteil zu entscheiden wäre, stellte sich die Frage, ob nach § 611 der Vergleich für die Anmelder gilt oder nach § 613 ZPO das Urteil. Ähnliche Zweifelsfragen ergäben sich bei einer Klagerücknahme oder bei einer Aufhebung der Verbindung, die an sich gemäß § 150 ZPO nach dem Ermessen des Gerichts jederzeit möglich ist. Diesen Problemen könnte man nur entgehen, wenn der Gedanke mehrerer paralleler Prozesse auch auf die Ebene der Anmeldung und des Klageregisters durchschlüge und der Anmelder sich nur bei einer der mehreren MFK anmelden könnte. Eine solche Beschränkung der Anmeldung wäre indessen mit § 609 ZPO nicht zu vereinbaren.

30 Deshalb handelt es sich um eine **notwendige Streitgenossenschaft** im Sinne des § 62 ZPO unter dem Aspekt der notwendig einheitlichen

---

26 Vgl. Musielak/Voit/*Voit* § 147 Rn. 5.
27 Zöller/*Vollkommer* § 61 Rn. 8.

Sachentscheidung aus prozessualen Gründen. Klageänderungen und Erledigungserklärungen wirken nur, wenn sie von den Streitgenossen übereinstimmend erklärt werden.

Es bliebe aber womöglich noch das Problem, ob ein nur von und mit einer klagenden Partei geschlossener Vergleich wirksam wäre. Nach allgemeiner Auffassung ist für die Wirksamkeit Voraussetzung, dass der von einem Streitgenossen abgeschlossen Vergleich nach materiellem Recht auch für den anderen Streitgenossen gilt.[28] Das könnte sich etwa aufgrund einer Vereinbarung zwischen den klagenden Verbänden ergeben. Dies lässt sich aber auch aus den Besonderheiten der MFK ableiten. Die Kläger handeln in prozessstandsähnlicher Weise für Dritte, ohne notwendig zu diesen vertragliche Bindungen zu haben (→ § 608 ZPO Rn. 27 ff.). Nach dem erklärten Ziel des Gesetzgebers sollen zudem die relevanten Feststellungen in einem exklusiven Verfahren getroffen werden. Das lässt sich nur erreichen, wenn die Streitgenossenschaft auch in dem Sinne eng ist, als dass ein **Vergleich für sämtliche Kläger und damit auch für sämtliche Anmelder gilt.**

31

c) Folge unterbleibender Verbindung. Wenn das Gericht von dem ihm gegebenen Ermessen, die Verfahren zu verbinden, keinen Gebrauch macht, entsteht der Sonderfall zweier parallel rechtshängiger einander entsprechender Klagen (→ Rn. 28). Das hat zur Konsequenz, dass die Klagen getrennt verhandelt, mehrere Klageregister geführt und die Klagen unterschiedlich erledigt werden können, zB durch Vergleich einerseits und Urteil andererseits. Bei Erledigung beider oder aller Verfahren durch Urteil bestünde die Möglichkeit von Widersprüchen, zumal auch gegen ein Urteil Revision eingelegt werden mag und gegen andere nicht. Damit entstünde das Problem sich widersprechender Bindungswirkungen (→ Rn. 28). Diese Folgen sollte das Gericht bei der Ermessensentscheidung nach § 147 ZPO mitbedenken und in aller Regel die Verbindung anordnen.

32

IV. Unzulässigkeit einer parallelen Individualklage (Abs. 3)

Die rechtshängige MFK sperrt ferner die parallel-orientierte Individualklage. Sinn ist auch hier, parallele Verfahren und einander widersprechende Urteile zu verhindern. Der Verbraucher muss sich also zwischen kollektivem und Einzelrechtsschutz entscheiden.

33

---

28 Vgl. Baumbach/Lauterbach/*Hartmann* § 62 Rn. 20.

1. Identität der Lebenssachverhalte und Feststellungsziele

34 Die gesetzliche Formulierung entspricht denen in Abs. 1 und Abs. 2 (→ Rn. 6 ff., 25). Allerdings ist der geforderte Vergleich hier dadurch erschwert, dass der Individualprozess in der Regel nicht Feststellungen zum Ziel hat, sondern Leistungen. „Dieselben Feststellungsziele" liegen dann vor, wenn die mit der MFK verfolgten Feststellungen für den Individualanspruch relevant sind oder zumindest sein können.

2. Rechtshängigkeit und Anmeldung

35 **a) Ab Rechtshängigkeit.** Die Sperrwirkung beginnt mit dem Tag der Rechtshängigkeit, nach §§ 261 Abs. 1, 253 Abs. 1 ZPO also mit der Zustellung der Klage. Ist die MFK nur erst anhängig, also zwar bei Gericht eingegangen, aber noch nicht zugestellt, kann der Verbraucher Individualklage erheben. Dieses Verfahren wird nach Bekanntgabe der MFK im Klageregister gem. § 613 Abs. 2 ZPO ausgesetzt (→ § 613 ZPO Rn. 19 ff.).

36 **b) Zeitpunkt der Anmeldung.** Die Sperrwirkung setzt die Anmeldung des Verbrauchers voraus. Die Anmeldung sperrt die Individualklage. Bis zum Ablauf der Anmeldefrist (§ 608 Abs. 1 ZPO) kann es dazu kommen, dass die Individualklage zulässig erhoben wird, der Verbraucher sich gleichwohl noch anmeldet. Dem Wortlaut des Gesetzes nach tritt keine Sperrwirkung ein, eben weil die Klage nicht von einem „angemeldeten Verbraucher" erhoben ist. Andererseits liegt kein Aussetzungsfall nach § 613 Abs. 2 ZPO vor, soweit die Klage nach Bekanntgabe der MFK erhoben wird. Danach scheint es für diese besondere zeitliche Konstellation zu einem Nebeneinander von Individualklage und Anmeldung zur MFK kommen zu können. Dies widerspräche indes dem erklärten Trennungsziel des Gesetzgebers und erzeugte die Gefahr einander widersprechender gerichtlicher Entscheidungen. Gemessen an der Interessen- und an der Informationslage scheint zur Lösung dieses Problems weniger eine weite Auslegung des § 613 Abs. 2 ZPO als vielmehr eine solche des Abs. 2 angebracht. Dieser ist mithin so zu lesen, dass eine **während der MFK erhobene Individualklage unzulässig** ist, wenn sie von einem Verbraucher stammt, der wirksam angemeldet ist oder sich (noch) wirksam anmeldet. Damit scheint der Wortlaut der Norm nicht überstrapaziert und diese teleologisch zutreffend interpretiert.

3. Rechtsfolge

Wie in Abs. 1 fehlt es einer in der Sperrzeit erhobenen Klage an der Zulässigkeit, weshalb sie grundsätzlich durch Prozessurteil abzuweisen ist (→ Rn. 15). Ist dem Gericht in der soeben analysierten Sonderkonstellation bei Einreichen der Klage (→ Rn. 36) die Rechtshängigkeit der MFK bekannt, bietet es sich aus praktischer Sicht an, den Kläger zu fragen, ob er die Anmeldung zum Klageregister beabsichtigt und im Zweifel bis zum Ablauf der Frist das Verfahren zumindest eine aktive Förderung des Verfahrens zu unterlassen. Jedenfalls in verjährungssensiblen Konstellationen wird das Gericht die Individualklage aber zustellen.

37

Weitergehende materiell- oder verfahrensrechtliche Konsequenzen hat die Anmeldung nicht. Insbesondere kann der Verbraucher in anderen Verfahren die Aufrechnung erklären (→ § 608 ZPO Rn. 17).

38

V. Aktives Prozessmanagement (Abs. 4)

1. Ausgangspunkt und Hintergrund

Die Pflicht des Gerichts, spätestens im ersten Termin auf „sachdienliche Klageanträge hinzuwirken", ist erst im Zuge der Ausschussberatungen geschaffen worden. Zur Begründung nennt der Ausschussbericht gewünschte Verfahrenseffektivität.[29] Solches ergibt sich freilich schon aus dem allgemeinen Beschleunigungsgrundsatz iVm § 139 ZPO, den die Ausschussbegründung auch selbst erwähnt.[30]

39

Die Regelung des Abs. 4 hatte die Bundesregierung gegenüber Bedenken des Bundesrats zugestanden. Dieser hatte darauf hingewiesen,[31] dass Klageänderungen nach dem Regierungsentwurf auch noch zu Zeitpunkten möglich wären, zu denen die Anmeldung nicht mehr rücknehmbar ist. Der Bundesrat mahnte Maßnahmen zur Wahrung der Rechte der angemeldeten Verbraucher an,[32] die die Bundesregierung in der Gegenäußerung ohne Nennung von Einzelheiten ankündigte.[33] Mit dem Gebot möglichst frühzeitiger Klärung des Antragsinhalts, spätestens im ersten Termin, in Verbindung mit der Ausdehnung der Rücknahmefrist auf das Ende des Tages des ersten Termins, hat der Gesetzgeber diese Ankündigung umgesetzt. Folge dieses Zusammenhanges ist auch, dass das Gericht eine Klageänderung nach

40

---

29 BT-Drs. 19/2741, 25.
30 BT-Drs. 19/2741, 25.
31 BR-Drs. 176/18 (Beschluss), 6 (Nr. 6).
32 BR-Drs. 176/18 (Beschluss), 6 (Nr. 6).
33 BT-Drs. 19/2701, 13 (zu Nr. 6).

dem ersten Termin in aller Regel nicht mehr als sachdienlich behandeln und sie folglich nicht nach § 265 ZPO zulassen wird (→ Rn. 62).

41 Die Regelung muss auch in Zusammenhang mit den im Rahmen der Ausschussberatungen aufgekommenen Zweifeln an der Vereinbarkeit der Bindungswirkung mit Art. 103 Abs. 1 GG gesehen werden und fordert Überlegungen einer extensiven Auslegung der gerichtlichen Möglichkeiten zur Wahrung des rechtlichen Gehörs heraus.

2. Rechtliches Gehör und Prozessmanagement

42 a) **Verfassungsrechtliche Garantie.** Es handelt sich nach Art. 103 Abs. 1 GG um ein grundrechtsgleiches Recht als Ausfluss des Rechtsstaatsprinzips und bedeutet im Kern, dass die Parteien des gerichtlichen Verfahrens zu allen relevanten Punkten Vortrag halten dürfen und überdies, dass das Gericht den Vortrag auch inhaltlich würdigen muss.[34] Den Anmelder kann man nicht mit der Erwägung für unbetroffen halten, dass er nicht Partei ist. Mit der Rechtsbindung des möglichen MFU ist der Anmelder (potenziell) unmittelbar rechtlich betroffen[35] und unterliegt so dem Schutz des Art. 103 Abs. 1 GG ebenso wie die Parteien.

43 Die Bundesregierung sieht den Anspruch auf rechtliches Gehör mit der Erwägung als eingehalten, die Anmeldung sei freiwillig und könne – wenn auch zeitlich begrenzt[36] – zurückgenommen werden.[37] Der Verweis darauf, dass – selbstverständlich – auch der gewöhnliche Kläger Anträge stellen können und Erklärungen abgeben und mit seinem Vortrag Gehör finden muss, obwohl auch der Kläger der Bindungswirkung eines Urteils jederzeit und bis zur mündlichen Verhandlung auch ohne Zustimmung des Beklagten entgehen kann,[38] mag die Auffassung der Bundesregierung nicht vollständig widerlegen. Denn anders als der Kläger trägt der Anmelder kein Prozesskostenrisiko und betrachtet die Anmeldung womöglich als bloße risikofreie Chancenerweiterung ohne jeden Impuls, aktiv auf das Verfahren Einfluss zu nehmen. Gerade mit Blick auf die Gruppe der taktischen Anmelder (→ § 608 ZPO Rn. 24) verbleiben aber doch Zweifel, die

---

34 Dreier/*Schulze-Fielitz* Art. 103 Rn. 12.
35 Vgl. zur unmittelbaren Betroffenheit Dreier/*Schulze-Fielitz* Art. 103 Rn. 21 mwN.
36 noch zum Diskussionsentwurf haben *Jansen/Birtel*, 63, 71 zur Verteidigung gegen den Vorwurf der Gehörsbeschränkung darauf abgehoben, dass nach dem damaligen Stand die Rücknahme der Abmeldung „jederzeit" möglich ist.
37 BT-Drs. 19/2439, 26.
38 So *Meller-Hannich*, S. 8.

vielleicht sogar die Grundgesetzmäßigkeit des Gesetzes in Frage stellen mögen, jedenfalls die Bindungswirkung des § 613 ZPO.[39]

b) Verfahrensmanagement mit Blick auf Art. 103 Abs. 1 GG. Möglicherweise lässt sich den vorgenannten Zweifeln durch eine verfassungskonforme Auslegung jener Normen entgegenwirken, die dem Gericht eine **gehörsfreundliche Verfahrensgestaltung erlauben.** Hierzu sind jene Gestaltungsmöglichkeiten in den Blick zu nehmen, die dem Verbraucher rechtzeitig die Informationen geben, die er für die Entscheidung, sich anzumelden sowie die, die Anmeldung aufrechtzuerhalten oder zurückzunehmen, benötigt. Die verbraucherschützende Verpflichtung des Gerichts wiegt umso schwerer, je geringer das Gericht – bei der gebotenen vorläufigen Betrachtung – die Chancen des Verfahrens einschätzt. Erst recht gilt dies dann, wenn das Gericht Anhaltspunkte für eine unzureichende oder gar missbräuchliche Prozessführung auf Klägerseite ausmacht (→ § 606 ZPO Rn. 19 ff., 32 ff.). 44

aa) Schriftliches Vorverfahren. Das Gericht entscheidet nach § 272 Abs. 2 ZPO nach freiem, durch das Gesetz nicht eingeschränktem Ermessen, ob es einen frühen ersten Termin ansetzt oder das schriftliche Vorverfahren anordnet. So wichtig eine frühe mündliche Erörterung im Allgemeinen insbesondere auch zur Abstimmung des Prozessmanagements sein mag, und so sehr dies im Ansatz für den Einsatz des frühen ersten Termins gerade in komplexen MFV streiten mag, so sehr wird das Gericht die Folgen auf den Gehörsanspruch der Verbraucher zu bedenken haben. Es spricht deshalb viel dafür, nicht nur das schriftliche Verfahren anzuordnen, sondern die Parteien gleichsam „ausschreiben" zu lassen, also vor der Terminanberaumung noch Replik, Duplik pp. abzuwarten. Damit wird der klagende Verband in die Lage versetzt, ggf. relevante Informationen an (potenzielle) Anmelder weiterzugeben. 45

bb) Zeitpunkt des ersten Termins. Das Gericht sollte bei der Ausübung seines Ermessens bei der Terminswahl[40] auch auf die Interessen der Anmelder Rücksicht nehmen. Zwar folgt aus § 606 Abs. 3 Nr. 3 ZPO nicht zwingend, dass der erste Termin frühestens zwei Monate nach der öffentlichen Bekanntmachung stattfinden kann. Wenn das Quorum von 50 Angemeldeten früher (weit) übertroffen ist, steht bei Vorliegen der anderen Voraussetzungen die Zulässigkeit der Klage aber womöglich faktisch schon früher fest. Sachgerechter 46

---

39 Kritisch in diesem Sinne freilich noch zum Regierungsentwurf auch *Fölsch* DRiZ 2018, 214 ff.
40 Vgl. hierzu Thomas/Putzo/*Hüßtege* § 216 Rn. 8.

dürfte es aber sein, den **Termin** unabhängig vom Quorum zu einem in der **Regel weitaus späteren Zeitpunkt** stattfinden zu lassen.

47 cc) **Gerichtliche Hinweise.** Das Gericht sollte im Rahmen der materiellen Prozessleitung nach § 139 ZPO die Möglichkeit, durch frühzeitige Hinweise aktiv auf das Prozessgeschehen Einfluss zu nehmen, mit Blick auf den Gehörsanspruch extensiv nutzen und die Hinweisbeschlüsse auch gem. § 607 Abs. 3 ZPO öffentlich bekannt machen.

48 dd) **Beweisaufnahme vor der mündlichen Verhandlung.** Die Möglichkeiten frühzeitiger Beweisaufnahme nach § 358a ZPO dienen der Effektivität des Verfahrens. Im MFV scheint das Gebrauchmachen von diesen Möglichkeiten mit Blick auf die Interessen (potenzieller) Anmelder **besonders geboten.** Aus dem Kanon des § 358a ZPO scheinen für das MFV besonders die Einholung eines Sachverständigengutachtens (§ 358a Satz 2 Nr. 4 ZPO) und die Beweisaufnahme vor dem ersuchten und vor dem beauftragten Richter geeignet. Die Beweisaufnahme durch einen ersuchten Richter, also durch ein anderes Gericht (§ 362 ZPO), setzt nach § 375 Abs. 1 ZPO unter anderem die Verhinderung des Zeugen, vor dem Prozessgericht zu erscheinen, oder die Unzumutbarkeit anzureisen voraus (§ 375 Abs. 1 Nr. 3 ZPO). Eine Zeugenvernehmung durch den beauftragten Richter, also einen Angehörigen des zuständigen Gerichts (§ 361 ZPO), ist nach § 375 Abs. 1a ZPO auch dann möglich, wenn dies zweckmäßig erscheint und es auf einen unmittelbaren Eindruck aller Angehörigen des Spruchkörpers für eine Würdigung der Aussage nicht ankommt. Das Tatbestandsmerkmal der Zweckmäßigkeit ist auf die „Vereinfachung der Verhandlung" orientiert, also auf den Aufwandsunterschied zwischen Voll- und Teilbesetzung des Spruchkörpers. Ein solcher Aufwandsunterschied mag nicht bestehen, wenn sämtliche Beweiserhebungen ohnehin in einem einzigen Termin zu erledigen sind. Da dies im MFV eher selten der Fall sein wird, werden die Voraussetzungen der Vorschrift grundsätzlich gegeben sein. In die Abwägung können und sollten Aspekte des Gehörsschutzes zugunsten anmelde- und abmeldefähiger Verbraucher einbezogen werden.

49 ee) **Ergebnis.** Dem hier vertretenen Standpunkt einer **verfassungsrechtlich gebotenen extensiven Nutzung** frühzeitiger aktiver Prozessführung halte man nicht entgegen, damit werde der Intention des Gesetzgebers widersprochen. Zwar hatten die Vorentwürfe die Rücknahme der Anmeldung noch bis zum Schluss der mündlichen Verhandlung vorgesehen, zudem darf man das zeitliche Vorziehen dieser „Flucht"-Möglichkeit aus der Bindungswirkung getrost als Konzession an die Interessen der Beklagtenseite werten, möglichst viele Ver-

braucher in der Bindung zu halten. Zum einen kommt dieser Paradigmenwechsel in den Gesetzesmaterialien nicht recht zum Ausdruck; insbesondere steht der Ausschluss des schriftlichen Verfahrens (→ Rn. 52) der extensiven Nutzung vorbereitenden Prozessmanagements vor der mündlichen Verhandlung nicht entgegen. Zum anderen mag eine mögliche gesetzgeberische Intention sich an der vorgefundenen (angenommenen) praktischen Nutzung prozessualer Instrumente orientiert haben, sie kann aber ohne Änderung der Instrumente selbst nicht zu deren einengender Auslegung herangezogen werden, muss sich im Gegenteil dem Verfassungsauftrag unterordnen.

VI. Anwendbare Vorschriften und Abweichungen (Abs. 5, 6)

Das MFV richtet sich grundsätzlich nach den Regeln der ZPO. Die Ausnahmen sind ausdrücklich geregelt. 50

1. Anzuwendende Vorschriften

Da die ZPO bislang Regelungen über ein beim OLG erstinstanzlich 51 geführtes Verfahren nicht enthält, erklärt das Gesetz die für das Landgericht als Eingangsinstanz geltenden Vorschriften im Abschnitt 1 des 2. Buches (§§ 253 bis 494a ZPO) für grundsätzlich entsprechend anwendbar. Hinzukommen natürlich die ohnehin geltenden allgemeinen Vorschriften des 1. Buches. Weiter sind die Vorschriften zur Revision (§§ 542 ff. ZPO) mit den Besonderheiten aus § 614 ZPO (→ § 614 ZPO Rn. 1 f.) anwendbar sowie die Regelungen zur Beschwerde in §§ 567 ff. ZPO (→ 614 ZPO Rn. 4), zur Wiederaufnahme des Verfahrens (§§ 578 ff. ZPO) und zur Zwangsvollstreckung (§§ 704 ff. ZPO). Hingegen haben die Vorschriften über den Urkunden- und Wechselprozess (§§ 592 ff. ZPO) und zum Mahnverfahren (§§ 688 ff. ZPO) keinen Anwendungsbereich, weil sie für Feststellungsklagen nicht gelten. Für die Besetzung des Senats gilt § 122 Abs. 1 GVG, er entscheidet also mit drei Berufsrichtern unter Einschluss des Vorsitzenden.

2. Kein schriftliches Verfahren

Das in § 128 Abs. 2 ZPO in Abweichung vom Mündlichkeitsgrundsatz im Einvernehmen mit den Parteien mögliche schriftliche Verfahren ist im MFV nicht statthaft. In der Tat scheint die öffentliche mündliche Verhandlung wegen der Bedeutung der Verfahren geboten. Außerdem verlangen die Regelungen zur Anmeldung zum Klage- 52 register und zur Rücknahme (§ 608 Abs. 1, 3 ZPO) die Durchführung einer mündlichen Verhandlung. Vom schriftlichen Verfahren[41] zu unterscheiden ist das schriftliche Vorverfahren nach § 276 ZPO, das in Alternative zum frühen ersten Termin auch im MFV vorgesehen ist, iÜ in der Regel auch vorzugswürdig sein dürfte (→ Rn. 49).

3. Keine Güte(richter)verhandlung

53 Die Güteverhandlung (§ 278 Abs. 2 bis 4 ZPO) und die Güterichterverhandlung (§ 278 Abs. 5 ZPO) hält die Gesetzesbegründung für mit dem Charakter und der Funktion des MFV für unvereinbar.[42] Das trifft mit Blick darauf zu, dass diese Verhandlungsarten besonders den persönlichen Konflikt in den Blick nehmen, die Klägerseite am Konflikt aber nicht beteiligt ist. Vergleichsüberlegungen und -verhandlungen sind damit aber nicht ausgeschlossen, im Gegenteil ist eine aktive Rolle des Gerichts bei den Vergleichsverhandlungen gerade im MFV besonders wichtig (→ ZPO § 611 Rn. 23).

4. Kein Verzichtsurteil

54 Mit dem Ausschluss von § 306 ZPO ist ein Verzichtsurteil ausgeschlossen, ein gleichwohl erklärter Verzicht mangels materiell-rechtlicher Komponente[43] also wirkungslos.[44] Stattdessen kann der Kläger die Klage zurücknehmen, nach Beginn der mündlichen Verhandlung indessen nur mit Zustimmung des Beklagten (§ 269 Abs. 2 ZPO).

55 Ein Verzichtsurteil würde in Rechtskraft erwachsen, sodass über die begehrten Feststellungen unter Bindung der angemeldeten Verbraucher (§ 613 Abs. 1 ZPO) negativ entschieden würde. Demgegenüber kann die Klagerücknahme nicht zu einem Rechtsverlust der Verbraucher führen, weil eine zurückgenommene Klage als nicht anhängig geworden gilt (§ 269 Abs. 3 Satz 1 ZPO). Stimmt der Beklagte der erst nach Beginn der mündlichen Verhandlung erklärten Rücknahme nicht zu, hat das Gericht in der Sache zu entscheiden, kann die Klage also nicht allein wegen der Rücknahme abweisen.

---

41 Soweit die Gesetzesbegründung BT-Drs. 19/2439, 25 diesen Begriff verwendet, handelt es sich offensichtlich um en Redaktionsversehen.
42 BT-Drs. 19/2439, 25.
43 Palandt/*Ellenberger* Überbl. v. § 104 Rn. 37.
44 Nach der Gesetzesbegründung, BT-Drs. 19/2439, 25, ist der Verzicht (als solcher) „ausgeschlossen".

Damit ist ein gewisser Missbrauchsschutz gegen einen möglichen 56
Einfluss der Beklagtenseite auf den Kläger gegeben. (→ § 606 ZPO
Rn. 40).

5. Kollegialprinzip

Die Entscheidung durch den Einzelrichter ist ausgeschlossen. § 526 57
Abs. 1 ZPO findet schon deshalb keine Anwendung, weil diese Vorschrift nur das Berufungsverfahren betrifft. Die an sich entsprechend auf den Senat anzuwendenden Regelungen über den Einzelrichtereinsatz im landgerichtlichen Verfahren sind zutreffend ausgeschlossen. Die Bedeutung der Sache und in aller Regel auch die Komplexität in rechtlicher und/oder tatsächlicher Hinsicht lassen die Entscheidung in voller Besetzung als sachgerecht erscheinen.

6. Eingeschränkte Nebenintervention

Die Nebenintervention der **Verbraucher** oder deren Streitverkündung 58
ist im Interesse der Effektivität und zur Begrenzung der (Zahl der) Verfahrensbeteiligten[45] ausgeschlossen. Der Ausschluss gilt hinsichtlich der angemeldeten Verbraucher und solchen, nach deren Behauptung ein Anspruchs- oder Rechtsverhältnis zum Beklagten besteht. Letzteres kann nicht so verstanden werden, dass nicht angemeldeten Verbrauchern, die zudem keinen Rechtsbezug zum Unternehmen haben, der Streit verkündet werden könnte oder diesen die Nebenintervention zur Verfügung stünde. Für diese kommt beides aus rechtlichen Gründen ohnehin nicht in Betracht, weshalb das Gesetz auch hätte einfacher den Ausschluss für Verbraucher regeln können.

Möglich bleibt die Streitverkündung gegenüber **Dritten**. So könnte 59
der beklagte Händler den Hersteller durch Streitverkündung in den Prozess ziehen oder der Subunternehmer des verklagten Reiseveranstalters auf dessen Seite als Nebenintervenient eintreten. Das Gesetz schließt das nicht nur nicht aus, sondern kann mit Blick auf die komplizierte und spezifische Regelung, die anderenfalls schlicht hätte lauten können „Die §§ 66 bis 74 finden keine Anwendung", auch nicht anders verstanden werden. Eine Drittwiderklage hingegen ist ausgeschlossen (→ Rn. 60).

---

45 Gesetzesbegründung, BT-Drs. 19/2439, 25.

7. Weitere Vorschriften

60 a) **Widerklage.** Nicht ausdrücklich ausgeschlossen ist die Widerklage, wobei die ZPO auch keine Regelung über die Statthaftigkeit der Widerklage, auf die in Abs. 5 hätte Bezug genommen werden können, enthält, sondern die Statthaftigkeit in § 33 ZPO (nur und immerhin) voraussetzt. Zudem entspricht es dem Willen des Gesetzgebers, dem Beklagten eine passive Rolle in dem Sinne zuzuweisen, dass er keine Feststellungsziele einbringen kann (→ § 606 ZPO Rn. 9). Dies würde durch die Zulässigkeit der Widerklage unterlaufen. Eine Widerklage mit anderen Zielen als Feststellungen ist ohnehin mit dem Charakter der MFK unvereinbar.

61 b) **Zeugeneignung.** Der angemeldete Verbraucher kann als Zeuge vernommen werden.[46] Das folgt aus seiner fehlenden Parteistellung. Seine Vernehmung als Partei scheidet damit aus.

62 c) **Klageänderung (§ 263 ZPO).** Aus dem Anspruch auf rechtliches Gehör der Anmelder iVm dem aus Abs. 4 abzuleitendem frühzeitigem Prozessmanagement des Gerichts ergibt sich eine einschränkende Auslegung derselben §§ 263 f. ZPO. § 610 Abs. 4 ZPO zielt darauf ab, dass die Feststellungsanträge so rechtzeitig feststehen, dass der Verbraucher noch austreten kann (→ Rn. 39 ff.). Wenn der Kläger trotz des auch an ihn gerichteten gesetzlichen Auftrags die Klage später noch ändern will, dürfte dies mit Blick auf die Interessen der Anmelder in der Regel nicht sachdienlich im Sinne des § 263 ZPO sein. Das Gericht ist in diesen Fällen ansonsten gehörswidrig eintretender Bindung der Anmelder auch nicht an die Zustimmung des Beklagten gebunden. Im Einzelfall kann das auch zur Rückweisung von Änderungen führen, die gem. § 264 ZPO definitorisch keine Klageänderung darstellen.

---

46 Gesetzesbegründung BT-Drs. 19/2439, 15.

§ 611 ZPO Vergleich

(1) Ein gerichtlicher Vergleich kann auch mit Wirkung für und gegen die angemeldeten Verbraucher geschlossen werden.

(2) Der Vergleich soll Regelungen enthalten über
1. die auf die angemeldeten Verbraucher entfallenden Leistungen,
2. den von den angemeldeten Verbrauchern zu erbringenden Nachweis der Leistungsberechtigung,
3. die Fälligkeit der Leistungen und
4. die Aufteilung der Kosten zwischen den Parteien.

(3) Der Vergleich bedarf der Genehmigung durch das Gericht. Das Gericht genehmigt den Vergleich, wenn es ihn unter Berücksichtigung des bisherigen Sach- und Streitstandes als angemessene gütliche Beilegung des Streits oder der Ungewissheit über die angemeldeten Ansprüche oder Rechtsverhältnisse erachtet. Die Genehmigung ergeht durch unanfechtbaren Beschluss.

(4) Den zum Zeitpunkt der Genehmigung angemeldeten Verbrauchern wird der genehmigte Vergleich mit einer Belehrung über dessen Wirkung, über ihr Recht zum Austritt aus dem Vergleich sowie über die einzuhaltende Form und Frist zugestellt. Jeder Verbraucher kann innerhalb einer Frist von einem Monat nach Zustellung des genehmigten Vergleichs seinen Austritt aus dem Vergleich erklären. Der Austritt muss bei dem Gericht schriftlich oder zu Protokoll der Geschäftsstelle erklärt werden. Durch den Austritt wird die Wirksamkeit der Anmeldung nicht berührt.

(5) Der genehmigte Vergleich wird wirksam, wenn weniger als 30 Prozent der angemeldeten Verbraucher ihren Austritt aus dem Vergleich erklärt haben. Das Gericht stellt durch unanfechtbaren Beschluss den Inhalt und die Wirksamkeit des genehmigten Vergleichs fest. Der Beschluss ist im Klageregister öffentlich bekannt zu machen. Mit der Bekanntmachung des Beschlusses wirkt der Vergleich für und gegen diejenigen angemeldeten Verbraucher, die nicht ihren Austritt erklärt haben.

(6) Der Abschluss eines gerichtlichen Vergleichs vor dem ersten Termin ist unzulässig.

I. Einführung 1	2. Wirkung für Rechts-
II. Betroffene des Vergleichs 4	nachfolger 7
1. Wirkung für und gegen	3. Wirkung für Nichtan-
angemeldete Verbrau-	gemeldete 12
cher (Abs. 1)............. 4	III. Vergleichsinhalt............ 13
	1. Sollinhalte (Abs. 2) 13

2. Beschränkung auf Feststellungsziele 20
3. Zwischen- und Teilvergleich 21
IV. Vergleichsmanagement 23
V. Verfahren 24
VI. Genehmigung (Abs. 3)..... 25
   1. Grundlagen der Genehmigungsentscheidung .. 25
   2. Verfahren 26
   3. Angemessenheit 32
   4. Rechtsfolge 36
   5. Anfechtbarkeit 38
VII. Zustellung und Austritt (Abs. 4) 41
   1. Zustellung und Belehrung (Satz 1) 41

   a) Zustellung 41
   b) Belehrung 44
  2. Austritt und Folgen (Sätze 3 bis 5) 47
   a) Form und Frist 47
   b) Rechtsfolgen 53
VIII. Wirksamkeit und Beschluss (Abs. 5) 54
   1. Materielle Wirksamkeit (Satz 1) 54
   2. Beschluss (Satz 2) 57
   3. Rechtsfolgen 59
IX. Kein Vergleich vor dem ersten Termin (Abs. 6) 63

I. Einführung

1 Es handelt sich um eine Sonderregelung über den gerichtlichen Vergleich. Der Prozessvergleich hat nach allgemeiner Auffassung eine Doppelnatur.[1] Einerseits handelt es sich um einen materiellrechtlichen Vertrag nach § 379 BGB. Andererseits ist er auch Prozesshandlung, die im Allgemeinen der Beendigung des Prozesses dient. Mit dem Prozessvergleich wird ein grundsätzlich vollstreckbarer Titel geschaffen; § 794 Abs. 1 Nr. 1 ZPO.

2 Der Vergleich im MFV unterliegt einigen Besonderheiten. Er ist **rechtspolitisch erwünscht**, zumal das MFV nicht zu einem Leistungsurteil führen kann, und dürfte in der praktischen Rechtsanwendung im besonderen Augenmerk des Gerichts liegen. Wie intensiv die Parteien sich auf Vergleichsverhandlungen einlassen, wird von den Umständen des Einzelfalls abhängen. Typizitäten sind allerdings, auch im Abgleich zum allgemeinen Verfahren, durchaus zu benennen. Die klagenden Verbände werden die verfahrensimmanenten Risiken, insbesondere das der eigenen Kostenlast einbeziehen, auf eine ggf. möglichst große Breitenwirkung unter Einschluss auch nicht angemeldeter Verbraucher achten und sich gewiss auf eine gute Außendarstellbarkeit orientieren. Der Unternehmer kann über den Vergleich zwar einer Gerichtsentscheidung und womöglich einer grundsätzlichen, höchstrichterlichen Klärung entgehen. Anders als im Individualprozess (→ Einf. 8 ff.) kann er den Vergleich nicht als Mittel zur diskreten Erledigung im Tausch Großzügigkeit gegenüber dem Einzelkläger

---

1 Vgl. statt vieler Palandt/*Sprau* § 779 BGB Rn. 29.

gegen „Schadens"-Begrenzung einsetzen. Denn der Vergleich wird typischerweise alle Angemeldeten einbeziehen. Außerdem muss der Vergleich über die Bekanntmachung im Klageregister gem. § 611 Abs. 5 Satz 3 ZPO allgemein zugänglich sein (→ Rn. 59) und so auch nicht angemeldete Verbraucher in ihrer Verhandlungsposition stärken (soweit nicht Verjährung eingetreten ist), die allerdings nicht auch durch neue MFK gestützt werden können (→ § 610 ZPO Rn. 17). Auch für das Unternehmen kann der Vergleich womöglich eine gute Bühne für die Außendarstellung im Sinne etwa eines einsichtigen Einlenkens bieten.

Insgesamt wird die praktische Bedeutung des Vergleichs maßgeblich von der Prozessrisikoanalyse in Verbindung mit der Gesamtstrategie der Klägerseite abhängen. Je besser die antizipatorische Einbeziehung der Individualphase gelingt, sei es in der Regie des klagenden Verbandes oder durch hiervon unabhängige Steuerung (→ Einf. Rn. 104 ff.), desto stärker wird der Vergleichsdruck auf das Unternehmen. Schätzt es die Niederlage im MFV als (hoch) wahrscheinlich und das Nach-MFV-Management der Verbraucherseite als effizient ein, wird es auch unter dem Aspekt der Reputation ein Einlenken im Vergleichswege erwägen. Aus der Sicht der Klägersphäre wird gewiss auch das Haftungsrisiko eine Rolle spielen (→ § 608 Rn. 25 ff.). 3

II. Betroffene des Vergleichs

1. Wirkung für und gegen angemeldete Verbraucher (Abs. 1)

Im allgemeinen Zivilprozess wirkt sich der gerichtliche Vergleich grundsätzlich nur für und gegen die am Verfahren Beteiligten aus, also auf Kläger, Beklagte und ggf. Nebenintervenienten (§ 66 ZPO). Die Einbeziehung Dritter ist möglich, setzt aber natürlich deren Mitwirkung im Prozess voraus. Nach dieser Logik würde der Vergleich im MFV nur den Verband und das Unternehmen binden, was bei der Unterlassungsklage Sinn ergeben kann, nicht aber im Musterverfahren. Deshalb erlaubt Abs. 1 die Wirkung „auch für und gegen" die Angemeldeten. Das Wort „auch" deutet auf eine Ausnahme, die Einbeziehung der Angemeldeten dürfte aber den Normalfall darstellen. Dass Verband und Unternehmen lediglich Rechtsfolgen untereinander regeln, mag im Einzelfall allerdings dann vorkommen, wenn es etwa nur noch um die Verfahrenskosten geht. 4

Angemeldete Verbraucher im Sinne von Abs. 1 sind jene, die sich wirksam nach § 608 Abs. 1 ZPO angemeldet haben (→ § 608 ZPO Rn. 4 ff.). Die Anmeldung muss also bis zum Tage vor Beginn des 5 ersten Termins erfolgt (§ 608 Abs. 1 ZPO) und in Textform gegenüber dem BfJ erklärt sein (§ 608 Abs. 4 ZPO). Die Anmeldung darf auch nicht wirksam nach § 608 Abs. 3 ZPO zurückgenommen sein (→ § 608 ZPO Rn. 39 ff.). Diese Einschränkung ist hier anders als in § 613 Abs. 1 Satz 2 ZPO für das MFU nicht ausdrücklich erwähnt. Ein Sinn und erst recht eine Rechtfertigung, Anmelder trotz Rücknahme in die wechselseitigen[2] Wirkungen des Vergleichs einzubeziehen, ist allerdings nicht ersichtlich. Im Gegenteil spricht alles dafür, den Verbraucher nach Rücknahme so zu behandeln, als hätte er Ansprüche oder Rechtsverhältnisse niemals angemeldet. Dass auch die Bundesregierung das so bewertet, kann aus der Bemerkung geschlossen werden, die Rücknahme bewirke, „dass sich Betroffene nicht länger über den weiteren Verfahrensgang informiert halten müssen."[3] Als weiteres Indiz lässt sich heranziehen, dass § 611 Abs. 4 Satz 4 ZPO die Wirksamkeit der Anmeldung von dem Austritt aus dem Vergleich unberührt lässt; dies ergäbe in Bezug auf Verbraucher, die ihre Anmeldung zurückgenommen haben, deshalb keinen Sinn, weil deren Anmeldungen gar nicht (mehr) wirksam sind. Auslegungstechnisch lässt sich der Begriff des „angemeldeten Verbrauchers", der in § 611 ZPO immerhin sechsmal verwendet wird, eng als „wirksam angemeldet und nicht wirksam wieder abgemeldet" mit der Erwägung interpretieren, der Gesetzgeber habe diesen umständlichen Formulierungsaufwand gescheut. Alternativ kommt eine analoge Anwendung von § 613 Abs. 1 Satz 2 ZPO in Betracht. Im Ergebnis wirkt die Rücknahme der Anmeldung mit allen Konsequenzen. **Der Vergleich kann nur für und gegen Anmelder geschlossen werden, deren Anmeldung noch wirksam ist.**

6 Für die Frage der (Wirksamkeit) der Anmeldung kommt es nicht auf die Eintragung im Klageregister an. Diese ist nicht konstitutiv (→ § 608 ZPO Rn. 16). Denn die Daten werden gem. § 608 Abs. 2 Satz 2 ZPO ohne inhaltliche Überprüfung in das Klageregister übernommen und das Gesetz knüpft weder hier noch sonst (zur entsprechenden Rechtslage beim MFU → § 613 ZPO Rn. 5) an die Eintragung im Klageregister an. Entsprechend kommt es für die Wirksamkeit der Rücknahme ebenfalls nicht auf die Löschung im Klageregister an. Zweifel müssen ggf. im Individualprozess geklärt werden, ohne dass die Eintragung Einfluss auf die Darlegungs- oder Beweislast hätte.

---

2 Hinsichtlich der Möglichkeit eines Vertrages zugunsten Dritter → Rn. 12.
3 Gesetzesbegründung BT-Drs. 19/2439, 23.

2. Wirkung für Rechtsnachfolger

Wenn der angemeldete Verbraucher nicht mehr Inhaber des mittelbar verfolgten Anspruchs oder Vertragspartner des fraglichen Rechtsverhältnisses ist, stellt sich die Frage, ob der Vergleich auch für und gegen den Rechtsnachfolger, etwa den Erben oder Abtretungsempfänger, wirkt. Tritt **Rechtsnachfolge nach Zustandekommen des Vergleichs** ein, ist dies nach allgemeinen Grundsätzen ohne weiteres zu bejahen: Die Ansprüche gehen so über, wie sie sind (§§ 398, 1922 BGB).

7

Bei einer **Rechtsnachfolge vor der Anmeldung** stellt sich die Frage, wer anmeldefugt ist und ob die Verbrauchereigenschaft im Sinne des § 606 ZPO vorliegt; Näheres → § 29 c ZPO Rn. 6 ff., § 606 ZPO Rn. 56 ff.

8

Im Falle von einer **Rechtsnachfolge nach Anmeldung und vor Vergleichsschluss** wirkt der Vergleich ebenfalls für und gegen den Rechtsnachfolger. Das ergibt sich aus den prozessualen Bindungen, die auch im MFV eintreten. Nach § 265 ZPO hat die Veräußerung oder Abtretung der Streitsache keinen Einfluss auf den Prozess. Der Rechtsvorgänger führt den Rechtsstreit in gesetzlicher Prozessstandschaft weiter,[4] insbesondere bindet ein Prozessvergleich nach herrschender Meinung[5] den Rechtsnachfolger. Diese Rechtslage lässt sich zwar nicht ohne weiteres auf den angemeldeten Verbraucher übertragen, weil dieser nicht Prozesspartei und sein Anspruch nicht streitbefangen ist. Indessen lassen sich die Überlegungen zur Erstreckung der Bindungswirkung des Urteils (→ § 613 ZPO Rn. 9 ff.) auch auf den Vergleich übertragen. So wichtig auch im Abgleich mit der Interessenlage im allgemeinen Zivilprozess die Bindungswirkung des Urteils auch für Rechtsnachfolger ist, so erforderlich scheint auch die Bindungswirkung des Vergleichs. Würden die prozessualen Rechte auf den Nachfolger übergehen, träfe ihn das Recht zum Austritt aus dem Vergleich nach Abs. 4 Satz 2 und müsste dieser nach Abs. 4 Satz 1 entsprechend belehrt werden. Hierzu bedürfte es der Erfassung des Rechtsübergangs im Klageregister. Zwar ist die Möglichkeit der Änderung der im Klageregister erfassten Angaben vom Gesetzgeber vorausgesetzt, wie sich aus der Beschreibung des Umfangs der Verordnungsermächtigung in § 609 Abs. 7 ZPO ergibt. Hiervon sind schon wegen des formalen Charakters des Klageregisters allerdings nur technische Fragen wie Anschriftsänderungen betroffen. Rechtsübergänge setzen unter Umständen schwierige rechtliche Prüfungen vor-

9

---

4 Vgl. BeckOK ZPO/*Bacher* Rn. 16.
5 Vgl. zum Streitstand BeckOK ZPO/*Bacher* Rn. 19 a.

aus, die im Rahmen der Registerführung nicht geleistet werden können und mangels gesetzlicher Regelung auch nicht vorgenommen werden dürfen. Wollte man (andererseits) entsprechend § 608 Abs. 2 Satz 3 ZPO die Angaben des Anmelders zu Änderungen ungeprüft übernehmen, träten womöglich schwierige Rechtsfragen bei der Beurteilung der Wirksamkeit der Austrittserklärung (Abs. 4 Satz 2) mit möglicher Folgewirkung auf die Wirksamkeit des Vergleichs (Abs. 5 Satz 1) auf. Insgesamt ist das Problem von **Rechtübergängen im Verfahren durch entsprechende Anwendung von** § 265 ZPO zu lösen.

10 Allerdings ist der Rechtsvorgänger aus dem Rechtsverhältnis, aus dem sich der Rechtsübergang ergibt, verpflichtet, den Nachfolger in die Entscheidung über den Austritt aus dem Vergleich einzubeziehen. Bei einem rechtsgeschäftlichen Übergang liegt es nahe, dass die Vertragsparteien die Frage des Umgangs mit dem Austrittsrecht ausdrücklich regeln, wobei im Innenverhältnis in der Regel der Rechtsnachfolger die Entscheidung treffen und so den erklärungsbefugten Anmelder binden wird.

11 Im Falle des Rechtsübergangs durch Erbfall tritt der Erbe nach § 1922 BGB voll in die Position des Erblassers ein, ihm ist also der genehmigte Vergleich zuzustellen (Abs. 4 Satz 1) und er ist zum Austritt befugt (Abs. 4 Satz 2), was ersichtlich zu praktischen Problemen für das Gericht führen kann.

3. Wirkung für Nichtangemeldete

12 Auch nicht angemeldete Verbraucher können zumindest mittelbar einbezogen werden. Zwar lässt das Gesetz eine Bindung zu ihren Lasten nicht zu. Aber nach den allgemeinen Regeln des (erlaubten und wirksamen) **Vertrages zugunsten Dritter** (§ 328 BGB) ist eine Regelung etwa in dem Sinne, dass von dem ausgehandelten und zustande gekommenen Vergleich auch nicht (mehr → Rn. 5) angemeldete, gleichwohl betroffene Verbraucher Gebrauch machen können, durchaus möglich und zumindest aus Sicht des klagenden Verbandes, vielleicht auch im Interesse des Unternehmens, sachgerecht und sinnvoll. Der Umstand, dass diese mögliche Weiterwirkung des Vergleichs in Abs. 2 nicht erwähnt wird, spricht nicht gegen die rechtliche Statthaftigkeit, weil hier nur die Mindestregelungen noch dazu als Soll-Vorgaben geregelt sind. Allerdings können nicht (mehr) angemeldete Verbraucher durch einen sie einbeziehenden Vergleich naturgemäß rechtlich nicht gebunden werden. Eine Regelung mit einem Nachgebenselement wäre als Vertrag zulasten Dritter (zumindest insoweit) unwirksam. Allerdings kann ein solcher Vergleich im über-

schießenden Teil die Pflicht des Unternehmens begründen, den Inhalt des Vergleichs auch nicht (mehr) angemeldeten Verbrauchern anzubieten. Auf eine solche Vereinbarung, wenn sie nur hinreichend konkret und individualisierbar ist, kann sich der nicht angemeldete Verbraucher auch berufen. Es handelt sich um einen wirksamen Vertrag zugunsten Dritter nach § 328 BGB.

III. Vergleichsinhalt

1. Sollinhalte (Abs. 2)

Die Soll-Vorgaben engen weder die Möglichkeiten von Vergleichsregelungen ein noch handelt es sich um Pflichtinhalte. Die Bedeutung der Regelung erschöpft sich darin, dass dem Gericht für die Genehmigungsentscheidung nach Abs. 3 eine tragfähige Grundlage gegeben werden soll.[6] 13

Nr. 1 unterstellt nicht eine anmelderspezifische **Individualisierbarkeit der Leistungen**. Zwar mag es im Einzelfall möglich sein, unter Bezugnahme auf jeden einzelnen Anmelder unter dessen Bezeichnung Leistungen zu bestimmen. Schon wegen der möglichen Veröffentlichung (→ Rn. 57) ist dies aber nicht anzuraten. Wenn nicht alle Verbraucher ohnehin gleich zu behandeln sind, bietet sich ein Clustern nach näher bestimmten Kriterien (Zeitpunkt des Vertrages, Gegenstand des Vertrages pp.) an. 14

In diesem Sinne regt Nr. 2 Regelungen über die zu erbringenden **Nachweise der Leistungsberechtigung** an. Dabei wird es weniger um Umstände gehen, die auch vom Unternehmer zu beurteilen sind, wie etwa der Zeitpunkt des Vertragsschlusses und der spezifischere Leistungsgenstand. Relevanter dürften Umstände sein, die allein in der Sphäre des Verbrauchers liegen wie etwa der Zeitraum der Nichtnutzbarkeit des Kaufobjekts, und an die der Vergleichsinhalt anknüpft etwa mit einem Entschädigungsbetrag je Tag der Nichtnutzbarkeit. Eine Regelung im Streit über „Mogelpackungen" könnte etwa lauten: 15

▶ Jeder angemeldete Verbraucher erhält je gekaufter Packung des Produkts X im Zeitraum Y eine Entschädigung von Z Cent. Die Parteien gehen davon aus, dass der angemeldete Verbraucher eine Packung je Woche in dem angegebenen Zeitraum erworben hat. Größere Mengen kann der angemeldete Verbraucher nur durch Vorlage von Kassenbelegen nachweisen. ◀

Die **Fälligkeit der Leistung** nach Nr. 3 wird im Regelfall sogleich, gegebenenfalls nach Ablauf eines Nachweiszeitraums eintreten. Denk- 16

---
6 Vgl. Gesetzesbegründung 19/2439, 25.

bar sind natürlich auch andere Regelungen, mit denen etwa auf Liquiditätsengpässe des Unternehmens Rücksicht genommen werden mag.

17 Die Aufforderung zu einer **Kostenaufteilung** (Nr. 4) kann seltsam anmuten. Immerhin gelten nach § 92 Satz 2 ZPO bei fehlender Regelung die Kosten als gegeneinander aufgehoben mit der Folge, dass jede Partei ihre außergerichtlichen Kosten selbst trägt und die Gerichtskosten geteilt werden (§ 91 Abs. 1 Satz 2 ZPO). Nr. 4 legt aber gleichwohl nicht nahe, von dieser im Regelfall ja durchaus sachgerechten Kostenregelung abzuweichen. Eher handelt es sich um einen Erinnerungsposten, die Kostenregelung überhaupt zu reflektieren.

18 Hingegen taugt die Regelung nicht, der Übertragung von **Verfahrenskosten auf die Anmelder** rechtlich entgegenzutreten. Zwar gab es im Gesetzgebungsverfahren Vorschläge, die Regelung in dem Sinne offener zu fassen, dass auch angemeldeten Verbrauchern Kosten aufgegeben werden könnten. Hintergrund solcher Vorschläge ist die Überlegung, dass der Ressourceneinsatz für den Prozess ja letztlich auch den Verbrauchern dient. Aus dem Nichtaufgreifen dieser Vorschläge folgt nun allerdings, unabhängig davon, dass diese Vorschläge sich nicht in den amtlichen Materialien finden, nicht die rechtliche Unzulässigkeit und Unwirksamkeit verbraucherbelastender Kostenregelungen. Denn Abs. 1 lässt ausdrücklich auch Wirkungen zu Lasten angemeldeter Verbraucher zu; der Umstand allein, dass die Soll-Vorgabe in Nr. 4 den Anmelder nicht erwähnt, vermag diesen Spielraum nicht einzugrenzen.

19 Allerdings scheint eine jedenfalls unmittelbare Übertragung von Verfahrenskosten auf Verbraucher praktisch eher fernliegend. Ein Interesse an der Abwälzung eines Teils der ansonsten zwischen klagendem Verband und beklagten Unternehmen aufzuteilenden Kosten mag zwar im Ansatz bestehen. Die Prozessparteien werden einen expliziten Ausweis der Kostenbeteiligung aus Gründen des Renommees und auch im Interesse der Wirksamkeit des Vergleichs vermeiden. Immerhin könnte das Gericht eine Kostenbelastung der Verbraucher bei der Überprüfung des Vergleichs (→ Rn. 32 ff.) kritikwürdig finden und die Wahrscheinlichkeit erhöhen, dass (zu) viele Verbraucher aus dem Vergleich austreten (→ Rn. 47 ff.). Ferner ist mangels echter Beteiligung der Verbraucher am Prozess auszuschließen, dass Verfahrenshandlungen eines oder mehrerer Verbraucher besondere Verfahrenskosten, zB für Sachverständige, ausgelöst haben, deren Berücksichtigung zu Lasten des oder der Verbraucher sachgerecht, nachvollziehund darstellbar wäre. Deshalb werden **Verfahrenskosten allenfalls**

implizit bei der Bemessung etwa der Höhe der Entschädigung berücksichtigt werden, was primär dem Unternehmen zugutekäme, mittelbar aber im Wege der Verschiebung der Kostenquote sich auch für den klagenden Verband positiv auswirken kann. Solche Verständigungen zu Lasten der Verbraucher bezieht das Gericht freilich in die Prüfung nach Abs. 3 mit ein. (→ Rn. 32 ff.).

2. Beschränkung auf Feststellungsziele

Ob die von Abs. 2 mitbedachte individuelle Befriedung oder zumindest ihre Bahnung sich in der Praxis durchsetzen wird, erscheint nicht sicher. Nimmt man als Leitschnur des Vergleichs wie im allgemeinen ZPO-Verfahren den potentiellen Umfang des Urteils, stellt also auf den Klageantrag ab, liegt es nahe, dass Vergleiche sich in Feststellungen zu den Feststellungzielen erschöpfen. Solche Vergleiche sind trotz der in Abs. 2 erkennbaren Tendenz des Gesetzgebers zur Leistungskonkretisierung und -individualisierung statthaft und wirksam. 20

3. Zwischen- und Teilvergleich

Der Vergleich kann sich darauf beschränken, eine Zwischenfrage zu klären (Zwischenvergleich), ohne den Rechtsstreit zu erledigen.[7] Wenn diese Klärung auf die Verbraucherinteressen durchschlägt oder durchschlagen kann, unterliegt auch dieser Vergleich den besonderen Regelungen des § 611 ZPO, bedarf also der Genehmigung des Gerichts und steht unter Austrittsvorbehalt. Trotz des damit verbundenen Aufwands kann sich dieses Instrument im Einzelfall anbieten, wenn der Zwischenvergleich eine Steuerung ermöglicht, die besonders verfahrensökonomisch den Weg zum abschließenden Vergleich oder Urteil bahnt. 21

Neben dieser horizontalen Teilung des Prozessstoffs kommt aber auch eine vertikale in dem Sinne in Betracht, dass eine Regelung in Bezug (nur) auf abgrenzbare Teile der insgesamt in Betracht kommenden Ansprüche oder Rechtsverhältnisse getroffen wird. So könnte etwa eine Trennung in Bezug auf Baujahre oder Baureihen von Produkten oder in Bezug auf den Zeitpunkt des Vertragsschlusses erfolgen. Bei einem solchen Teilvergleich gilt § 611 ZPO nur hinsichtlich des vergleichsbetroffenen Teils, im Übrigen wird das MFV fortgesetzt, wenn sich aus dem Vergleich selbst nichts anderes ergibt. 22

---

7 Vgl. Thomas/Putzo/*Seiler* § 794 Rn. 5, 26.

IV. Vergleichsmanagement

23 Die Rolle des Gerichts im Rahmen der Genese eines Vergleichs unterscheidet sich vom ZPO-Standard-Prozess. Zwar hat auch das Musterfeststellungs-Gericht in jeder Lage des Verfahrens auf eine gütliche Einigung hinzuwirken, denn § 278 Abs. 1 ZPO gilt anders als die Regelungen über die Güteverhandlung und das Güterichterverfahren (§ 610 Abs. 5 Satz 2 ZPO) auch im MFV. Das ändert aber nichts daran, dass auch der Gesetzgeber des MFV dem Richter bei der Vergleichsgenese eine starke Rolle zuweist.[8] Besonders im Vergleich zum allgemeinen ZPO-Verfahren ist zum einen die Wirkung des Vergleichs auch für nicht unmittelbar am Verfahren Beteiligte und damit zusammenhängend das Genehmigungserfordernis (→ Rn. 25 ff.). Zum anderen wird das Bewusstsein, dass es am Ende seiner Genehmigung bedarf, Einfluss auf die Rolle und das Selbstverständnis des Richters bei den Vergleichsverhandlungen haben. Wenn im allgemeinen ZPO-Verfahren vielleicht die Rolle des wertfreien Navigierens zwischen wahrgenommenen Positionen und analysierten Interessen der Parteien ausreichen mag, was auf der Handlungsebene den Eindruck einer Vergleichs-„Quetsche" (zumindest) erscheinen lassen mag, **antizipiert der Richter des MFV seine Genehmigungsverantwortung**. Er sollte von vornherein nur Vergleiche vorschlagen oder aktiv fördern, die er genehmigen würde. Selbst wenn er seine Rolle eher passiv wahrnimmt, wird er die Parteien nicht mit der Versagung der Genehmigung überraschen wollen, sondern seine Sichtweise ebenfalls bereits in die Verhandlungen einbringen.

V. Verfahren

24 Der Vergleich muss zwischen den Parteien in der **mündlichen Verhandlung**[9] abgeschlossen werden oder nach § 278 Abs. 6 ZPO im schriftlichen Verfahren. In der mündlichen Verhandlung wird der Vergleich zu Protokoll genommen. Im **schriftlichen Verfahren** unterbreiten die Parteien dem Gericht einen gemeinsamen Vergleichsvorschlag oder nehmen einen schriftlichen Vorschlag des Gerichts durch Schriftsatz an (§ 278 Abs. 6 Satz 1 ZPO). In diesem Fall stellt das Gericht das Zustandekommen und den Inhalt des Vergleichs durch Beschluss fest (§ 278 Abs. 6 Satz 2 ZPO).

---

8 Nach *Gesell/Meller-Hannich/Stadler* NJW-aktuell 5/2016, 14, 15, sollte das Gericht einen Vergleich aktiv anregen und moderieren.
9 Vgl. *Zöller/Greger* § 794 Rn. 3.

VI. Genehmigung (Abs. 3)

1. Grundlagen der Genehmigungsentscheidung

Das Gericht hat eine **Angemessenheitsprüfung** vorzunehmen. Dabei hat es den „bisherigen Sach- und Streitstand" zu berücksichtigen, eine Formulierung, die § 91a ZPO entlehnt ist. Das Gericht bezieht sich auf den gegebenen Aktenstand, fordert also nicht noch zu Erklärungen auf und erhebt auch keine Beweise mehr. Soweit es in den Fällen einer übereinstimmenden Erledigungserklärung nach § 91a ZPO für ausnahmsweise statthaft gehalten wird, doch noch Beweise zu erheben,[10] ist dies für das Genehmigungserfordernis abzulehnen. Anders als § 91a ZPO gibt Abs. 4 dem Gericht für seine Entscheidung nicht „billiges Ermessen", auf das die Erhebung von Beweisen allenfalls gestützt werden könnte. Damit rückt die Rechtslage, wie sie sich dem Gericht zum Zeitpunkt der Entscheidung über die Genehmigung darstellt, einschließlich der Beweis(last)situation, in den Fokus der Prüfung.

25

2. Verfahren

Das Gericht entscheidet über die Genehmigung des Vergleichs **von Amts wegen**; ein Antragserfordernis ist im Gesetz nicht geregelt und auch nicht herleitbar. Mit dem Abschluss des Vergleichs haben die Parteien alles aus ihrer Sicht Erforderliche getan, um zur Wirksamkeit des Vergleichs zu kommen. Hierzu bedarf es nach dem Gesetz stets der Genehmigung, weshalb ein Genehmigungsantrag überflüssig ist.

26

Das Gericht kann und wird im Falle des **zu Protokoll gegebenen Vergleichs** (→ Rn. 24) in der Regel noch im Termin über die Genehmigung entscheiden. Sollten Zweifel an der Genehmigungsfähigkeit bestehen, wird das Gericht dies sinnvollerweise schon im Laufe der Vergleichsverhandlungen äußern, damit die Parteien sich darauf einstellen können (→ Rn. 23). Im Einzelfall kann das Gericht die Entscheidung gesondert verkünden.

27

Kommt der Vergleich im **schriftlichen Verfahren** nach § 278 Abs. 6 ZPO zustande, ist eine (weitere) mündliche Verhandlung zur Vorbereitung der Entscheidung über die Genehmigung nicht erforderlich. § 128 Abs. 4 ZPO verlangt dies für Beschlüsse nicht, sodass mangels anderer Regelung in Buch 6 der ZPO der Mündlichkeitsgrundsatz nicht gilt. Statthaft freilich ist eine Terminsbestimmung durchaus.

28

---

10 Zum Streitstand vgl. Zöller/*Vollkommer* § 91a Rn. 26.

Sinnvoll kann ein Termin dann sein, wenn das Gericht **Zweifel an der Genehmigungsfähigkeit** des Vergleichs hat, die im bisherigen Prozessverlauf noch keine Berücksichtigung fanden, auf die die Parteien sich also noch nicht hatten einstellen können. Die Terminsbestimmung erfolgt von Amts wegen. Anträge können natürlich gestellt werden, binden das Gericht rechtlich aber selbst dann nicht, wenn beide Parteien dies beantragen.

29 Die erfolgte Genehmigung kann den Parteien **formlos** übersandt werden, der Beschluss über die Versagung der Genehmigung sollte hingegen förmlich zugestellt werden, weil hiergegen das Rechtsmittel der sofortigen Beschwerde statthaft sein dürfte; näher → Rn. 39.

30 Der genehmigende Beschluss bedarf wegen seiner Unanfechtbarkeit nach allgemeinen Regeln[11] keiner Begründung, wohl aber wegen seiner Anfechtbarkeit der Ablehnungsbeschluss.

31 Der Beschluss wird im Übrigen auch im Klageregister bekannt gemacht (→ Rn. 59).

3. Angemessenheit

32 Angemessen muss entweder die „Beilegung des Streits" sein, was wegen der regelmäßigen Vielzahl der Beteiligten und Heterogenität der vom Vergleich erfassten Konstellationen kaum jemals in diesem apodiktischen Sinne der Fall sein wird. Praktisch relevanter als Bezugspunkt der Angemessenheitsprüfung wird deshalb die „Ungewissheit über die angemeldeten Ansprüche oder Rechtsverhältnisse" sein. **Mit dem Grad der Ungewissheit steigt die Dispositionsfreiheit der Parteien und erhöht sich die Eingriffsschwelle des Gerichts.** Anders gewendet: Je sicherer die Rechtslage sich dem Gericht darstellt, so geringer werden die Abweichungen hiervon sein, die es im Rahmen der Angemessenheitsprüfung duldet.

33 Besonders in den Blick nehmen sollte das Gericht die **Interessen der angemeldeten Verbraucher.** Hingegen dürfte in der Regel wenig Anlass bestehen, das Unternehmen vermeintlich schützend in dessen Dispositionsfreiheit einzugreifen. Sollte das Gericht die Rechtslage weniger pessimistisch einschätzen als das Unternehmen – gemessen am abgeschlossenen Vergleich –, findet es dieselbe Situation vor wie im allgemeinen ZPO-Verfahren. Dort mögen richterliche Hinweise zum Schutz der Parteien gleichsam vor sich selbst ergehen, die allgemeinen Bestimmungen der ZPO geben dem Gericht aber aus gutem

---

11 Vgl. zum Grundsatz Baumbach/Lauterbach/*Hartmann* § 329 Rn. 4 mwN.

Grund keine formale Interventions- oder Kontrollbefugnis. Die Angemessenheitsprüfung zielt also primär auf den angemeldeten Verbraucher. Dieser ist qua Anmeldung und nicht erfolgter Abmeldung ganz der Verhandlungsmacht, -kunst und -bereitschaft des klagenden Verbandes ausgeliefert. Hierzu bedarf es eines Gegengewichts, wie auch die Begründung des Gesetzentwurfs herausstellt: „Mangels unmittelbarer Beteiligung der angemeldeten Verbraucher an der Musterfeststellungsklage bedarf es allerdings verfahrensrechtlicher Sicherungsmaßnahmen, um einen wirksamen Rechtsschutz der angemeldeten Verbraucher zu gewährleisten."[12] Schätzt also das Gericht die Erfolgsaussichten der Verbraucher (signifikant) höher ein als dies im Vergleich zum Ausdruck kommt, wird es die Genehmigung versagen. Dabei kann das Gericht die Interessenlage und Erfolgsaussichten der Verbraucher oft nicht endgültig abschätzen, auch weil es nur die Feststellungsziele kennen wird und zu den Anliegen der Verbraucher auf die Angaben in deren Anmeldungen angewiesen ist, die aber nicht sehr aussagekräftig sein müssen (→ § 608 ZPO Rn. 6 ff.). Deshalb erlaubt die Begründung zutreffend, eine relative Prüfung vorzunehmen, indem es auf „typischerweise zu erwartende Streitigkeiten"[13] (auf der Individualebene) abstellt.

Wenn der Vergleich **nur zwischen den Parteien** wirkt, etwa nach Erledigung der Hauptsache allein eine Kostenregelung enthält (→ Rn. 4) enthält, bedarf es infolge einer teleologischen Reduktion **nicht der Genehmigung**. Anders ist es freilich dann, wenn Ansprüche der angemeldeten Verbraucher damit explizit ausgeschlossen oder eingeschränkt werden, wozu es freilich nicht genügt, dass die Ansprüche vom Kläger nur nicht weiterverfolgt werden. Ein Schutz der Verbraucher über die gerichtliche Kontrolle ist in dieser Konstellation nicht angebracht; der Fall ist mit dem der Klagerücknahme vergleichbar, auf die der Anmelder ebenfalls – weder unmittelbar noch mittelbar – Einfluss hat. 34

Sollte der Vergleich auch nicht (mehr) angemeldete Verbraucher im Sinne eines Vertrages zugunsten Dritter einbeziehen (→ Rn. 12), sollte das Gericht auch deren Interessenlage berücksichtigen. Sie sind allerdings weniger schutzwürdig, weil es sich im Verhältnis zu ihnen nur um ein Angebot zum Abschluss eines Vergleichs handelt, den sie annehmen können oder auch nicht. Letztlich stehen sie formal nicht anders da als Verbraucher, denen das Unternehmen den Inhalt des Vergleichs anträgt, ohne dass der Vergleichstext sie erwähnt. Aller- 35

---

12 BT-Drs. 19/2439, 25.
13 BT-Drs. 19/2439, 25.

dings nimmt der gerichtlich genehmigte Vergleich eine erhöhte Angemessenheitsgewähr für sich in Anspruch. Dem kann das Gericht Rechnung tragen, indem es ggf. zumindest greifbare Ungerechtigkeiten in Form etwa von ungerechtfertigter Ungleichbehandlung gegenüber den Anmeldern herausfiltert.

4. Rechtsfolge

36 Rechtsfolge der Genehmigung ist die vorläufige Wirksamkeit des Vergleichs, die endgültige hängt von dem Austrittsszenario ab (→ Rn. 47 ff.).

37 Der (negative wie positive) Beschluss wird im **Klageregister veröffentlicht**, wovon auch die Begründung des Gesetzentwurfs ausgeht.[14] Zwar gibt Abs. 5 Satz 3 dies ausdrücklich nur für den endgültig wirksamen Vergleich vor, schließt aber die Regelung in § 607 Abs. 3 ZPO nicht aus, wonach Zwischenentscheidungen bekannt zu machen sind. Hieran besteht auch ein allgemeines Interesse. Der Anmelder erfährt zwar durch die Zustellung des genehmigten Vergleichs ohnehin hiervon, er hat aber auch Interesse an der Versagung der Genehmigung. Für nicht angemeldete Verbraucher kann mit Blick auf eigene Verhandlungen die Versagung der Genehmigung bedeutsam sein. Schließlich kann auch ein allgemeines mediales Interesse bestehen. Das Gericht muss freilich nur den **Beschluss als solchen veröffentlichen**, nicht bereits (vgl. zum endgültig wirksamen Vergleich → Rn. 59) den Inhalt oder gar Wortlaut des (beabsichtigten) Vergleichs. Hierzu wird das Gericht die unterschiedlichen Interessenlagen abwägen. Wenn etwa in Folge der Versagung der Genehmigung absehbar die Vergleichsverhandlungen wieder aufgenommen werden, mag es zum Schutz dieser Bemühungen geboten sein, den vorherigen Inhalt geschützt zu halten.

5. Anfechtbarkeit

38 Die **Genehmigung ist nicht anfechtbar** (Abs. 3 Satz 3). Das ist sinnvoll mit Blick auf die Parteien, die durch die Genehmigung einer ja selbst getroffenen Vereinbarung kaum beschwert sein können. Beschwert sein könnte hingegen der angemeldete Verbraucher. Soweit dieser den Vergleich als ungünstig empfindet, kann er zwar austreten (Abs. 4 Satz 2). Durch Anfechtung könnte er aber erhoffen, nach abgelehnter Genehmigung einen günstigeren Vergleich zu erhalten. Fer-

---

14 BT-Drs. 19/2439, 25.

ner könnte er das Ziel verfolgen, nach Ablehnung des Vergleichs eine Gerichtsentscheidung zu bekommen, etwa um weiter als der Vergleich gehende Ansprüche zu verfolgen. Um dem Verbraucher die Verfolgung solcher Ziele zu ermöglichen, hätte das Gesetz ihn indessen zumindest partiell in das Verfahren einbeziehen müssen. Es ist nachvollziehbar und konsequent, dass die Rolle passiv in dem Sinne ausgestaltet ist, dass der Verbraucher keinen Einfluss auf die inhaltliche Ausgestaltung des Vergleichs hat, wohl aber und nur die Wahl, ihn zu akzeptieren oder auszutreten.

Fraglich kann sein, ob die Unanfechtbarkeit auch für die **Versagung der Genehmigung** gilt. Davon scheint die Begründung des Gesetzentwurfs auszugehen, die anders als das Gesetz nicht auf die Genehmigung, sondern auf die Entscheidung abhebt („Die Entscheidung ergeht durch unanfechtbaren Beschluss ...").[15] Allerdings kommt das im Wortlaut von Satz 3 nicht recht zum Ausdruck. Ferner könnte man es für sachgerecht und konsequent halten, den durch die Versagung der Genehmigung ja beschwerten Parteien einen Rechtsbehelf zur Verfügung zu stellen. Der Vergleich als solcher zeigt, dass beide Parteien eine Einigung und im Allgemeinen auch eine Beendigung des Prozesses wollten. Die Versagung der Genehmigung trifft sie also in ihren Rechten als Prozesspartei. Im Ergebnis liegt es näher, dem Grundsatz zu folgen, dass beschwerende richterliche Entscheidungen anfechtbar sind. Statthaft ist nach – dem grundsätzlich anwendbaren → § 610 ZPO Rn. 51 → § 614 ZPO Rn. 4 – § 567 Abs. 1 Nr. 2 ZPO die sofortige Beschwerde. Denn für die Entscheidung über die Genehmigungsfrage bedarf es nicht der mündlichen Verhandlung (→ Rn. 27 f.). Frist und Form der sofortigen Beschwerde richtet sich nach § 569 ZPO. Es gilt eine Frist von zwei Wochen, die mit der Zustellung des Beschlusses beginnt. Es handelt sich um eine Notfrist mit der Folge, dass sie weder zu verkürzen noch zu verlängern ist (§ 224 ZPO). **Zuständig für das Beschwerdeverfahren ist der Bundesgerichtshof (BGH)** (→ § 614 ZPO Rn. 4). Die sofortige Beschwerde hat keine aufschiebende Wirkung, gleichwohl wird das OLG das Verfahren während des Beschwerdeverfahrens aus Gründen der Verfahrensökonomie nicht fördern. Denn sollte die Beschwerde Erfolg haben, wäre den zwischenzeitlichen gerichtlichen Maßnahmen des Oberlandesgerichts die Grundlage entzogen. 39

Die sofortige Beschwerde und die Entscheidung des BGH hierüber werden gem. § 607 Abs. 3 ZPO iVm § 612 Abs. 2 ZPO analog im **Klageregister** bekannt gemacht. 40

---

15 BT-Drs. 19/2493, 25.

VII. Zustellung und Austritt (Abs. 4)
1. Zustellung und Belehrung (Satz 1)

41 a) **Zustellung.** Der genehmigte Vergleich wird den „im Zeitpunkt der Genehmigung angemeldeten Verbrauchern" zugestellt. Diese Formulierung erzeugt den Eindruck, als wäre bis zu diesem Zeitpunkt eine Fluktuation möglich. Tatsächlich steht aber vom Ende des Tages des ersten Termins an der Kreis der Angemeldeten fest (§ 608 Abs. 1, Abs. 3 ZPO) und kann zu diesem Zeitpunkt ein Vergleich noch nicht geschlossen sein (§ 611 Abs. 6 ZPO). Deshalb hätte das Gesetz schlicht an den auch sonst (§ 609 Abs. 4, § 610 Abs. 2, § 611 Abs. 1, 2,4, 611 Abs. 5 und § 613 ZPO) verwendeten Begriff des angemeldeten Verbrauchers anknüpfen können. Dem Umstand, dass der Gesetzgeber hier und nur hier eine umständlichere Formulierung verwendet, kommt weder hier noch (rückschließend) an anderer Stelle (→ Rn. 5, → § 609 ZPO Rn. 19) Bedeutung zu.

42 Die Zustellung erfolgt nach §§ 166 ff. ZPO. Damit können praktische Probleme verbunden sein, etwa wenn die Anschrift des Anmelders nicht richtig angegeben wurde oder nicht mehr aktuell ist. Die Angaben werden bei Eintragung in das Register nicht überprüft (§ 608 Abs. 2 Satz 3), Aktualisierungen sind vom Gesetz nicht gefordert, allerdings sind Änderungsmöglichkeiten nach § 609 Abs. 7 ZPO vorausgesetzt. Das BfJ tut gut daran, den Anmelder gleich zu Beginn zu bitten, seine persönlichen Daten ggf. zu aktualisieren. Bei einer Vielzahl von Anmeldungen und bei langer Verfahrensdauer kann es für das Gericht gleichwohl erheblichen Aufwand bedeuten, die Zustellungen zu bewirken. Das kann Folgen für den Zeitpunkt der Wirksamkeit des Vergleichs nach Abs. 5 haben. Alternativ wäre die Veröffentlichung im Klageregister in Betracht gekommen mit der Folge, dass die Austrittsfrist mit der Veröffentlichung zu laufen beginnt. Damit aber wäre, gerade bei längeren Verfahrensdauern, trotz der Obliegenheit der Anmelder, sich informiert zu halten,[16] das Risiko verbunden gewesen, dass der Verbraucher keine Kenntnis vom Vergleich erhält und faktisch keine Chance zum Austritt hat. Dies wäre angesichts der Bedeutung des Vergleichs, der etwa Fristen enthalten (→ Rn. 16) und immerhin einen vollstreckbaren Titel darstellen kann (→ Rn. 61), kaum hinnehmbar. Auch mag der Gedanke eine Rolle gespielt haben, den Vergleichsinhalt in dieser (Ambivalenz-) Phase der allgemeinen Öffentlichkeit noch nicht zur Kenntnis zu bringen.

---

16 Vgl. Gesetzesbegründung BT-Drs. 19/2439, 23 zum Wegfall der Obliegenheit nach Rücknahme der Anmeldung.

Der Zustellung des Vergleichs bedarf es nicht, wenn er allein inter partes wirkt, was möglich ist (→ Rn. 4). Denn mangels Betroffenheit ist ein Austritt nicht möglich, jedenfalls folgenlos. Wenn der Vergleich etwa nach Erledigung der Hauptsache allein eine Kostenregelung enthält und die (möglichen) Ansprüche der Anmelder rechtlich unberührt lässt, steht er nicht, auch nicht über die Wirksamkeitsgrenze des Abs. 5 Satz 1 zur Disposition der Verbraucher, die ja auch eine Klagerücknahme hinzunehmen hätten. 43

b) Belehrung. Mit der Zustellung des Vergleichs ist der Verbraucher über dessen Wirkung, das Austrittsrecht (Satz 2), Form und Frist (Satz 3) informiert. Die Wirkung des Vergleichs muss nicht konkret beschrieben werden, es genügt eine allgemeine Erläuterung, die auch die Regelung des Abs. 5 einbeziehen sollte. Eine solche Erläuterung könnte insgesamt etwa wie folgt lauten: 44

▶ Mit dem gerichtlichen Vergleich wird der Rechtsstreit beendet. Der Vergleich kann auch Regelungen mit Wirkung für und gegen die angemeldeten Verbraucher enthalten. Angemeldete Verbraucher können innerhalb einer Frist von einem Monat nach Zustellung des Vergleichs aus diesem austreten. Der Austritt muss bei dem Oberlandesgericht ..., ..., schriftlich oder zu Protokoll der Geschäftsstelle erklärt werden. Der Vergleich wird nur wirksam, wenn weniger als 30 % der angemeldeten Verbraucher aus dem Vergleich austreten. Über die Wirksamkeit entscheidet das Gericht durch Beschluss, der im Klageregister veröffentlicht wird. ◀

Wenn die Belehrung unterbleibt oder fehlerhaft ist, bleibt dies folgenlos, weil die generelle und individuelle Wirksamkeit nicht an die korrekte Belehrung geknüpft ist. Allerdings kommt für den Fall, dass der Austritt als Folge der fehlenden oder fehlerhaften Belehrung versäumt wird, ein Antrag auf Wiedereinsetzung in den vorigen Stand nach §§ 233 ff. ZPO in Betracht. Zwar ist die Frist aus Satz 2 weder eine Notfrist noch ist sie ausdrücklich erwähnt, zudem ist der Anmelder nicht Partei. Wegen der Identität der Interessenlage und des Umstandes, dass die Austrittsfrist den Anmelder unmittelbar in seinen Rechten trifft, sind indessen §§ 233 ff. ZPO **analog** anwendbar. Im Falle fehlender oder falscher Belehrung wird analog § 233 Satz 2 ZPO das Fehlen des ansonsten wiedereinsetzungsschädlichen Verschuldens vermutet. 45

Falls der Antrag vor dem Beschluss über die Wirksamkeit des Vergleichs gestellt wird, sollte das Gericht zunächst über die Wiedereinsetzung entscheiden. Ist die Wirksamkeit zum Zeitpunkt des Wiedereinsetzungsantrags bereits beschlossen, bleibt es bei dessen mangels Anfechtbarkeit ja unmittelbar einsetzender Rechtskraft auch dann, wenn infolge des oder der Wiedereinsetzungen das Quorum des Abs. 5 „eigentlich" verpasst wäre. 46

2. Austritt und Folgen (Sätze 3 bis 5)

47 **a) Form und Frist.** Der Austritt ist innerhalb eines Monats nach der Zustellung des genehmigten Vergleichs zu erklären. Für die Fristberechnung gelten die allgemeinen Regeln der §§ 186 ff. BGB.

48 Die Erklärung kann schriftlich erfolgen, gem. § 126 b BGB also etwa per Papierpost oder FAX bei dem Gericht der MFK eingehen. Die Erklärung zu Protokoll der Geschäftsstelle kann beim Gericht der MFK oder gem. § 129 a ZPO bei jedem Amtsgericht erfolgen. Dieses leitet die Erklärung nach § 129 a Abs. 2 Satz 1 ZPO unverzüglich an das OLG weiter, der Austritt wirkt aber gem. § 129 a Abs. 2 Satz 2 ZPO erst bei Eingang beim OLG. In zeitkritischen Fällen ist deshalb die Einlegung beim MFK-Gericht sicherer.

49 Im Falle eines rechtsgeschäftlichen Rechtsübergangs nach Anmeldung bleibt der angemeldete Verbraucher austrittsbefugt (→ Rn. 9). Geht der Anspruch im Rahmen des Erbrechts über, ist der Erbe zur Erklärung befugt.

50 Nicht (mehr) angemeldete Verbraucher, die möglicherweise auf Basis eines Vertrages zugunsten Dritter in die Vergleichswirkungen einbezogen werden (→ Rn. 12), können nicht austreten. Zum einen knüpft Satz 1 an den Anmelderstatus an, zum anderen wirkt der Vergleich auch im Falle seiner Wirksamkeit gegenüber solchen Verbrauchern nicht unmittelbar, sondern bedarf als bloßes Vergleichsangebot noch der Annahme.

51 Der Austritt bedarf keiner Begründung, sie schadet allerdings auch nicht.

52 Trotz der unter Umständen weitreichenden Bedeutung des Austritts bedarf es auch nicht der anwaltlichen Vertretung. Denn der Anmelder ist nicht Partei im Sinne von § 78 ZPO (→ § 606 ZPO Rn. 2). Diese Vorschrift kann auch nicht analog angewendet werden. Nach der reflektierten Entscheidung des Gesetzgebers[17] ist die Anmeldung zum Verfahren ohne anwaltliche Vertretung möglich (→§ 608 ZPO Rn. 11), womit auch die Einbeziehung in einen Vergleich anwaltsfrei erfolgt. Für den Austritt als mittelbarem actus contrarius kann nichts anderes gelten.

53 **b) Rechtsfolgen.** Folge des Austritts ist, dass der Vergleich weder für noch gegen den betreffenden Anmelder wirkt. Der Austritt kann dazu führen, dass der Vergleich insgesamt nicht wirksam wird (→ Rn. 54). Für diesen Fall wird der Prozess fortgeführt (→ Rn. 60).

---

17 Gesetzesbegründung BT-Drs. 19/2439, 1, 15, 23.

Satz 4 stellt klar, dass der angemeldete Verbraucher an diesem Prozess, an der Bindungswirkung eines Urteils und ggf. an einem weiteren Vergleich teilhat. Wird der Vergleich wirksam, führt der Austritt nicht etwa zur Fortsetzung hinsichtlich der verbliebenen Anmelder, sondern endet insgesamt (→ Rn. 60) mit der Folge, dass auch eine neue entsprechende MFK nicht statthaft ist (→ § 610 ZPO Rn. 15 ff.), der Verbraucher seine Ansprüche also ggf. individuell geltend machen muss. Die Hemmung der Verjährung endet gem. § 204 Abs. 2 Satz 1 BGB sechs Monate nach Wirksamwerden des Vergleichs (→ § 204 BGB Rn. 11).

VIII. Wirksamkeit und Beschluss (Abs. 5)

1. Materielle Wirksamkeit (Satz 1)

Nur wenn weniger als 30 % der angemeldeten Verbraucher aus dem Vergleich austreten, wird dieser nach Satz 1 **wirksam**. Bei einer Austrittsquote von 30 % oder mehr tritt **Unwirksamkeit** ein. Dies ist nicht ausdrücklich geregelt, ergibt sich indessen aus dem Zusammenhang. Die Gesetzesbegründung verweist zum Sinn des Quorums darauf, dass es an der befriedenden Wirkung fehle, wenn ein Großteil der Verbraucher sich dem Vergleich nicht „unterwerfen möchte".[18] 54

Für die Berechnung der Quote ist auf die **Zahl der angemeldeten Verbraucher** abzustellen, wobei nach § 608 Abs. 3 ZPO wirksame Rücknahmen zu berücksichtigen sind. Es werden **sämtliche danach verbliebenen Anmeldungen** gezählt, selbst wenn ein Teil der Verbraucher nicht vom Vergleich betroffen sein sollte. Zu denken ist zB an eine Konstellation, in der die Parteien für einen etwa nach Kaufgegenstand oder Zeitpunkt des Erwerbs bestimmten Verbraucherkreis eine Entschädigung vereinbaren, für einen anderen Kreis aber nicht. Wenn die Vereinbarung für letztere Gruppe Ansprüche versagt, was möglich ist, ist diese ebenfalls betroffen. Der Vergleich kann deren Ansprüche aber auch offen lassen mit der Folge, dass diese Verbraucher faktisch vom Vergleich nicht betroffen sind. Dass mögliche Austritte bei der Berechnung des Quorums gleichwohl mitgezählt werden oder deren Desinteresse angesichts ihrer Mitzählung bei der Anmeldergruppe sich vergleichsbewahrend auswirken mag, kann für sachwidrig gehalten werden, erscheint aber mit Blick auf den nur formal sinnvoll möglichen Prüfprozess alternativlos. 55

---

18 BT-Drs. 19/2439, 26.

56 Umgekehrt können beim Quorum nicht (mehr) angemeldete Verbraucher nicht mitgezählt werden, die möglicherweise auf Basis eines Vertrages zugunsten Dritter in die Vergleichswirkungen einbezogen werden (→ Rn. 12). Solche Verbraucher können nicht austreten (→ Rn. 50), ferner knüpft Satz 1 eindeutig an den Anmelderstatus an.

2. Beschluss (Satz 2)

57 Die Feststellung des Inhalts mittels unanfechtbaren Beschluss wird in aller Regel durch die **wörtliche Wiedergabe des Vergleichstextes** erfolgen. Wenn datenschutzrechtliche Bedenken mit Blick auf persönliche Daten bestehen, kann dem ggf. durch Schwärzungen Rechnung getragen werde. Allerdings kann diesem Anliegen schon bei der Abfassung des Vergleichs Rechnung getragen werden, indem etwa Verbrauchergruppen pseudonymisiert werden oder die Zuordnung zu den Verbraucherdaten in einer Anlage erfolgt, die nicht mit in den Beschluss aufgenommen wird.

58 Das Gericht stellt nicht nur die **Wirksamkeit**, sondern in erweiternder Auslegung ggf. auch die **Unwirksamkeit** durch Beschluss fest. Das fordert das Informationsinteresse der Anmelder, seien sie ausgetreten oder nicht. Die erste Gruppe muss erfahren, dass das Verfahren nicht geendet hat und die Verjährungshemmung fortbesteht. Die zweite Gruppe muss, wenn sie einbezogen worden ist, erfahren, dass sie von dem Vergleich nicht Gebrauch machen kann.

3. Rechtsfolgen

59 Die dem Gericht vorbehaltene **Feststellung der Wirksamkeit oder Unwirksamkeit ist konstitutiv**. Das ergibt sich für den Fall der Wirksamkeit aus Satz 4, der das **Wirksamwerden** für nicht ausgetretene Verbraucher an die **Bekanntmachung im Klageregister** knüpft. Für Fälle der Unwirksamkeit gilt Entsprechendes.

60 **Auswirkung auf das MVF.** Mit dem Vergleich endet das MFV dann, wenn der Rechtsstreit vollständig erledigt wird. Das gilt auch hinsichtlich der Verbraucher, die aus dem Vergleich ausgetreten sind (→ Rn. 53). Wenn der Vergleich lediglich eine Zwischenfrage klärt (Zwischenvergleich → Rn. 21, → § 610 ZPO Rn. 21), wird das MFV nach Feststellung der Wirksamkeit fortgesetzt. Bei einem Teilvergleich (→ Rn. 21, → § 610 ZPO Rn. 21) können Genehmigungsverfahren und das Verfahren über die verbleibenden Teile parallel geführt werden. Ist der Vergleich nach § 611 Abs. 5 Satz 1 ZPO un-

wirksam (→ Rn. 58), wird das MFV insgesamt fortgesetzt, wobei ein erneuter Vergleich möglich ist.

Wirkung des Vergleichs. Beendet der Vergleich den Rechtsstreit insgesamt, ist seine Reichweite in Bezug auf die Anmelder von seinen konkreten Regelungen abhängig. Beschränkt sich der Vergleich auf Feststellungen, gelten diese zwischen nicht ausgetretenen Anmeldern und Unternehmer und werden in einem möglichen Folgeprozess als bindend zugrunde gelegt. Lässt sich dem Vergleich ein individueller Anspruch konkreter Verbraucher entnehmen, ist er Titel im Sinne von § 795 Abs. 1 Nr. 1 ZPO mit der Folge, dass aus ihm **unmittelbar vollstreckt** werden kann. Titelgläubiger ist allerdings nur der klagende Verband, weshalb auch nur er – zugunsten der Verbraucher – vollstrecken kann.[19] Der Verbraucher selbst kann hingegen keine Vollstreckungsklausel erhalten,[20] auch nicht im Wege der isolierten Prozessstandschaft, die der BGH ablehnt.[21] Ob die Anmeldung iS von § 608 Abs. 2 ZPO wirksam ist und ggf. auch, ob der Anmelder (überhaupt) Verbraucher ist, muss im Zweifel im Folgeprozess geklärt werden. Die Eintragung in das Klageregister ist nicht konstitutiv (→ § 608 ZPO Rn. 16). 61

Im Falle der vollständigen Beilegung des Rechtsstreits ist ein weiteres entsprechendes MFV **dauerhaft gesperrt** (→ § 610 ZPO Rn. 19 ff.), unabhängig davon, ob der Vergleich nur Feststellungen oder titulierte Individualansprüche zum Inhalt hat (→ Rn. 61). 62

IX. Kein Vergleich vor dem ersten Termin (Abs. 6)

Ein Vergleich kann frühestens im ersten Termin der mündlichen Verhandlung geschlossen werden. Damit ist zur Erzielung einer „möglichst weitreichende(n) befriedende(n) Wirkung"[22] eine zeitliche Korrelation zur Anmeldung geschaffen. In die Vergleichsverhandlungen können so sämtliche Anmelder eingeschlossen werden (vgl. § 608 Abs. 1 ZPO). Umgekehrt ist ausgeschlossen, dass ein Verbraucher sich noch wegen des Vergleichs zum Klageregister anmeldet. 63

---

19 *Fölsch* DRiZ 1028, 214, 216.
20 *Fölsch* DRiZ 1028, 214, 216.
21 BGH NJW 1993, 1396.
22 Gesetzesbegründung BT-Drs. 19/2439, 26.

§ 612 ZPO Bekanntmachungen zum Musterfeststellungsurteil

(1) Das Musterfeststellungsurteil ist nach seiner Verkündung im Klageregister öffentlich bekannt zu machen.

(2) Die Einlegung eines Rechtsmittels gegen das Musterfeststellungsurteil ist im Klageregister öffentlich bekannt zu machen. Dasselbe gilt für den Eintritt der Rechtskraft des Musterfeststellungsurteils

I. Einleitung 1	IV. Bekanntmachung der Rechtskraft 6
II. Bekanntmachung des verkündeten Musterfeststellungsurteils 2	V. Zuständigkeiten und Verfahren 7
III. Bekanntmachung des Rechtsmittels 5	

I. Einleitung

1 Die Regelung enthält Vorschriften über die öffentliche Bekanntmachung des verkündeten MFU (Abs. 1), etwaig eingelegter Rechtsmittel (Abs. 2 Satz 1) und den Eintritt der Rechtskraft (Abs. 2 Satz 2). Hiermit wird dem Informationsinteresse einer unter Umständen breiten Öffentlichkeit Rechnung getragen. In das Klageregister kann nach § 609 Abs. 3 ZPO „jedermann" unentgeltlich Einsicht nehmen.

II. Bekanntmachung des verkündeten Musterfeststellungsurteils

2 Die Verkündung des Urteils erfolgt gem. § 310 ZPO in dem Termin, in dem die mündliche Verhandlung abgeschlossen wird („Stuhlurteil") oder – so ist die Regel – in einem gesonderten Termin (Termin zur Verkündung einer Entscheidung) grundsätzlich innerhalb von drei Wochen nach den Vorgaben des § 311 ZPO. Die Zustellung des Urteils nach § 317 ZPO erfolgt (nur) an die Parteien des MFV, nicht an die Anmelder. Die Zustellung nach der ZPO wird durch Abs. 1 lediglich ergänzt, nicht etwa ersetzt.

3 Es ist das **Urteil insgesamt** bekanntzumachen, also nicht nur der Tenor. Dabei kann das Gericht zum Schutze von Persönlichkeitsrechten personenbezogene Daten schwärzen lassen.

4 Mit der Formulierung „*Musterfeststellungsurteil*" meint das Gesetz nicht nur Urteile, mit denen Feststellungen getroffen werden. Daneben sind zum einen Urteile, mit denen MFK (insgesamt) abgewiesen werden, gemeint, zum anderen auch Teil-, Schluss- und Zwischenurteile, insbesondere das Zwischenurteil über die Zulässigkeit der

MFK (→ § 610 ZPO Rn. 16). Dieses Verständnis ergibt sich aus der teleologischen Gesamtschau des einheitlich in §§ 612, 613 ZPO und § 614 ZPO verwendeten Begriffs. Bindungswirkung und Revisibilität müssen für jede Urteilsart gelten, die Bekanntmachung in § 612 ZPO reagiert auf die damit geschaffene Relevanz iS allgemeinen Interesses. *„Musterfeststellungsurteil"* iS der genannten Vorschriften ist also **jedes Urteil, das im Rahmen des MFV ergeht.**

III. Bekanntmachung des Rechtsmittels

Nicht das Rechtsmittel selbst, also die Revisionsschrift ober -begründung, wird veröffentlicht, sondern der **bloße Umstand der Einlegung,** wozu auch die rechsmittelführende Partei angegeben wird. 5

IV. Bekanntmachung der Rechtskraft

Hier genügt die Mittelung des Tages, an dem Rechtskraft eingetreten ist. Geschah dies durch Urteil des Revisionsgerichts, stellt sich die Frage, ob auch das Revisionsurteil zu veröffentlichen ist. Ausdrücklich geregelt ist dies zwar nicht. Zumindest wenn der Bundesgerichtshof die Revision nicht als unzulässig verwirft, bezieht sich das Informationsinteresse der Allgemeinheit allerdings gerade auf dieses Urteil. Zumindest in diesen Fällen sollte das **Revisionsurteil** ergänzend zur Rechtskraftmitteilung **im Register veröffentlicht** werden. 6

V. Zuständigkeiten und Verfahren

Die Bekanntmachungen sind vom (erstinstanzlichen) Gericht zu veranlassen, das BfJ nimmt sie technisch vor (§ 609 Abs. 1 Satz 2). 7

Anders als bei der Bekanntmachung der Klage (§ 607 Abs. 2 ZPO) ist dem Gericht zwar für die Bekanntgabe des Urteils und der anderen Verfahrensschritte kein Zeitrahmen vorgegeben. Mit der getrennten Bekanntmachung von Urteil und Rechtskraft bringt der Gesetzgeber indessen mit Blick auf die Revisionsfrist von einem Monat (§ 548 ZPO) zum Ausdruck, dass nicht viel Zeit vergehen soll. Da mit der Bekanntgabe in der Regel keine Prüfungen oder sonstigen Aufwände verbunden sind, liegt es nahe, dass das Gericht alle öffentlichen Bekanntmachungen sogleich auf den Weg bringt. Das BfJ hat die Bekanntmachung dann unverzüglich vorzunehmen (§ 609 Abs. 2 Satz 1 ZPO). 8

§ 613 ZPO Bindungswirkung des Musterfeststellungsurteils; Aussetzung

(1) Das rechtskräftige Musterfeststellungsurteil bindet das zur Entscheidung eines Rechtsstreits zwischen einem angemeldeten Verbraucher und dem Beklagten berufene Gericht, soweit dessen Entscheidung die Feststellungsziele und den Lebenssachverhalt der Musterfeststellungsklage betrifft. Dies gilt nicht, wenn der angemeldete Verbraucher seine Anmeldung wirksam zurückgenommen hat.

(2) Hat ein Verbraucher vor der Bekanntmachung der Angaben zur Musterfeststellungsklage im Klageregister eine Klage gegen den Beklagten erhoben, die die Feststellungsziele und den Lebenssachverhalt der Musterfeststellungsklage betrifft, und meldet er seinen Anspruch oder sein Rechtsverhältnis zum Klageregister an, so setzt das Gericht das Verfahren bis zur rechtskräftigen Entscheidung oder sonstigen Erledigung der Musterfeststellungsklage oder wirksamen Rücknahme der Anmeldung aus.

I. Einleitung 1	b) Rechtskraft im Verhältnis zum Kläger
II. Rechtskraftbindung	und anderen Klage-
(Abs. 1) 2	befugten 17
1. Voraussetzungen 3	III. Beweislast 18
a) Angemeldeter Verbraucher 4	IV. Auswirkungen des MFV auf vorherige Individualverfahren (Abs. 2) 19
b) Folgen eines Rechtsübergangs 7	1. Aussetzung 19
c) Unternehmen 14	2. Fortsetzung des Individualverfahrens 26
2. Rechtsfolge: Bindungswirkung 15	
a) Inhaltliche Reichweite 15	

I. Einleitung

1 Diese Vorschrift regelt in Abs. 1 die spezifische Bindungswirkung des MFU. Abs. 2 befasst sich mit der Folge der Anmeldung zum Klageregister auf laufende Individualverfahren. Letzteres ist Folge der möglicherweise eintretenden Bindungswirkung, weshalb die Regelungen wohl in einen Paragraphen zusammengefasst sind.

II. Rechtskraftbindung (Abs. 1)

2 Die Rechtskraftbindung wird über den Rechtsstreit hinaus angeordnet. Darin kommt der Charakter als Musterverfahren zum Aus-

druck. § 613 ZPO betrifft alle im MFV ergehenden Urteile einschließlich Teil- und Zwischenurteilen (→ § 612 ZPO Rn. 4).

1. Voraussetzungen

Die Rechtskrafterstreckung bezieht sich nur auf angemeldete Verbraucher und das beklagte Unternehmen. 3

a) **Angemeldeter Verbraucher.** Der Verbraucher muss angemeldet 4 und die Anmeldung darf nicht wirksam zurückgenommen sein; Abs. 1 Satz 2. Die Anmeldung muss wirksam sein, auch wenn das Gesetz das anders als zur Rücknahme nicht ausdrücklich festhält. Sie muss also bis zum Tage vor Beginn des ersten Termins erfolgt sein (§ 608 Abs. 1 ZPO) und muss in Textform gegenüber dem BfJ erklärt sein (§ 608 Abs. 4 ZPO). Für die Rücknahme stellt Abs. 1 Satz 2 ausdrücklich auf deren Wirksamkeit ab. Diese liegt vor, wenn sie rechtzeitig erklärt ist, gem. § 608 Abs. 3 also bis zum Ende des Tages des ersten Termins. Ferner muss sie formwirksam sein, also nach § 608 Abs. 4 in Textform beim BfJ eingegangen sein.

Auf die **Eintragung in das Klageregister kommt es nicht an.** Diese ist 5 **nicht konstitutiv** (→ § 608 ZPO Rn. 16). Denn die Daten werden gem. § 608 Abs. 2 Satz 3 ZPO ohne inhaltliche Überprüfung in das Klageregister übernommen und das Gesetz knüpft weder hier noch in anderen Vorschriften (zur entsprechenden Rechtslage beim Vergleich → § 611 ZPO Rn. 6) an die Eintragung im Klageregister an. Aus demselben Grund kommt es für die Wirksamkeit der Rücknahme nicht auf die Löschung an. Zweifel an der Wirksamkeit der Anmeldung oder der Rücknahme müssen ggf. im Folgeprozess geklärt werden.

Die Bindungswirkung setzt inhaltlich voraus, dass die Ansprüche 6 oder Rechtsverhältnisse des Verbrauchers im Sinne von § 608 Abs. 1 ZPO von den Feststellungszielen abhängen. Diese **Konnexität** kann sich aus den Anmeldedaten ergeben, das ist aber weder erforderlich noch ausreichend. Auch sie muss im Zweifel im Folgeprozess geklärt werden.

b) **Folgen eines Rechtsübergangs.** Fraglich ist, welche Auswirkungen 7 der Übergang des geltend gemachten Anspruchs oder des klärungsbedürftigen Rechtsverhältnisses von dem ursprünglichen Anmelder auf eine andere Person auf die Bindungswirkung des Urteils hat. Wenn der angemeldete Verbraucher nicht mehr Inhaber des mittelbar verfolgten Anspruchs oder Vertragspartner des fraglichen Rechtsverhältnisses ist, stellt sich die Frage, ob das Urteil auch für und gegen den Rechtsnachfolger, etwa den Erben oder Abtretungsempfänger, wirkt.

8 Tritt **Rechtsnachfolge nach Rechtskraft** des Urteils ein, ist eine Rechtskrafterstreckung schon nach allgemeinen Grundsätzen zu bejahen: Die Ansprüche gehen so über, wie sie sind (§§ 398, 1922 BGB). Der Unternehmer kann dem Abtretungsempfänger ein abweichendes Musterfeststellungsurteil gemäß § 404 BGB entgegenhalten.

9 Dieser Schutz wird für Prozessparteien im allgemeinen Verfahren nach § 325 ZPO dahin ergänzt, dass das rechtskräftige Urteil für und gegen die Person wirkt, die nach der Rechtshängigkeit Rechtsnachfolger der Parteien geworden ist. Diese Regelung erfasst auch die Fälle, in denen die **Rechtsnachfolge** im laufenden Verfahren, also **vor Rechtskraft des Urteils** eingetreten ist. Die Regelung gilt nicht unmittelbar für den angemeldeten Verbraucher, weil dieser nicht Prozesspartei ist (→ § 606 ZPO Rn. 2) und es auch nicht um eine streitbefangene Sache geht. **§ 325 ZPO ist aber auf den angemeldeten Verbraucher analog anzuwenden.** Diese Vorschrift will in Verbindung mit der Regelung des § 265 ZPO einerseits Rechtsübergänge während des laufenden Prozesses zulassen (§ 265 Abs. 1 ZPO), diesen aber zugleich von diesem Recht unabhängig weiterlaufen lassen (§ 265 Abs. 2 Satz 1 ZPO). Der Kläger behält trotz Rechtsverlusts grundsätzlich die volle Steuerung, der Rechtsnachfolger tritt in die über das Urteil erarbeitete Position ein, wobei dessen guter Glaube geschützt wird (§ 325 Abs. 2 ZPO).

10 Diese Grundsätze sind auf die Konstellation eines im MVF angemeldeten Anspruchs zu übertragen. Ebenso wie eine Prozesspartei ist der Anmelder perspektivisch der Rechtskraft des Urteils ausgesetzt. Änderungen zur Rechtsinhaberschaft im laufenden Prozess Rechnung tragen zu müssen, würde hier wie dort zu erheblichem Aufwand und Rechtsunsicherheit und möglicherweise auch zu sachwidrigen Folgen führen. Könnte der Anmelder durch Abtretung vor Rechtskraft des Urteils den Folgen des Urteils (mittelbar) entgehen, würde die ratio legis, die in der Begrenzung der Zurücknahme der Anmeldung steckt (→ § 608 ZPO Rn. 39) umgangen werden können. Ein solches nicht erwünschtes taktisches Ausweichen vor der Bindungswirkung könnte theoretisch zwar dadurch verhindert werden, dass die Wirkungen der Anmeldung auf den Rechtsnachfolger übertragen und der Rechtsübergang über das Klageregister transparent gemacht wird. Solche Regelungen fehlen indessen im Gesetz. Deshalb kann der ratio legis nur durch die **analoge Anwendung von** § 325 ZPO Rechnung getragen werden.

Bei der analogen Anwendung ist allerdings einer Besonderheit des 11
MFV Rechnung zu tragen. § 325 ZPO lässt es auf den Zeitpunkt der
Rechtshängigkeit ankommen, also auf den der Zustellung der Klage
(§§ 261, 253 ZPO). Zu diesem Zeitpunkt kann eine Anmeldung zum
Klageregister noch nicht vorliegen. Vollzieht sich der Rechtsübergang
in dieser Zwischenzeit, ist der neue Rechtsinhaber anmeldeberech-
tigt, wenn die Voraussetzungen in seiner Person vorliegen (→ § 9 c
ZPO Rn. 6 ff.). Erst nach Anmeldung zum Klageregister erfolgte Abtretungen werden also von der analogen Anwendung des § 325 ZPO
erfasst.

Im Ergebnis ist also auch ein **Rechtsnachfolger des angemeldeten** 12
Verbrauchers an das MFU gebunden.

Zur Folge einer Abtretung oder einer Gesamtrechtsnachfolge auf den 13
Prozessvergleich → § 611 ZPO Rn. 7 ff.

c) **Unternehmen.** Andere Unternehmen als das beklagte werden 14
nicht gebunden, das gilt auch für identische Konstellationen und
auch für konzernverbundene Unternehmen.

2. Rechtsfolge: Bindungswirkung

a) **Inhaltliche Reichweite.** Die Bindungswirkung richtet sich an ein 15
später angerufenes Gericht, betrifft also Folgeprozesse. Voraussetzung ist, dass die Entscheidung im Folgeverfahren die Feststellungsziele und den Lebenssachverhalt der Musterfeststellungsklage betrifft. Hierbei dürfte nicht auf die Klage(schrift) im MFV, sondern
auf das MFU abzustellen sein. Hierin ist der gesamte Prozessstoff sowohl in tatsächlicher wie in rechtlicher Hinsicht gebündelt und ge-
ordnet. Es trägt insbesondere Korrekturen und Ergänzungen zum
Sachverhalt Rechnung und dokumentiert auch Änderungen zu den
Feststellungszielen, soweit solche statthaft sind (→ § 610 ZPO
Rn. 62). Ist also infolge Klageänderung im MFV das einzige den individuell klagenden Verbraucher betreffende Feststellungsziel aufgegeben, bindet ihn das MFU nicht. Damit folgt die spezifische Bindungswirkung des MFU den allgemeinen Regeln.[1] Ebenfalls gelten die Regeln der §§ 319 ff. ZPO über die Berichtigung und Ergänzung des
Urteils und die Tatbestandsberichtigung, wobei antragsberechtigt nur
die Parteien, also nicht die Verbraucher sind, auch nicht die von der
Bindungswirkung betroffenen.

---

1 Vgl. Thomas/Putzo/*Reichold* § 322 Rn. 17.

16 Insgesamt findet im Folgeprozess der Vortrag kein Gehör, das Musterfeststellungsurteil gebe die Feststellungsziele oder den Lebenssachverhalt unrichtig oder unvollständig wieder.

17 **b) Rechtskraft im Verhältnis zum Kläger und anderen Klagebefugten.** Abs. 1 ist keine abschließende Sondernorm zur Rechtskrafterstreckung des Musterfeststellungsurteils. Die Vorschrift berührt nicht die allgemeine Regelung des § 322 ZPO. Das Urteil schafft also – selbstverständlich – Rechtskraft zwischen den Parteien des Musterfeststellungsverfahrens, also zwischen dem klagenden Verband und dem beklagten Unternehmen. Das gilt im Ergebnis auch für andere Verbände, da § 610 Abs. 1 ZPO der erhobenen MFK eine generelle Sperrwirkung zukommen lässt, die im Falle eines Urteils auch nach dessen Rechtskraft bestehen bleibt (→ § 610 ZPO Rn. 17).

III. Beweislast

18 Die **Beweislast** für die Bindungswirkung liegt nach allgemeinen Regeln bei demjenigen, der sich auf die Bindungswirkung beruft. Die Eintragung in das Klageregister ist nicht konstitutiv (→ Rn. 5), und ihr kommt auch keine Vermutungswirkung zu.

IV. Auswirkungen des MFV auf vorherige Individualverfahren (Abs. 2)

1. Aussetzung

19 Der Verbraucher, der vor der MFK eine Individualklage erhoben hatte, kann diese durchaus weiterführen. Er hat aber auch die Wahl, sich zum Klageregister anzumelden. Dies führt indessen zur Aussetzung des Individualprozesses, anders als etwa bei § 148 Abs. 2 ZPO, ohne richterliches Ermessen. Die Aussetzung dient gewiss auch der Prozessökonomie, dies ist aber nicht das tragende Motiv. Entscheidend geht es darum, widersprüchliche Entscheidungen zu vermeiden.

20 Voraussetzung der Aussetzung ist zunächst, dass die Individualklage Feststellungsziele und Lebenssachverhalt der MFK betrifft. Für die Konnexität gilt das Gleiche wie bei § 610 ZPO (→ § 610 ZPO Rn. 6, 25, 34).

21 Weiter muss die Individualklage vor Bekanntmachung der Angaben zur MFK (§ 607 ZPO) erhoben worden, also zu diesem Zeitpunkt zugestellt sein (§ 253 ZPO). Später wird die Klage nicht mehr zugestellt, wie sich aus § 610 Abs. 3 ZPO ergibt. Sollte bei der Veranlassung der Zustellung die MFK noch nicht bekanntgemacht worden

sein oder wird die schon erfolgte Bekanntmachung übersehen, liegt kein Fall des § 613 ZPO vor, sondern die Zustellung ist unwirksam (→ § 610 ZPO Rn. 36).

Wenn der Individualprozess auch Streitgegenstände umfasst, die die Feststellungsziele und den Lebenssachverhalt der MFK nicht betreffen, kann nach einer **Prozesstrennung** gem. § 145 ZPO der Ursprungsprozess im Umfang der Konnexität ausgesetzt und hinsichtlich des verbleibenden Teils fortgesetzt werden.[2] 22

Ferner darf die Individualklage natürlich nicht bereits erledigt sein, sei es durch Urteil oder auf andere Weise. Werden rechtskräftig ausgeurteilte oder abgewiesene Ansprüche angemeldet, kann das betreffende Verfahren naturgemäß nicht (mehr) ausgesetzt werden, eine solche Anmeldung würde zwar ungeprüft in das Klageregister übernommen (→ § 608 ZPO Rn. 10, 14), würde aber die Rechtskraft nicht überwinden (→ § 610 ZPO Rn. 16). Aussetzungsunschädlich sind **Zwischenurteile**, da diese nichts an der fortbestehenden Rechtshängigkeit der Individualklage ändern. Bei einem **Teilurteil** kommt es darauf an, ob der entschiedene Teil konnex mit dem Individualprozess ist. 23

Weiter gilt § 613 ZPO unabhängig von der Instanz, in der sich der Individualprozess befindet. Zur Aussetzung kann es mithin auch in der **Berufungs- oder in der Revisionsinstanz** kommen. 24

§ 613 ZPO gilt auch für **vor dem Inkrafttreten des Gesetzes** erhobene Individualklagen. Das ergibt sich aus dem Fehlen einer Übergangsregelung sowie aus dem Zweck der Bestimmung, widersprüchliche Entscheidungen zu vermeiden, der unabhängig davon ist, ob die Individualklage schon erhoben war oder nicht. Auch in Unkenntnis des Gesetzes begonnene Verfahren müssen zur Vermeidung möglicherweise widersprüchlicher Erkenntnisse ausgesetzt werden. 25

2. Fortsetzung des Individualverfahrens

Die Aussetzung endet mit der Erledigung der MFK. Das Schicksal der Individualklage hängt von der Art der Erledigung ab. 26

Endet das MFV durch **Urteil**, wird der Individualprozess auf dieser Grundlage fortgesetzt, dh die rechtskräftigen Feststellungen binden das Gericht (§ 613 Abs. 1 ZPO). Eine Besonderheit kann freilich bei bereits rechtskräftigen Zwischen- oder Teilurteilen im Individualverfahren auftreten. Wenn diese im Widerspruch zum MFU stehen, 27

---

2 Vgl. Zöller/*Greger* § 148 Rn. 7.

stellt sich die Frage des Vorrangs. Das Gesetz hat diesen Fall nicht ausdrücklich geregelt. Abzustellen sein dürfte auf die **zeitliche Reihenfolge.** Das MFU bindet somit im Widerspruchsfalle das Gericht hinsichtlich eines im Individualverfahren bereits zuvor rechtskräftigen Zwischen- oder Teilurteils nicht. Besteht noch keine Rechtskraft, ist freilich das Berufungs- oder Revisionsgericht bei Fortsetzung des Individualprozesses gehalten, den Widerspruch im Sinne des MFU aufzulösen.

28 Wenn das MFV mit einem **wirksamen Vergleich** endet, kommt es darauf an, ob der Kläger des Individualprozesses ausgetreten ist oder nicht. Ist er ausgetreten, wird der Individualprozess ohne jede Bindungswirkung fortgesetzt. Denn das MFV endet mit dem wirksamen Vergleich unabhängig davon, ob angemeldete Verbraucher austreten (→ § 611 ZPO Rn. 53, 60). Tritt der Individualkläger nicht aus, gelten die Bindungen des Vergleichs auch für den Individualprozess. Dieser kann infolge des Vergleichs erledigt sein, sodass nach beidseitiger Erledigungserklärung nur noch über die Kosten zu entscheiden ist; § 91 a ZPO. Freilich kann der Vergleich auch bereits hierzu Regelungen enthalten, weil ja die Rechtsfolgen des Vergleichs für ausgesetzte Individualprozesse mitbedacht werden können. Für den Fall nicht beidseitiger Erledigungserklärung gelten die allgemeinen Regeln, bei Erledigungserklärung des Klägers ist also Erledigung festzustellen und bei Festhalten an der Klage diese abzuweisen. Der Individualprozess kann aber auch nicht oder nur teilweise durch den Vergleich beendet sein. Dann wird er ggf. unter Bindung an das Teilergebnis des Vergleichs fortgesetzt. Trifft der Vergleich zB Rahmenregelungen zur Anspruchshöhe (→ § 611 ZPO Rn. 15), wird der Rahmen im Individualprozess ausgefüllt, sei es durch Urteil oder auch hier im Rahmen des Vergleichs.

29 Wird die MFK zurückgenommen oder übereinstimmend für erledigt erklärt, wird der Individualprozess ohne jede Bindungswirkung fortgesetzt.

§ 614 ZPO Rechtsmittel

Gegen Musterfeststellungsurteile findet die Revision statt. Die Sache hat stets grundsätzliche Bedeutung im Sinne des § 543 Absatz 2 Nummer 1.

Als Folge der in § 119 Abs. 3 GVG begründeten erstinstanzlichen Zuständigkeit des Oberlandesgerichts (OLG) ist unmittelbar die Revision zum Bundesgerichtshof (BGH) eröffnet. Damit gibt es im MFV nur eine Tatsacheninstanz. Die Revision ist unabhängig von Zulässigkeitsgründen und Beschwerdewerten in jedem Verfahren zulässig. Satz 2 gibt den Zulassungsgrund der grundsätzlichen Bedeutung der Rechtssache zwingend vor, so dass die Revision vom OLG mit dem MFU stets zuzulassen ist (§ 543 Abs. 1 Nr. 1 ZPO). Sollte dies (versehentlich) unterbleiben, steht die Nichtzulassungsbeschwerde nach § 544 ZPO zur Verfügung, die zwingend zur Zulassung seitens des BGH führt. 1

Allerdings sind gem. § 26 Nr. 8 EGZPO Zulassungsbeschwerden nur bei Beschwerdewerten oberhalb von 20.000 EUR zulässig. So betrachtet ist die aus der Stellungnahme des Bundesrats[1] übernommene Einschätzung des Rechtsausschusses des Bundestags[2] zweifelhaft, die Revision sei „ungeachtet des § 26 Nr. 8 EGZPO stets zulässig". Mit dieser die Ebenen der Zulässigkeit und des Beschwerdeverfahrens vermischenden Äußerung wird indessen der Wille des Gesetzgebers, dass die Revision stets zulässig sein soll, in einer Weise deutlich, die zu einer Korrektur einer versehentlich unterlassenen Revisionszulassung auch bei Beschwerdewerten bis 20.000 EUR führen sollte, sei es durch Urteilsberichtigung seitens des OLG nach § 319 ZPO, im Wege der Abhilfe nach § 321 a ZPO oder durch Nichtanwendung des § 26 Nr. 8 EGZPO seitens des BGH. Perspektivisch erscheint indessen eine Neufassung von Satz 2 etwa wie folgt sinnvoll: „Abweichend von § 543 ZPO ist die Revision stets zulässig." Damit würde der Zulassungsakt, der ja angesichts fehlenden Handlungsspielraums überflüssig ist, entfallen. Ferner würde der umständliche Weg über die Vorgabe grundsätzlicher Bedeutung, die überdies teilweise eine Fiktion darstellt, vereinfacht. 2

§ 614 ZPO betrifft alle im MFV ergehenden Urteile einschließlich Teil- und Zwischenurteilen (→ § 612 ZPO Rn. 4). 3

Weiter gelten die **Vorschriften über die Beschwerde** nach §§ 567 ff. ZPO. Zwar ist dies weder in § 614 ZPO noch in § 610 Abs. 5 ZPO 4

---

1 BR-Drs. 176/18 (Beschluss), 3 (Nr. 3)
2 BT-Drs. 19/2741, 26 (zu Nr. 3).

ausdrücklich vorgesehen. Aus dem Schweigen des Gesetzes iVm dem Umstand, dass § 567 Abs. 1 ZPO nur von Entscheidungen der Amts- und Landgerichte spricht, kann indessen nicht der Rückschluss gezogen werden, dass Entscheidungen im Sinne des § 567 ZPO unanfechtbar seien. Der Gesetzgeber hat mit § 610 Abs. 5 ZPO (lediglich) dem Umstand Rechnung getragen, dass die ZPO ein erstinstanzliches Verfahren vor dem OLG bisher nicht kannte (→ § 610 ZPO Rn. 51). Rechtsbehelfe standen hier ersichtlich nicht vor Augen. Die Regelung in § 614 ZPO kann nicht als Ausdruck der – dann möglicherweise auf das Beschwerdeverfahren übertragbaren – Einschätzung verstanden werden, ohne ausdrückliche Regelung sei das MFU unanfechtbar. Denn die ausdrückliche Statthaftigkeit der Revision war deshalb regelungsbedürftig, weil theoretisch auch ein – zusätzlich beim OLG oder beim BGH zu führendes – Berufungsverfahren in Betracht gekommen wäre. Weiter sehen die ja anwendbaren Regelungen des 1. Buches und des 2. Buches (1. Abschnitt) zahlreiche Möglichkeiten der sofortigen Beschwerde vor wie zB in § 46 Abs. 3 ZPO gegen die Zurückweisung eines Befangenheitsgesuchs oder in § 369 Abs. 5 ZPO gegen Beschlüsse in Zusammenhang mit Klagerücknahmen. Schließlich setzt auch das aktuelle Gesetz in § 611 Abs. 3 Satz 3 ZPO voraus, dass Rechtsbehelfe auch gegen Entscheidungen, die nicht MFU darstellen, gegeben sind. Ansonsten hätte es der Regelung der Unanfechtbarkeit des Genehmigungsbeschlusses nicht bedurft. Damit gelten die §§ 567 ff. ZPO sinngemäß, wobei die §§ 574 ff. ZPO zur Rechts-beschwerde keinen Anwendungsbereich haben. **Zuständig für das Beschwerdeverfahren ist der Bundesgerichtshof (BGH).** Zwar ist die Beschwerde in der Zuständigkeitsnorm des § 133 GVG nicht erwähnt und fehlt es an einer ausdrücklichen Regelung im 6. Buch der ZPO, die Zuständigkeit des BGH folgt aber aus dem Devolutiveffekt, der für Beschwerden in § 72 Abs. 1 GVG und § 119 Abs. 1 Nr. 2 GVG zum Ausdruck kommt.

Teil III
Änderung anderer Vorschriften der Zivilprozessordnung

§ 29 c Abs. 2 ZPO [Prozesualer Verbraucherbegriff]

...

(2) Verbraucher ist jede natürliche Person, die bei dem Erwerb des Anspruchs oder der Begründung des Rechtsverhältnisses nicht überwiegend im Rahmen ihrer gewerblichen oder selbständigen beruflichen Tätigkeit handelt.

...

(Auszug; Änderungen kursiv)

I. Einleitung 1
II. Prozessualer Verbraucherbegriff und Voraussetzungen 2
  1. Kein Bezug zu Rechtsgeschäften 2
  2. Kein Überwiegen gewerblicher oder selbstständiger beruflicher Tätigkeit 3
    a) Abgrenzung zum Unternehmensbegriff 3
    b) Folgen von Rechtsübergängen 6
III. Bedeutung für die MFK ... 12
IV. Beweislast 13
V. Weitere Fragestellungen ... 14
  1. Keine Erfassung von b2b-Konflikten 14
  2. Keine prozessuale Sondernorm zum Unternehmensbegriff 15
  3. Auswirkung auf andere Vorschriften der ZPO.. 16

I. Einleitung

Die Vorschrift schafft einen **prozessrechtlichen Verbraucherbegriff**.[1] Dieser wird in eine Bestimmung im Allgemeinen Teil aufgenommen, die sich, wie auch die unverändert gebliebene amtliche Überschrift von § 29 c ZPO zeigt, mit dem Besonderen Gerichtsstand für Haustürgeschäfte befasst. Hieraus könnte als Interpretation folgen, dass der prozessuale Verbraucherbegriff nur für diese Vorschrift definiert werden sollte.[2] Aus der Gesetzgebungsgeschichte in Verbindung mit der Begründung ergibt sich aber eindeutig, dass diese Vorschrift auch und gerade für das in Buch 6 der ZPO geregelte MFV gilt, aus Anlass dessen sie entstanden ist.

1

---

1 So ausdrücklich die Gesetzesbegründung BT-Drs. 19/2439, 19; aA *Schmidt-Kessel*, S. 23, der die Regelung unter Verweis auf die Flexibilität schon zum materiellen Verbraucherbegriff für „völlig überflüssig" hält.
2 So argwöhnt die Fraktion BÜNDNIS 90/DIE GRÜNEN in einer Kleinen Anfrage BT-Drs. 19/2294, 5 (Frage 27).

II. Prozessualer Verbraucherbegriff und Voraussetzungen

1. Kein Bezug zu Rechtsgeschäften

2 Der prozessuale Verbraucherbegriff tritt neben den materiellen Verbraucherbegriff nach § 13 BGB. Dieser erweist sich, wie sich erst im Laufe des Gesetzgebungsverfahrens ergab, für die Zwecke der MFK als zu eng. § 13 BGB stellt auf den Abschluss von Rechtsgeschäften ab und gilt somit nicht für den außervertraglichen Verbraucherschutz.[3] Damit wären deliktische Ansprüche ausgeschlossen, was womöglich auch die Einbeziehung solcher außervertraglichen Ansprüche verhindert hätte, die im Zusammenhang mit dem Vertrag stehen.[4] Die Bundesregierung hat deshalb Kritik und Vorschläge aus der Literatur aufgenommen und durch Orientierung auf den „Erwerb des Anspruchs" alle denkbaren Anspruchsgrundlagen und dadurch auch deliktische einbezogen. Damit ist kein irgendwie gearteter Bezug zu Rechtsgeschäften erforderlich. So kann etwa auch die Haftung aus einem Verkehrsunfall mit dem Fahrzeug des Unternehmens in die MFK einbezogen werden. Etwas anderes folgt nicht daraus, dass zum Unternehmerbegriff eine prozessuale Sondernorm nicht vorgesehen ist (→ § 606 ZPO Rn. 3).

2. Kein Überwiegen gewerblicher oder selbstständiger beruflicher Tätigkeit

3 a) **Abgrenzung zum Unternehmensbegriff.** Die Abgrenzung des Verbraucherbegriffs von der Unternehmenssphäre folgt aus § 13 BGB. Danach sind in Abgrenzung zu gewerblichen oder freiberuflichen Rechtsgeschäften typische private Sphären zB Urlaub, Freizeit, Sport, Gesundheitsvorsorge, Vermögensverwaltung.[5] Mit der Einschränkung „(nicht) überwiegend" sind Rechtsgeschäfte angesprochen, die sowohl der gewerblichen als auch der privaten Sphäre zugeordnet werden können („Dual-use-Verträge").[6] Entscheidend ist in diesen Fällen, welcher Sphäre das Rechtsgeschäft im Schwerpunkt zugeordnet werden kann. Bei dem Pkw eines Freiberuflers, der es sowohl im privaten wie im beruflichen Bereich einsetzt, ist maßgeblich, in welchem Bereich die Nutzung überwiegt.[7] Zur Ermittlung des Schwerpunkts ist objektiv auf den durch Auslegung zu ermittelnden Zweck, den die handelnde Person verfolgt, abzustellen, wohingegen es auf

---
3 MüKoBGB/*Micklitz/Purnhagen* § 13 Rn. 77.
4 Vgl. *Halfmeier* ZRP 2017, 201, 202.
5 Palandt/*Ellenberger* § 13 Rn. 3.
6 Palandt/*Ellenberger* § 13 Rn. 1.
7 OLG Celle NJW-RR 2004, 1645.

den inneren Willen allein nicht ankommt.[8] Die Zweifelsfrage, ob für die Zurechnung des Handelns auf die dem Vertragspartner erkennbaren Umstände abzustellen ist, hat der BGH ausdrücklich offengelassen.[9]

Die negative Formulierung in § 29 c ZPO, („nicht überwiegend") lässt rechtsgeschäftliches Handeln einer natürlichen Person grundsätzlich als Verbraucherhandeln einordnen; im Zweifel ist zugunsten der Verbrauchereigenschaft zu entscheiden.[10] 4

Abzustellen ist insoweit[11] auf die Grundbeziehung, also auf den geschlossenen Vertrag oder das anderweitig begründete Rechtsverhältnis. Das Verhalten des Anmelders im MFV, also insbesondere seine **Angaben im Rahmen der Antragstellung** sind irrelevant. Die Angaben werden gem. § 608 Abs. 2 Satz 3 ZPO nicht überprüft (→ § 608 ZPO Rn. 14). Der Anmelder, der zwar an den von der MFK erfassten Ansprüchen beteiligt war, aber wegen Überwiegens des beruflichen Zwecks nicht als Verbraucher im Sinne von § 29 c ZPO gilt, wird also nicht wegen seiner Anmeldung als Verbraucher behandelt. Der Gedanke des BGH, dass, wer wahrheitswidrig als Unternehmer auftritt, sich nicht auf den Schutz des § 13 BGB berufen kann, ist auf die Situation etwaiger Fehlangaben bei der Anmeldung nicht zu übertragen, selbst wenn er grundsätzlich überhaupt auf diese umgekehrte Konstellation übertragbar sein sollte. Der BGH hat bei der von ihm entschiedenen Konstellation auf den Grundsatz von Treu und Glauben (sog. „venire contra factum proprium") in dem Sinne abgestellt, dass ein Unternehmer „sich den Schutz der ihn begünstigenden Vorschriften über den Verbrauchsgüterkauf nicht dadurch erschleichen (dürfe), dass er sich gegenüber dem Unternehmer wahrheitswidrig als Händler ausgibt, um diesen zum Vertragsschluss zu bewegen". Der Anmelder, der sich wahrheitswidrig, sei es aus Versehen oder weil es nicht besser weiß, als Verbraucher geriert, hat hingegen keinerlei Vertrauen erweckt. Es ist nicht ersichtlich, dass das Unternehmen im Vertrauen auf die Richtigkeit der Anmeldung Schlussfolgerungen zieht oder Handlungen ableitet, an die festgehalten zu werden ihm aus späterer Sicht nicht zumutbar wäre. Wenn sich also ein Unternehmer, der sein Dieselfahrzeug zu einem gewerblichen Zweck angeschafft hat, sich einer in diesem Zusammenhang erhobenen MFK durch Anmeldung angeschlossen hat, kann das Unternehmen im Falle des Obsiegens die Bindungswirkung des § 613 Abs. 1 ZPO nicht 5

---

8 Vgl. BGH NJW 2008, 435 Rn. 7; BGH NJW 2009, 370 Rn. 2.
9 BGH NJW 2009, 3781 Rn. 8 mwN zum Streitstand.
10 BGH NJW 2009, 3781, 3782 Rn. 11.
11 Hinsichtlich Rechtsübergängen → § 611, Rn. 7 ff. und → § 613 9 ff.

beanspruchen. Entsprechendes gilt für die Reichweite des Vergleichs. Auch allgemein kann der Anmelder sich nicht allein auf Basis seiner Anmeldung auf die Bindungswirkung oder den Vergleich berufen (→ § 611 ZPO Rn. 61 und → § 613 ZPO Rn. 27).

6 **b) Folgen von Rechtsübergängen.** Fraglich kann sein, welche Folgen Rechtsübergänge durch Einzelrechtsnachfolge (Singularsukzession) oder Gesamtrechtsnachfolge (Universalsukzession) auf die Verbrauchereigenschaft haben. Betroffen sind Abtretungen im privaten oder im geschäftlichen Bereich. Letztere mögen auf einem Forderungskauf beruhen oder es mag sich um fiduziarische Abtretungen handeln, die zum Zwecke der Einziehung etwa durch Verbraucherverbände nach § 79 Abs. 2 Satz 2 Nr. 3 ZPO (→ Einf. Rn. 35) oder durch private Dienstleister (→ Einf. Rn. 110 ff.) erfolgen. Weiter geht es um Ansprüche, die testamentarisch oder im Rahmen der gesetzlichen Erbfolge übergegangen sind. Soweit der Rechtsübergang nach der Anmeldung zum Klageregister erfolgt, sind die Folgen in anderen Kapiteln (→ § 611 ZPO Rn. 7 ff., → § 613 ZPO Rn. 9 ff.) dargestellt. Hier geht es um die Verbrauchereigenschaft zu Beginn des Verfahrens, insbesondere als Grundlage für die Anmeldung nach § 608 ZPO und für die Erfüllung des Quorums nach § 606 Abs. 3 Nr. 3 ZPO (→ § 606 ZPO Rn. 70 f.).

7 Bei **enger Auslegung** wäre Verbraucher im Sinne von § 29 c ZPO und §§ 606 ff. ZPO nur jener, der den Anspruch, um dessen Geltendmachung es im MFV geht, ursprünglich erworben bzw. das betroffene Rechtsverhältnis ursprünglich begründet hat. Dann hätte ein Rechtsübergang zur Folge, dass der Ursprungsanspruch bzw. das Ursprungsrechtsverhältnis nicht in das MFV einbezogen werden könnte. Bei weiter Auslegung könnte man es allein darauf ankommen lassen, dass der Ursprungsanspruch oder das Ursprungsrechtsverhältnis die Voraussetzungen des § 29 c ZPO erfüllt. Dann wäre ein Rechtsübergang in dem Sinne unschädlich, dass der Rechtsnachfolger ihn als Anmelder in das MFV einführen und sich der Verband hierauf nach § 606 Abs. 3 Nr. 2 ZPO berufen könnte.

8 Für die **weite Auslegung** spricht der allgemeine Grundsatz, dass sowohl der Abtretungsempfänger (nach § 398 Satz 2 BGB) wie auch der Erbe (§ 1922 BGB) ganz an die Stelle des bisherigen Rechteinhabers treten. So kann – selbstverständlich – aus einem rechtsgeschäftlich abgetretenen oder im Wege der Erbfolge erworbenen Anspruch vor staatlichen Gerichten geklagt werden. Wäre der Anspruchsinhaber also Partei, so wäre die Herkunft des geltend gemachten Anspruchs etwa aus Abtretung oder Erbfolge irrelevant.

[Prozesualer Verbraucherbegriff] § 29 c Abs. 2 ZPO

Der Umstand, dass der Verbraucher nicht Partei ist, führt allerdings nicht zwingend zu einer engen Auslegung. Eine derart weitgehende Einschränkung allgemeiner Grundsätze hätte eine ausdrückliche gesetzliche Regelung in § 29 c ZPO oder im 6. Buch erwarten lassen, an der es aber fehlt. Umso mehr muss zur Auslegung Sinn und Zweck des Gesetzes herangezogen werden. Das Gesetz dient erklärtermaßen[12] der Erleichterung der Durchsetzung von Ansprüchen und soll das häufig bei Verbrauchern anzutreffende „rationale Desinteresse" überwinden. Zugleich soll es einen Beitrag zur Lauterkeit im Wettbewerb leisten.[13] Der zuletzt genannte Aspekt spricht für eine insgesamt weite Auslegung mit der Folge, dass der Anspruch oder das Rechtsverhältnis zur Grundlage der MFK gemacht werden kann unabhängig davon, auf welche Weise der Anspruch übergegangen ist und von wem er nunmehr geltend gemacht wird. Konzentriert man sich auf den Aspekt des Verbraucherschutzes, müsste man allerdings Konstellationen ausklammern, in denen der Übergang des Anspruchs zur Gewinnerzielung erfolgt. 9

Im Ergebnis kann man die verschiedenen Aspekte am besten miteinander verbinden, wenn man darauf abstellt, dass sich der **Anspruch bzw. das Rechtsverhältnis bei Erhebung der MFK bzw. bei der Anmeldung in Verbraucherhand** befindet. Die Rechtsnachfolge von einem Verbraucher auf einen anderen wäre damit unschädlich, auch wenn ein Nicht-Verbraucher zwischengeschaltet gewesen sein sollte. Ist zu den genannten Zeitpunkten Anspruchsinhaber hingegen ein Unternehmen, scheidet der Anspruch als Gegenstand der MFK aus. In diesen Fällen ist das rationale Desinteresse des Verbrauchers bereits überwunden oder von geringerer Bedeutung. Entweder hat sich der Verbraucher bereits von seinem Anspruch durch dessen Verkauf getrennt. Oder er hat zwar im Rahmen einer fiduziarischen Konstruktion noch einen gewissen Einfluss auf die Rechtsverfolgung, hat sich aber bewusst der Hilfe eines erwerbsorientierten Unternehmens bedient. Beide Fälle gehören nicht zu den typischen Konstellationen, um deren Lösung es dem Gesetz geht. Diese zweckorientierte Auslegung wird durchaus auch vom Gesetzeswortlaut getragen. Soweit § 29 c Abs. 2 ZPO auf den Erwerb des Anspruchs oder die Begründung des Rechtsverhältnisses abstellt, muss damit nicht allein das Ursprungsgeschäft gemeint sein. Vielmehr könnte für den Fall eines Rechtsübergangs auch auf diesen abgestellt sein. Der Verbraucher, an den ein Anspruch abgetreten wird oder der ihn erbt, erwirbt ihn jeweils damit. Für einen Verbraucher, auf den ein Rechtsverhältnis im 10

---

12 Regierungsentwurf BT-Drs. 19/2439, 1, 12, 13, 14, 23.
13 Regierungsentwurf BT-Drs. 19/2439, 1.

Wege der Singular- oder Universalsukzession übergeht, wird dieses in seiner Person mit dem Übergang begründet.

11 Einbezogen sind damit allerdings nicht Ansprüche oder Rechtsverhältnisse, die ursprünglich aus dem b2b-Bereich stammen. Ein Verbraucher, an den etwa Ansprüche eines Unternehmens gegen ein anderes abgetreten worden sind, ist zwar Verbraucher und Anspruchsgegner ist Unternehmer. Das ändert aber nichts daran, dass der b2b-Anspruch nach Sinn und Zweck der MFK nicht erfasst ist. Entsprechendes gilt für die umgekehrte Konstellation: Ein c2c-Rechtsverhältnis wird nicht dadurch MFK-tauglich, dass auf der Passivseite ein Unternehmen eintritt. Für die Fälle eines Rechtsübergangs gilt also insgesamt, dass bei dem ursprünglichen Erwerb der Forderung oder bei der ursprünglichen Begründung des Rechtsverhältnisses eine **b2c-Konstellation** vorgelegen haben und **zusätzlich aktueller Inhaber ein Verbraucher** sein muss.

III. Bedeutung für die MFK

12 Der Verbraucherbegriff ist von zentraler Bedeutung für das 6. Buch. Auf ihn kommt es etwa bei der Zulässigkeit nach § 606 ZPO im Rahmen der Glaubhaftmachung von 10 betroffenen Verbrauchern und dem Zulässigkeitsquorum von 50 Verbrauchern an (→ § 606 ZPO Rn. 67 ff., 70 ff.). Ferner ist der Begriff maßgeblich für die Reichweite eines Vergleichs nach § 611 ZPO und die Bindungswirkung eines Urteils nach § 613 ZPO Abs. 1 ZPO. Da weder die Anmeldung noch die Eintragung ins Klageregister konstitutiv ist (→ § 608 ZPO Rn. 16), müssen im Rahmen eines Prozesses, der möglicherweise auf das Feststellungsurteil oder den Vergleich folgt, im Zweifel die Voraussetzungen der Verbrauchereigenschaft geklärt werden.

IV. Beweislast

13 Die Darlegung- und Beweislast liegt zur Verbrauchereigenschaft grundsätzlich bei demjenigen, der sich auf den Schutz der betreffenden Norm beruft.[14] Wenn der Verbraucher also aus dem Vergleich (§ 611 ZPO) oder dem Urteil (§ 613 Abs. 1 ZPO) klagt, trifft ihn die Beweislast. Wenn umgekehrt der Unternehmer sich etwa bei über den Vergleich hinausgehenden Forderungen auf diesen oder im Rahmen eines Folgeprozesses nach Feststellungsurteil auf dessen

---

14 Vgl. BGH NJW 2007, 2619 Rn. 13.

(Teil-)Abweisung beruft, trifft ihn die Beweislast. Eine Beweislastumkehr mit Rücksicht auf die Anmeldung des Verbrauchers tritt nicht ein. Zwar könnte man argumentieren, die Anmeldung ergebe überhaupt nur Sinn, wenn der Anmelder Verbraucher ist, weshalb er sich also als Verbraucher generiere. Auch hiergegen spricht aber der Gedanke, dass der Anmelder durch seine Anmeldung keinerlei schützenswertes Vertrauen erzeugt (→ Rn. 5).

V. Weitere Fragestellungen

1. Keine Erfassung von b2b- Konflikten

Der (erweiterte) Verbraucherbegriff bahnt die Regelungen im 6. Buch, insbesondere die des § 606 Abs. 1 ZPO, die den Anwendungsbereich der MFK auf Konflikte zwischen Verbrauchern und Unternehmern beschränkt. Damit werden Streitigkeiten im b2b-Bereich ausgeschlossen; → § 606 ZPO Rn. 4. 14

2. Keine prozessuale Sondernorm zum Unternehmensbegriff

Eine prozessuale Sondernorm zum Unternehmerbegriff ist nicht vorgesehen. Daraus folgt aber keine Beschränkung in dem Sinne, dass (doch) ein Bezug zu Rechtsgeschäften erforderlich wäre (→ § 606 ZPO Rn. 3). 15

3. Auswirkung auf andere Vorschriften der ZPO

Mit dem Gesetz zur Einführung einer zivilprozessualen Musterfeststellungsklage ist der prozessuale Verbraucherbegriff außer im 6. Buch auch in § 148 Abs. 2 ZPO neu eingeführt worden. In der ZPO wurde der Begriff des Verbrauchers schon bisher in § 79 Abs. 2 Satz 2 Nr. 3 ZPO in Zusammenhang mit der Befugnis von Verbraucherverbänden verwendet, Forderungen gerichtlich einzuziehen. Mit der Einführung des prozessualen Verbraucherbegriffs ist klargestellt, dass es sich auch um (rein) deliktische Ansprüche handeln kann. Ferner wird die Schutzvorschrift des § 1031 Abs. 5 Satz 1 ZPO, wonach Schiedsvereinbarungen mit Verbraucherbeteiligung in einer eigenhändig unterzeichneten Urkunde enthalten sein müssen, nun ausgedehnt auf Fälle, in denen der Konflikt nicht auf einem Vertragsverhältnis beruht. 16

§ 32 c ZPO Ausschließlicher Gerichtsstand bei Musterfeststellungsverfahren

Für Klagen in Musterfeststellungsverfahren nach Buch 6 ist das Gericht des allgemeinen Gerichtsstands des Beklagten ausschließlich zuständig, sofern sich dieser im Inland befindet.

1 Diese Vorschrift ist erst auf Vorschlag des Bundesrats eingefügt worden. Sie sorgt für Klarheit über das örtlich zuständige Gericht. Damit ist zum einen die Rechtsunsicherheit unterbunden, ob bei dem Gerichtsstand des Erfüllungsorts (§ 29 ZPO) und dem der unerlaubten Handlung (§ 32 ZPO) auf den Verbraucher als Träger des der MFK zugrundeliegenden Anspruchs oder Rechts oder auf den klagenden Verband als Partei des Rechtsstreits abzuheben ist.[1] Für den Fall, dass der Ort des beim Verbraucher eingetretenen Schadens nach § 32 ZPO hätte zugrunde gelegt werden können, wäre das sogenannte „forum shopping" möglich geworden, also die Auswahl des Gerichts unter taktischen Gesichtspunkten, was der Bundesrat unterbinden wollte. Mit der Fokussierung auf den allgemeinen Gerichtsstand des Beklagten werden zugleich Unsicherheiten beseitigt, die sich anderenfalls mit Blick auf die Sperrwirkung nach § 610 Abs. 1 ZPO hätten ergeben können. Bei potenziell mehreren örtlich zuständigen Gerichten hätte die Gefahr unrichtiger Einschätzung oder auch nur von Unsicherheit über die (Un-)Zulässigkeit von MFK bestanden. Der Fall gleichzeitiger (tagesgleicher) Zustellung konkurrierender MFK (→ § 610 ZPO Rn. 22 ff.) hätte kaum gelöst werden können.

2 Gegen den Gerichtstand am Unternehmenssitz ist eingewandt worden, bei Großverfahren und bei Bedrohungen der wirtschaftlichen Existenz einer ganzen Region sei es „den dort dauerhaft eingesetzten Richtern kaum zuzumuten, sich gegen die Region und damit gegen das Unternehmen zu entscheiden."[2] Diese Annahme gleichsam institutioneller Befangenheit übersieht das institutionelle Selbstverständnis der Richterschaft, die einen guten Teil ihres Selbstbildes aus dem absoluten Gebot der Neutralität schöpft bis hin zur allerdings auch bestehenden Gefahr der Überkompensation von außen angetragener Befangenheit. Zur Lösung des Problems in beiden Perspektiven sollte indessen das allgemeine Befangenheitsrecht nach §§ 42 ff. ZPO genügen.

3 Der allgemeine Gerichtsstand richtet sich für **juristische Personen** gem. § 17 Satz 1 ZPO nach ihrem Sitz, der bei Unternehmen in aller

---

1 BR-Drs. 176/18 (Beschluss), 3 f. (Ziffer 3).
2 *Schmidt-Kessel*, S. 23.

Regel durch Satzung bestimmt ist.³ Im Zweifel gilt nach § 17 Abs. 1 Satz 2 ZPO der Ort, wo die Verwaltung geführt wird, nach allgemeinem Verständnis der Ort, wo die grundlegenden Entscheidungen der Geschäftsleitung getroffen werden.⁴

Für Unternehmen, die nicht als solche verklagt werden können wie **Kaufleute** im Sinne von § 17 Abs. 2 HGB oder **Freiberufler**, gilt der allgemeine Gerichtsstand des Wohnsitzes nach § 13 ZPO.

Die von § 32 c ZPO in Bezug genommenen allgemeinen Gerichtsstände sind für MFV **ausschließliche Gerichtsstände**, sodass (weitere) besondere Gerichtsstände wie der der Niederlassung (§ 21 ZPO) oder durch Statut (§ 17 Abs. 3 ZPO) nicht gelten.

Für Unternehmen mit **allgemeinem Gerichtsstand im Ausland** gilt internationales Zivilverfahrensrecht, im Europäischen Zusammenhang sind dies die allgemeinen Regelungen des Unionsrechts,⁵ insbesondere die Verordnung des Rates über die gerichtliche Zuständigkeit und die Anerkennung und Vollstreckung von Entscheidungen in Zivil- und Handelssachen (Brüssel Ia-VO oder EuGVVO)⁶.

Im Regelfall wird der allgemeine Gerichtsstand nach Art. 4 Abs. 1, Art. 63 EuGVVO gegeben sein, also der Sitz der juristischen Person bzw. der Wohnsitz, wobei gem. Art. 7 Nr. 5 EuGVVO der Ort der gewerblichen Niederlassung eingreifen kann. Hingegen kommt der Verbrauchergerichtsstand nach Art. 17 und Art. 18 EuGVVO nicht in Betracht, weil der klagende Verband, auf den allein abgestellt werden muss, nicht Verbraucher im Sinne des Art. 17 EuGVVO ist. Allerdings kann der deliktsrechtliche Gerichtsstand des Art. 7 Nr. 3 EuGVVO eingreifen, wonach ggf. sowohl auf den Handlungs- wie auch auf den Erfolgsort abgestellt werden kann. Für das deutsche Prozessrecht hat der Bundesrat die Einschlägigkeit für möglich gehalten,⁷ für das Verfahren nach dem KapMuG wird sie bejaht.⁸

---

3 Zöller/*Vollkommer* § 17 Rn. 9.
4 Zöller/*Vollkommer* § 17 Rn. 10 mwN.
5 So auch die Bundesregierung BT-Drs. 19/2439, 16.
6 VO Nr. 1215/2012 vom 12.12.2012, ABl. L 351 S. 1, zuletzt geändert durch VO vom 26.11.2015, ABl. L 54 S. 1.
7 BR-Drs. 176/18 (Beschluss), 3, zu der Rechtslage auf Basis des Regierungsentwurfs.
8 MüKoBGB/*Micklitz/Rott* § 6 UKlaG Rn. 11.

§ 148 ZPO Aussetzung bei Vorgreiflichkeit

(1) Das Gericht kann, wenn die Entscheidung des Rechtsstreits ganz oder zum Teil von dem Bestehen oder Nichtbestehen eines Rechtsverhältnisses abhängt, das den Gegenstand eines anderen anhängigen Rechtsstreits bildet oder von einer Verwaltungsbehörde festzustellen ist, anordnen, dass die Verhandlung bis zur Erledigung des anderen Rechtsstreits oder bis zur Entscheidung der Verwaltungsbehörde auszusetzen sei.

(2) Das Gericht kann ferner, wenn die Entscheidung des Rechtsstreits von Feststellungszielen abhängt, die den Gegenstand eines anhängigen Musterfeststellungsverfahrens bilden, auf Antrag des Klägers, der nicht Verbraucher ist, anordnen, dass die Verhandlung bis zur Erledigung des Musterfeststellungsverfahrens auszusetzen sei.

(Änderung kursiv)

1 Die Aussetzungsbefugnis ist erst im Rahmen der Ausschussberatungen in das Gesetz aufgenommen worden. Damit wurde der Kritik begegnet, dass die MFK Unternehmen trotz möglicherweise identischer Interessenlage nicht zur Verfügung steht (→ Einf. Rn. 87, → § 606 ZPO Rn. 4). So kann sich zB ein Handwerksbetrieb, für den ein Dieselfahrzeug angeschafft war, nicht zum Klageregister einer im Rahmen des Dieselskandals erhobenen MFK anmelden.

2 Durch die Regelung in Abs. 2 sollen Unternehmer nun von einem MFV dadurch profitieren können, dass sie unter Aussetzung des Individualprozesses dessen Ausgang abwarten können.[1]

3 Voraussetzung ist die Anhängigkeit eines MFV mit einschlägigen Feststellungszielen. Auf eine Vorgreiflichkeit im Sinne von § 148 Abs. 1 ZPO kommt es nicht an. Ohnehin kann das MFV ja für dort nicht angemeldete (nicht anmeldefähige) Anspruchsteller keine Bindungswirkung entfalten. Auch nach Beendigung des MFV und damit der Aussetzung des Individualprozesses ist das dortige Gericht nicht an ein MFU oder an den Inhalt eines Vergleichs gebunden. Faktisch freilich kann das Ergebnis des MFV, zumal wenn es durch die Revisionsinstanz gegangen ist, entscheidende Bedeutung für den Individualprozess haben.

4 Das Gericht kann nur **auf Antrag** aussetzen, also nicht von Amts wegen handeln.

---

1 So die Beschlussempfehlung des Rechtsausschusses BT-Drs. 19/2741, 24.

Antragsbefugt ist nur der Kläger, womit das Gesetz nicht an die Rolle im Prozess anknüpft. Wie sich aus der Begründung des Rechtsausschusses ergibt,[2] geht es darum, dem Unternehmen, das sich in der Situation des Verbrauchers im MFV befindet, die Antragsbefugnis einzuräumen. Hierbei ist der Gesetzgeber von der typischen Rollenverteilung im Verbraucherprozess ausgegangen. Wenn – in der Tat – der Gewerbebetrieb im Konflikt über die Verpflichtung zur Rücknahme des Dieselfahrzeugs auch quasi in einer Verbraucherrolle sein mag, kann aber in dieser und erst recht in anderen Konstellationen die Klage vom Hersteller bzw. Unternehmen eingereicht sein. Es kann sich etwa um eine negative Feststellungsklage handeln oder der Quasi-Verbraucher könnte die MFK-entsprechenden Ansprüche in der Beklagtenrolle etwa im Wege der Aufrechnung geltend machen. Nach Sinn und Zweck sind auch diese Konstellationen erfasst. Im Ergebnis kommt es für die Antragsbefugnis allein auf die **Quasi-Verbraucher-Rolle** an. Deshalb ist das Unternehmen, das nicht in der Quasi-Verbraucher-Rolle ist, auch dann nicht antragsbefugt, wenn es im Prozess Kläger ist.

5

Die Antragsbefugnis ist auf Unternehmer, auf Nicht-Verbraucher, beschränkt. Demgegenüber muss der Verbraucher entscheiden, ob er sich zum Klageregister anmeldet, woraufhin er nicht individuell klagen kann (§ 610 Abs. 3 ZPO) und ein zuvor angestrengter Prozess zwingend ausgesetzt wird (§ 613 Abs. 2 ZPO), oder ob er individuell klagt, ohne eine Aussetzung erreichen zu können. Diese Differenzierung zwischen Verbraucher und Nicht-Verbraucher reagiert auf den Umstand, dass der Nicht-Verbraucher sich nicht zum Klageregister anmelden kann. Gleichzeitig schafft sie aber eine **Privilegierung des Nicht-Verbrauchers**, der anders als der Verbraucher einerseits einer negativen Bindungswirkung entgehen, andererseits verjährungshemmend (mittelbar) von einer positiven Bindungswirkung des MFU profitieren kann. Diese Wahl hat der unter Verjährungsdruck stehende Verbraucher nicht. Ob diese Differenzierung rechtspolitisch sinnvoll ist, darf bezweifelt werden. Jedenfalls hätte eine solche zusätzliche taktische Option das Risiko vermindern können, dass der An-

6

---

[2] BT-Drs. 19/2741, 24: „Unternehmer können also nicht ihre Ansprüche oder Rechtsverhältnisse zur Eintragung in das Klageregister anmelden und sich gegebenenfalls in einem späteren Verfahren auf eine Bindungswirkung des Musterfeststellungsurteils berufen. Um ihnen zumindest die Möglichkeit zu eröffnen, von dem Ausgang eines Musterfeststellungsverfahrens zu profitieren, sollen sie daher die Möglichkeit erhalten, in einem Individualprozess einen Antrag auf Aussetzung des Verfahrens zu stellen und so zunächst den Ausgang des Musterfeststellungsverfahrens abzuwarten."

melder im MFV nur unzureichend rechtliches Gehör findet (→ § 610 ZPO Rn. 42 ff.).

7 **Ermessen:** Das Gericht entscheidet wie in § 148 Abs. 1 ZPO nach freiem Ermessen. Es bezieht hierbei die beiderseitigen Interessenlagen ein und wird auch die Wahrscheinlichkeit einer Vorgreiflichkeit berücksichtigen. Ein MFV, das nach Einschätzung des Gerichts kaum zur Klärung von für die Individualklage relevanten Fragen beitragen kann, wird es nicht zum Anlass einer Aussetzung nehmen.

8 **Folgewirkung:** Die Regelung könnte eine vermutlich unerwünschte Nebenwirkung haben. Bisher war streitig, ob § 148 ZPO entsprechend anzuwenden ist, wenn das Gericht mit einer Vielzahl von Verfahren befasst ist und Rechtsfragen von zentraler Bedeutung verfahrensübergreifend auf prozessökonomische Weise geklärt werden können.[3] In der Literatur wird vertreten, dass es zu einem „Musterprozess" in diesem Sinne nur mit Zustimmung der Parteien gemäß § 251 ZPO kommen könne.[4] Dieser Streit könnte nun als vom Gesetzgeber gelöst betrachtet werden, weil aus der ausdrücklichen Regelung eines Ausschnitts des – bekannten (!) – Gesamtproblems geschlossen werden könnte (müsste), dass § 148 ZPO für die übrigen Regelungen nicht gilt, also eine Analogie ausgeschlossen ist. Dieser wohl unausweichliche Rückschluss widerspricht der Intention der Mehrheit der Bundesländer, die zur Entlastung der Gerichte eine allgemeine Aussetzungsbefugnis in Massenverfahren für richtig halten; ein entsprechender Bundesratsantrag scheiterte im Plenum nur daran, dass eine Mehrzahl der Länder das eilbedürftige Gesetzgebungsvorhaben nicht mit dieser allgemeinen Frage belasten wollte.

---

3 Offengelassen vom BGH im Urteil vom 28.2.2012 – VIII ZB 54/11, Rz. 8, zitiert nach juris; dafür im Rahmen von § 198 GVG BGH, Urteil vom 12.2.2015 – III ZR 141/14, Rn. 32 f., zitiert nach juris.
4 Vgl. Zöller/*Greger* § 148 Rn. 5 a mwN.

Teil IV
Änderung anderer Gesetze

§ 204 BGB Hemmung der Verjährung durch Rechtsverfolgung

(1) Die Verjährung wird gehemmt durch
1. die Erhebung der Klage auf Leistung oder auf Feststellung des Anspruchs, auf Erteilung der Vollstreckungsklausel oder auf Erlass des Vollstreckungsurteils,
1a. *die Erhebung einer Musterfeststellungsklage für einen Anspruch, den ein Gläubiger zu dem zu der Klage geführten Klageregister wirksam angemeldet hat, wenn dem angemeldeten Anspruch derselbe Lebenssachverhalt zugrunde liegt wie den Feststellungszielen der Musterfeststellungsklage,*
...
6a. die Zustellung der Anmeldung zu einem Musterverfahren für darin bezeichnete Ansprüche, soweit diesen der gleiche Lebenssachverhalt zugrunde liegt wie den Feststellungszielen des Musterverfahrens und wenn innerhalb von drei Monaten nach dem rechtskräftigen Ende des Musterverfahrens die Klage auf Leistung oder Feststellung der in der Anmeldung bezeichneten Ansprüche erhoben wird,
...

(2) Die Hemmung nach Absatz 1 endet sechs Monate nach der rechtskräftigen Entscheidung oder anderweitigen Beendigung des eingeleiteten Verfahrens. *Die Hemmung nach Absatz 1 Nummer 1 a endet auch sechs Monate nach der Rücknahme der Anmeldung zum Klageregister.* Gerät das Verfahren dadurch in Stillstand, dass die Parteien es nicht betreiben, so tritt an die Stelle der Beendigung des Verfahrens die letzte Verfahrenshandlung der Parteien, des Gerichts oder der sonst mit dem Verfahren befassten Stelle. Die Hemmung beginnt erneut, wenn eine der Parteien das Verfahren weiter betreibt.

(3) Auf die Frist nach Absatz 1 Nr. 6 a, 9, 12 und 13 finden die §§ 206, 210 und 211 entsprechende Anwendung.

(Auszug; Änderungen kursiv)

I. Einleitung	1	b) Anmeldung zum Klageregister	5
II. Hemmung	2	aa) Verhältnis zur Klageerhebung	5
1. Voraussetzungen	2		
a) Erhebung der MFK	2	bb) Wirksamkeit	6

cc) Derselbe Lebens-
    sachverhalt 8
2. Rechtsfolge 9
   a) Für wirksam ange-
      meldete Ansprüche 9

b) Für andere Ansprü-
   che 10
III. Ende der Hemmung für
     angemeldete Ansprüche
     (Abs. 2 Satz 2) 11

I. Einleitung

1 Die Regelung verhindert den Eintritt der Verjährung während des MFV.[1] Dies entspricht allgemeinen Grundsätzen. Indessen findet § 204 Abs. 1 Nr. 1 BGB, die Grundregel für die Hemmungswirkung von Zivilklagen, keine Anwendung, weil der im MFV zum Klageregister angemeldete Anspruch selbst nicht rechtshängig wird. Deshalb bedurfte es einer gesonderten Regelung. Diese wurde rechtspolitisch deshalb brisant, weil zum Jahresende 2018 eine Reihe (möglicher) Ansprüche im Rahmen des Dieselskandals zu verjähren drohte. Um dies zu verhindern, erhielt die Regelung eine besondere, von den früheren Fassungen abweichende Mechanik. Die davon betroffenen Unternehmen, darunter vor allem die Volkswagen AG, und auch die Wirtschaftsverbände haben sich im Gesetzgebungsverfahren mit öffentlicher Kritik an dieser am Einzelfall orientierten Gesetzgebung zurückgehalten.

II. Hemmung

1. Voraussetzungen

2 a) **Erhebung der MFK.** Das Gesetz knüpft zeitlich an die **Erhebung der MFK** an und nicht etwa an die Anmeldung zum Klageregister. Letzteres lag eigentlich näher und war in den Vorentwürfen auch so vorgesehen, weil die Hemmungswirkung in diesem Stadium nicht für alle betroffenen Ansprüche, sondern nur für jene geschaffen werden sollte, hinsichtlich derer die Anmeldung erfolgt. Die Anknüpfung an die Anmeldung hätte auch der Regelung entsprochen, die § 204 Abs. 1 Nr. 6 a für Musterverfahren vorsieht. Dass es sich bei der Anknüpfung an die MFK nicht etwa um ein Redaktionsversehen handelt, hat die Bundesregierung zunächst in ihrer Gegenäußerung zur Stellungnahme des Bundesrats klargestellt: „Mit der Erhebung der Musterfeststellungsklage wird ... die Verjährung der noch nicht verjährten Ansprüche gehemmt ..."[2] und dann nochmals in der Sitzung des Rechtsausschusses, in der sie nach dem Ausschussbericht be-

---

1 Vgl. Begründung des Regierungsentwurfs BT-Drs. 19/2439, 27.
2 BT-Drs. 19/2701, 15 (zu Nummer 13).

merkte, „dass die Verjährungshemmungsregelung zur Musterfeststellungsklage in das allgemeine Prinzip der Hemmung von Verjährung eingebaut worden sei. Danach werde mit Erhebung der Musterfeststellungsklage die Verjährung gehemmt. Der weitere Akt der Anmeldung zum Klageregister sei hiervon losgelöst. Dementsprechend sei ein Anspruch auch nicht verjährt, wenn er später zum Klageregister angemeldet werde."[3]

Den tragenden Grund für die Abweichung von der üblichen Regelungstechnik hat die Bundesregierung weder in der Gesetzesbegründung noch in der Gegenäußerung angegeben, sondern mit der Wendung „wie auch sonst nach § 204 Abs. 1 Nummer 1 des Bürgerlichen Gesetzbuches bei Klageerhebung"[4] eher verschleiert. Er findet sich aber deutlich in der betreffenden Passage des Koalitionsvertrages („Wir werden drohende Verjährungen zum Jahresende 2018 verhindern ..." → Einf. Rn. 76), deren Inhalt auch im Übrigen in den Regierungsentwurf umgesetzt wurde. Im Hintergrund stand die Sorge, dass bei Inkrafttreten des Gesetzes zum 1.11.2018 die Zeit zur Erhebung der Klage und Anmeldung zum Klageregister nicht mehr ausgereicht hätte.

Auf die **Zulässigkeit der MFK** kommt es nach allgemeinen Grundsätzen nicht an, solange sie wirksam ist.[5] Insbesondere ist unerheblich, ob sich die Klage als unzulässig herausstellt, weil etwa die Voraussetzungen an eine qualifizierte Einrichtung (§ 606 Abs. 3 Nr. 1 ZPO) nicht erfüllt sind oder das Quorum des § 606 Abs. 3 Nr. 3 ZPO verfehlt wird.

b) Anmeldung zum Klageregister. aa) Verhältnis zur Klageerhebung. Die Verjährungshemmung gilt nur für einen Anspruch, „den ein Gläubiger zu dem ... Klageregister wirksam angemeldet hat". Diese Wendung setzt sprachlich voraus, dass die Anmeldung bei Klageerhebung schon vorliegt, was freilich nicht möglich ist, weil das fragliche Klageregister erst auf Basis der rechtshängigen MFK überhaupt erst eröffnet wird. Rechtlich handelt es sich bei der Anmeldung um eine **Bedingung**, unter der die Hemmung gestellt ist. Hierbei handelt es auf den ersten Blick um eine aufschiebende Bedingung. Das erscheint allerdings als problematisch, weil in bestimmten Konstellationen die bereits eingetretene Verjährung gleichsam rückwirkend gehemmt würde, während nach bisherigem rechtsdogmatischen Verständnis die Hemmung nur den Verjährungseintritt unverjährter

---
3 BT-Drs. 19/2741, 23.
4 Gegenäußerung, BT-Drs. 19/2741, 23.
5 Vgl. i.E. Palandt/*Ellenberger* § 204 Rn. 4 f.

Ansprüche verhindern kann. Womöglich im Anschluss an die Erörterung dieser Bedenken im Rechtsausschuss des Bundesrats hat die Bundesregierung in ihrer Gegenäußerung eine Einordnung als **auflösende Bedingung** vorgenommen: „Erfolgt keine fristgerechte, wirksame Anmeldung des individuellen Anspruchs zum Klageregister, entfällt die verjährungshemmende Wirkung für diesen Anspruch wieder."[6] Es darf allerdings bezweifelt werden, ob dieser gesetzgeberische Wille im Gesetzeswortlaut hinreichend zum Ausdruck kommt.

6 bb) **Wirksamkeit.** Zur ihrer Wirksamkeit bedarf die Anmeldung die in § 608 Abs. 2 Nr. 1 bis 4 ZPO verlangten Daten und einer Versicherung der Richtigkeit und Vollständigkeit (Nr. 5). Es kommt nur auf die Angabe der Daten und Abgabe der Erklärung an, die Richtigkeit und Vollständigkeit als solche ist nicht relevant. Zum einen erfolgt bei der Eintragung in das Klageregister keine inhaltliche Prüfung (§ 608 Abs. 1 Satz 3 ZPO), zum anderen wird die erforderliche Konnexität durch die weitere Tatbestandsvoraussetzung gesichert (→ Rn 8).

7 Ferner muss die Anmeldung form- und fristgerecht sein (§ 608 Abs. 2 ZPO), also bis zum Ablauf des Tages vor Beginn des ersten Termins (§ 608 Abs. 1 ZPO) in Textform beim BfJ (§ 608 Abs. 4 ZPO) eingehen.

8 cc) **Derselbe Lebenssachverhalt.** Dem Anspruch muss derselbe Lebenssachverhalt wie den Feststellungszielen zugrunde liegen. Ob der im Folgeprozess geltend gemachte Anspruch diese Voraussetzungen erfüllt, hängt primär vom Vortrag im Folgeprozess ab. Hinzukommen muss allerdings, dass die Anmeldung den Anspruch bereits hinreichend individualisiert. Die Anforderungen sind freilich nicht ganz so hoch wie bei einem Schlichtungsantrag nach § 204 Abs. 1 Nr. 4 BGB, weil zur hinreichenden Individualisierung primär die MFK heranzuziehen ist. Diese führt als Konsequenz der geschilderten (→ Rn. 5) Auffassung der Bundesregierung die Hemmung aller betroffenen Ansprüche herbei. Bei der Anmeldung geht es nur um eine Verschaltung zwischen MFK und Individualprozess. Wenn der im Folgeprozess geltend gemachte Anspruch im Wirkungsbereich der MFK liegt, genügt es, wenn die Angaben bei der Anmeldung eine plausible Verknüpfung zum MFV einerseits und zum Anspruch andererseits erkennen lassen.

---

6 Palandt/*Ellenberger* § 204 Rn. 4 f.

2. Rechtsfolge

a) Für wirksam angemeldete Ansprüche. Nach § 209 BGB wird der Hemmungszeitraum nicht in die Verjährungsfrist eingerechnet. Folgt man der Einschätzung der Bundesregierung, dass es sich bei der Nicht-Anmeldung um eine auflösende Bedingung handelt (→ Rn. 5), kommt die Verjährungsfrist mit der Erhebung der MFK, also mit deren Zustellung zum Stillstand. Da die Anmeldung noch bis zum Tag vor dem ersten Termin erfolgen kann (§ 608 Abs. 1 ZPO) und das Gericht zu einem aktiven Prozessmanagement in der Vorphase aufgerufen ist (→ 610 Rn. 42 ff.), kann also ein erheblicher Zeitraum zwischen Klageerhebung und erstem Termin vergehen. Die daran geknüpfte Sorge des Bundesrats, Verjährungsläufe könnten „ausufern" und es könne Rechtsunsicherheit entstehen,[7] hat die Bundesregierung in ihrer Gegenäußerung[8] nicht aufgegriffen und blieb ohne Auswirkungen auf das Gesetz.

9

b) Für andere Ansprüche. Folgt man der Einschätzung der Bundesregierung (→ Rn. 5), tritt die Hemmungswirkung auch für nicht angemeldete Ansprüche ein und „entfällt" für diese bei nicht rechtzeitiger oder unwirksamer Anmeldung. Für beide Konstellationen ist der Tag vor dem ersten Termin maßgeblich, also der letzte Tag, zu dem die Anmeldung (wirksam) erfolgen kann (§ 608 Abs. 1 ZPO). Am Tage des ersten Termins endet also die Hemmung für alle nicht zum Klageregister angemeldeten Ansprüche, die von der MFK grundsätzlich betroffen sind, ohne dass die Hemmungskarenz nach § 204 Abs. 2 Satz 1 oder Satz 2 BGB eingreift. Einer in diesem Ambivalenzzeitraum erhobenen Individualklage steht also auch bei vorherigem Ablauf der Verjährungsfrist die Erhebung der Verjährungseinrede zunächst nicht entgegen, sie wird aber unbegründet, wenn die Frist nach § 608 Abs. 1 ZPO ohne Anmeldung abläuft.

10

III. Ende der Hemmung für angemeldete Ansprüche (Abs. 2 Satz 2)

Die Hemmung endet nach der allgemeinen Regelung des § 204 Abs. 2 Satz 1 BGB sechs Monate nach rechtskräftiger Entscheidung oder anderweitigen Beendigung des Verfahrens. Hinzu kommt als Spezifikum des MFV die Rücknahme der Anmeldung, die nach § 204 Abs. 2 BGB gleichfalls den 6-Monats-Zeitraum bis zum Hemmungsende auslöst. Die Rücknahme ist bis zum Ende des Tages des ersten

11

---

7 BR-Drs. 176/18 (Beschluss), 10 f. (Nr. 13).
8 BT-Drs. 19/2701, 15 (zu Nr. 13).

Termins möglich. Erfolgt die Rücknahme allerdings noch vor Ende der Anmeldefrist, ist damit der 6-Monats-Zeitraum in Lauf gesetzt. Meldet sich der Verbraucher, was möglich ist (→ § 608 ZPO Rn. 44), dann innerhalb der Frist und auch sonst wirksam nochmals an, hat zwar auch diese Anmeldung als solche keine Hemmungswirkung, als (aufschiebende oder auflösende) Bedingung der Hemmungswirkung der MFK hat sie aber noch hemmungssteuernde Bedeutung, weshalb nach der ratio legis in dieser Konstellation Abs. 2 Satz 2 keine Anwendung findet.

§ 119 GVG [Zuständigkeit der Oberlandesgerichte]

…

(3) In Zivilsachen sind Oberlandesgerichte ferner zuständig für die Verhandlung und Entscheidung von Musterfeststellungsverfahren nach Buch 6 der Zivilprozessordnung im ersten Rechtszug. Ein Land, in dem mehrere Oberlandesgerichte errichtet sind, kann durch Rechtsverordnung der Landesregierung einem Oberlandesgericht die Entscheidung und Verhandlung für die Bezirke mehrerer Oberlandesgerichte oder dem Obersten Landesgericht zuweisen, sofern die Zuweisung für eine sachdienliche Förderung oder schnellere Erledigung der Verfahren zweckmäßig ist. Die Landesregierungen können die Ermächtigung durch Rechtsverordnung auf die Landesjustizverwaltungen übertragen.

(Auszug)

I. Einleitung	1	III. Konzentrationsmöglichkeiten (Sätze 1 und 2)	5
II. Betroffene Verfahren (Satz 1)	4	IV. Folgeregelungen	8

I. Einleitung

Ursprünglich sollten die Landgerichte zuständig sein, was zur klassischen Dreizügigkeit geführt hätte: Das Landgericht als Eingangs-, das Oberlandesgericht als Berufungs- und der BGH als Revisionsinstanz. Der Bundesrat hat sich für eine Verkürzung des Rechtszugs unter Effektivitätsgesichtspunkten mit dem Argument ausgesprochen, die MFK ende ohnehin noch nicht mit einem vollstreckbaren Titel, so dass der Verbraucher womöglich noch einen weiteren Prozess anstrengen müsse.[1] Die Bundesregierung hatte sich in ihrer Gegenäußerung noch gegen diesen Vorschlag mit der Begründung gewandt, damit werde die Aufgabenverteilung in der Grundstruktur des Rechtszugs verlassen und es würde zu verkürzten Überprüfungsmöglichkeiten kommen.[2] Der Bundestag folgte dem Bundesrat ohne eigene Begründung. 1

Die jetzt gefundene Regelung überzeugt auch deshalb, weil eine Vielzahl der betroffenen Verfahren wegen ihrer wirtschaftlichen Bedeutsamkeit absehbar ohnehin „durch die Instanzen" geht, was für die Motivation bei der Verhandlung vor dem Landgericht als bloße 2

---

1 BR-Drs. 176/18 (Beschluss), 1 ff. (Nr. 2).
2 BT-Drs. 19/2701, 12 (zu Nr. 2).

"Durchgangsstation" ungünstig sein könnte. Als Alternative zur Eingangszuständigkeit der Oberlandesgerichte wurde deshalb auch eine obligatorische Sprungrevision diskutiert, was ebenfalls einen gewissen Systembruch bedeutet hätte. Die gefundene Lösung hat den weiteren Vorteil, dass unter der Annahme voller Ausnutzung des Instanzenzugs Anwalts- und Gerichtskosten erspart werden,[3] was sich positiv auf die Klagemotivation der Verbände auswirken könnte (→ § 48 GKG Rn. 1 f.).

3 Folge der gewählten funktionalen Zuständigkeit ist freilich, dass die Oberlandesgerichte auch über Klein- oder gar Kleinstschäden zu befinden haben. Im Extremfall könnten Schäden im Mikrobereich bei Betroffenheit von nur 50 Verbrauchern zu zweistelligen Streitwerten führen. Eine gespaltene Zuständigkeit, die den Landgerichten solche kleinen Streitwerte zugewiesen hätte, wäre allerdings nur schwierig und nicht ohne Abgrenzungsprobleme zu realisieren gewesen. Auch scheint der Aufbau von Verfahrensexpertise bei einer enger beschränkten Zahl von Spruchkörpern vorteilhaft. Insbesondere werden so die Voraussetzungen der von Amts wegen zu prüfenden Klagebefugnis (→ § 606 ZPO Rn. 19 ff.) synergetischer festzustellen sein.

II. Betroffene Verfahren (Satz 1)

4 Die Zuständigkeitsregelung ist auf MFV beschränkt. Individualprozesse nicht angemeldeter Verbraucher oder von Nicht-Unternehmern zum selben Streitgegenstand werden weiterhin beim Amtsgericht oder je nach Streitwert beim Landgericht als Eingangsinstanz geführt.

III. Konzentrationsmöglichkeiten (Sätze 1 und 2)

5 Die Landesregierung oder die von dieser hierzu befugte Landesjustizverwaltung können die MFV auf *ein* Oberlandesgericht bzw. das derzeit nur in Bayern existierende (und wieder neu geschaffene) Oberste Landesgericht konzentrieren.

6 Die Zuständigkeitskonzentration setzt voraus, dass dies entweder für eine sachdienliche Förderung oder für eine schnellere Erledigung der Verfahren zweckmäßig ist. Die Regelung ist entsprechenden Ermäch-

---

[3] So sinkt das Gesamtkostenrisiko (ohne Auslagen für Sachverständige, Zeugen pp.) bei einem Streitwert von 100.000 EUR von 47.200 EUR bei drei Instanzen auf 33.000 EUR bei zwei Instanzen.

tigungen im strafprozessualen Bereich in §§ 58 Abs. 1 Satz 1, 74 c Abs. 3 Satz 1, 74 d Satz 1, 78 a Abs. 2 Satz 1, 121 Abs. 3 Satz 1 GVG nachgebildet; ähnliche Regelungen enthalten § 23 d Satz 1 GVG und § 6 Abs. 2 Satz 1 UKlaG. Sachdienlichkeit kann sich etwa aus der Ersparnis von Kosten und Aufwand ergeben, dem besseren Ausnutzen von Spezialkenntnissen oder der Vereinheitlichung der Rechtsprechung. Bei Vorliegen solcher Aspekte ist in der Regel zugleich auch eine schnellere Verfahrenserledigung gegeben, sowohl in der betroffenen Verfahrensgruppe (worauf es ankommt) wie teilweise auch für andere.

Letztlich geht es darum, dass Richter **besondere Erfahrung und Sachkenntnisse** dadurch erwerben, dass sie sich mit einem Rechtsgebiet häufiger beschäftigen. Ob dies unter materiellrechtlichen Aspekten angenommen werden kann, mag bezweifelt werden, da das Verbraucherrecht weite Rechtsmaterien umfasst. Die verfahrensrechtlichen Vorschriften des 6. Buchs sind allerdings Neuland und zu ihrer einheitlichen Auslegung Erfahrung und Spezialkenntnisse allemal nützlich. Auch die für Oberlandesgerichte eher ungewohnte (primäre) Tatsachenfeststellung bei einem Gericht zu bündeln, liegt nahe. Entsprechendes gilt für die besonderen Voraussetzungen für die Klagebefugnis (→ § 606 ZPO Rn. 19 ff.): Es sind von Amts wegen Prüfungen zur Größe (mind. zehn Mitgliedsverbände oder 350 natürliche Personen), zur Kontinuität (Eintragung seit mindestens vier Jahren; weitergehende Aufgaben im Verbraucherinteresse) und zu den Zielen (keine Gewinnerzielung) erforderlich. Die in einem Verfahren gewonnenen Erkenntnisse dürften angesichts der begrenzten Zahl in Betracht kommender qualifizierter Einrichtungen auf weitere Verfahren übertragbar sein. 7

IV. Folgeregelungen

Konsequenz der erstinstanzlichen Zuständigkeit der Oberlandesgerichte ist die Anordnung der Geltung der für den ersten Rechtszug geltenden ZPO-Regelungen (→ § 610 ZPO Rn. 51) und die Klarstellung der Revisibilität in § 614 ZPO (→ § 614 ZPO Rn. 1). 8

§ 48 GKG [Streitwertbegrenzung]

(1) In bürgerlichen Rechtsstreitigkeiten richten sich die Gebühren nach den für die Zuständigkeit des Prozessgerichts oder die Zulässigkeit des Rechtsmittels geltenden Vorschriften über den Wert des Streitgegenstands, soweit nichts anderes bestimmt ist. In *Musterfeststellungsklagen nach Buch 6 der Zivilprozessordnung und* in Rechtsstreitigkeiten aufgrund des Unterlassungsklagengesetzes darf der Streitwert 250 000 Euro nicht übersteigen.

...

(Auszug: Änderung kursiv)

I. Regelungsinhalt und -ziel 1	IV. Allgemeine Einordnung: Finanzierung und Risikomanagement 5
II. Allgemeine Streitwertbemessung 3	
III. Keine Streitwertminderung 4	

I. Regelungsinhalt und -ziel

1 Es handelt sich um eine Streitwertbegrenzung auf 250.000 EUR. Diese Regelung, die bisher schon für Klagen nach dem Unterlassungsklagengesetz (UKlaG) gilt, dient dort wie hier der Risikobegrenzung auf Klägerseite. Der klagende Verband, der hier wie dort im Interesse der Verbraucher und der Allgemeinheit tätig wird, hat einerseits keinen wirtschaftlichen Vorteil im Falle eines Sieges, trägt andererseits das volle Risiko bei Unterliegen. Die Begrenzung drückt die Summe aus Gerichts- und Anwaltskosten auf insgesamt maximal rund 23.600 EUR für die 1. Instanz und rund 54.100 EUR im Falle hinzukommender Revision.

2 *Halfmeier*[1] kritisiert die Streitwertbegrenzung („künstliche Reduktion") mit dem Argument, dem Anwalt des Klägers werde eine „sehr bescheidene Vergütung zugemutet", während der Beklagte „bei entsprechender wirtschaftlicher Bedeutung des Falles an den Anwaltskosten sicherlich nicht sparen wird". Er rechnet vor, dass die Anwaltsgebühr auf Klägerseite bei einem Streitwert von 250.000 EUR netto etwa 6.000 EUR betrage, was dem Wert von 20 Arbeitsstunden bei einem „im Bereich Litigation üblichen Durchschnittsstundensatz von 300 EUR" entspreche und sieht vor diesem Hintergrund die Waffengleichheit gefährdet („strukturelle Ungleichheit"). Dieses Ar-

---
1 ZRP 2017, 201, 204.

gument könnte dafür streiten, einen Ansatz zur staatlichen Klagefinanzierung zu wählen (→ Rn. 6), unterschätzt aber die Wirksamkeit innerhalb des vom Gesetzgeber gewählten Ansatzes. Wäre der Streitwert prinzipiell unbeschränkt, sind bei wirtschaftlich bedeutenden Streitigkeiten leicht Streitwerte bis an die Kappungsgrenze von 30 Mio. EUR denkbar; so hat etwa die von *myright* beim Landgericht Braunschweig lancierte Klage im Rahmen des Dieselskandals einen Streitwert von 357 Mio. EUR. Das Gesamtprozesskostenrisiko beträgt bei einem Streitwert von 30 Mio. EUR und zwei Instanzen immerhin knapp 2 Mio. EUR, also das rund 37-fache des durch die Streitwertbegrenzung erreichten Risikomaximums. Angesichts dieser Risikoverringerung, die im Unterliegensfall insbesondere Gerichtskosten und fremde Anwaltskosten „einsparen" lässt, sollten sich für den Verband Spielräume ergeben, die für qualifizierte Beratung ggf. oberhalb der gesetzlichen Gebühren erforderlichen Mittel bereitzustellen. Ob der Markt dies allerdings überhaupt fordert, mag abgewartet werden. Aus Sicht der anwaltlichen Berater auf Klägerseite locken immerhin Folgemandate wegen der möglicherweise noch erforderlichen Individualklagen (→ Einf. Rn. 102 ff). Hier mögen Anwälte, die den klagenden Verband öffentlichkeitswirksam vertreten, einen werblichen Vorteil erblicken, der die Folgen der Streitwertbegrenzung verschmerzbar erscheinen lassen könnte.

II. Allgemeine Streitwertbemessung

Nach § 48 Abs. 1 GKG iVm § 3 ZPO bemisst das Gericht den Streitwert nach billigem Ermessen. Im Allgemeinen ist bei Feststellungsanträgen, um die allein es bei der MFK gehen kann, der Wert der verfolgten Interessen maßgeblich, von dem zumeist ein Abschlag in Höhe von 50 % erfolgt. Zur Bemessung des Wertes könnte man bei der MFK auf die Summe aller potenziellen bzw. angemeldeten Einzelansprüche abheben. Das würde allerdings den Besonderheiten der MFK nicht gerecht. Der klagende Verband hat keine eigenen ökonomischen Interessen, er tritt im **Interesse der Anmelder** und gleichsam auch im **Interesse der Allgemeinheit** auf. Nach der Begründung des Regierungsentwurfs soll das „Interesse der Allgemeinheit an den mit der MFK verfolgten Feststellungszielen" maßgeblich sein.[2] Diese Erwartung überrascht in dieser Abstraktheit, könnte man doch auch dahin argumentieren, mit Blick auf eine Vielzahl nicht angemeldeter (potenzieller) Anspruchsinhaber und mit Blick auf die Generalpräventionswirkung sei (sogar) eine Erhöhung des Wertes angezeigt, der

3

---

2 BT-Drs. 19/2439, 29.

sich aus der Summe der Einzelansprüche ergibt. Indessen ist die Argumentation der Bundesregierung auf die Rechtsprechung bei Unterlassungsklagen orientiert, wonach zu berücksichtigen ist, dass Verbraucherverbände mit Blick auf das vertretene Allgemeininteresse vor unangemessenen Kostenrisiken zu schützen sind. Ob die Rechtsprechung diesen Gedanken auf die MFK überträgt, könnte zweifelhaft sein. Die Klage nach dem UKlaG ist auf zukünftiges Verhalten im Sinne einer Verhaltensänderung des Unternehmens gerichtet, die Kompensation bereits eingetretener Schäden ist hierbei nicht im Blick. Das MFV hingegen ist in erster Linie auf die (Durchsetzung der) **individuellen Ansprüche** orientiert, deren Ausblendung aus dem Streitwert deshalb wenig überzeugend erscheint.

III. Keine Streitwertminderung

4   Die Vorentwürfe hatten ergänzend zu der Streitwertbegrenzung noch eine Regelung vorgesehen, wonach das Gericht im Einzelfall zugunsten einer Partei im Falle deren ansonsten eintretender wirtschaftlicher Gefährdung einen „ihrer Wirtschaftslage angepassten Teil des Streitwerts" anordnen kann, an dem sich dann Gerichts- und Anwaltskosten orientiert hätten. Diese Härtefallregelung war an § 12 Abs. 4 Gesetz gegen den unlauteren Wettbewerb , § 144 Patentgesetz und § 142 Markengesetz orientiert. Dieses wegen seines Ausnahmecharakters ohnehin nur begrenzt wirksame Instrument hat die Bundesregierung im Zuge der Endabstimmung fallengelassen.

IV. Allgemeine Einordnung: Finanzierung und Risikomanagement

5   Das Gesetz hat die MFK vor allem aus Sorge vor Missbrauch Verbänden in die Hand gegeben und Verbrauchern damit eine eher passive Rolle zugewiesen und damit zumindest auf erste Sicht von anwaltsgetriebenen Finanzierungsinstrumenten abgeschnitten.

6   Als Korrelat dieser wirtschaftsschutzorientierten Grundentscheidung hätte eine finanzielle Unterstützung des MFV durch den Staat nahegelegen. Als Möglichkeiten hätten unmittelbare fallbezogene Zuwendungen, eine stärkere Förderung der Verbraucherverbände oder die Einrichtung von Finanzierungsfonds zur Verfügung gestanden. Damit hätte die Bundesregierung dem Interesse der Allgemeinheit, das sie zu Recht herausstellt, angemessen Rechnung tragen können. Hierzu kann man auch den Umstand heranziehen, dass im Rahmen der notwendigen Gesamtbetrachtung als alternative Wege zur Lauter-

keitsanregung durchaus kostenintensive Instrumente wie etwa die Verbesserung der Durchsetzung des Verbraucherschutzes durch Behörden zur Verfügung standen und stehen (→ Einf. Rn. 20 ff.). Wenn auf solche Ausgaben verzichtet wird, hätte man durchaus Spielräume für eine Stärkung des Durchsetzungshebels Kollektivrechtsschutz (→ Einf. Rn. 65 f.) sehen und nutzen können. Ein solches staatliches Engagement hätte auch vor dem Hintergrund der Erfahrungen mit der Gewinnabschöpfung (→ Einf. Rn. 38) und der Einziehungsklage (→ Einf. Rn. 35) nahegelegen.

Letztlich haben immerhin die Regierungsfraktionen dem Verbraucherzentrale Bundesverband eV zusätzliche Mittel in Aussicht gestellt, die ausdrücklich auch für die Zwecke einer Haftpflichtversicherung gedacht sind.[3] 7

---

[3] BT-Drs. 19/2741, 24.

§ 19 RVG Rechtszug; Tätigkeiten, die mit dem Verfahren zusammenhängen

(1) Zu dem Rechtszug oder dem Verfahren gehören auch alle Vorbereitungs-, Neben- und Abwicklungstätigkeiten und solche Verfahren, die mit dem Rechtszug oder Verfahren zusammenhängen, wenn die Tätigkeit nicht nach § 18 eine besondere Angelegenheit ist. Hierzu gehören insbesondere

1. die Vorbereitung der Klage, des Antrags oder der Rechtsverteidigung, soweit kein besonderes gerichtliches oder behördliches Verfahren stattfindet;
1a. die Einreichung von Schutzschriften *und die Anmeldung von Ansprüchen oder Rechtsverhältnissen zum Klageregister für Musterfeststellungsklagen sowie die Rücknahme der Anmeldung;*

...

(Auszug; Änderungen kursiv)

1 Die Aufnahme der Anmeldung und deren Rücknahme zum Klageregister in den Katalog des § 19 Abs. 1 Rechtsanwaltsvergütungsgesetz (RVG) bewirkt, dass weder für die Anmeldung noch deren Rücknahme eine gesonderte Gebühr anfällt, vielmehr ggf. beides mit der allgemeinen Verfahrensgebühr nach Nr. 3100 VV abgegolten ist.[1] Zugleich ist klargestellt, dass es sich nicht um ein besonderes behördliches Verfahren im Sinne von § 19 Abs. 1 Satz 2 Nr. 1 RVG handelt,[2] also nicht einen gesondert zu vergütenden Gebührenrechtszug[3] eröffnet.

---

1 Gesetzesbegründung BT-Drs. 19/2439, 27.
2 Gesetzesbegründung BT-Drs. 19/2439, 27.
3 Vgl. *Bischof* in: Bischof/Jungbauer § 19 Rn. 30.

Stichwortverzeichnis

Fette Zahlen bezeichnen die Paragraphen, magere die Randnummern.

Abmahnunwesen **Einf. 31**
Abschluss des Verfahrens
– Klageregister **607 ZPO** 15
Abtretung
– Folge für MFV
29c Abs. 2 ZPO 6
– Folge für Vergleich
611 ZPO 7 ff.
Aktives Prozessmanagement
610 ZPO 39 ff.
Alternative Dispute Resolution
Einf. 49 ff.
Altruismus **606 ZPO** 25
– auf Klägerseite **Einf.** 98
american rule **Einf.** 93
Amerikanische Verhältnissen
Einf. 85
Anderweitige Rechtshängigkeit
606 ZPO 80
Angemessenheit
– Kriterien **611 ZPO** 32 ff.
– Prüfung zugunsten Verbraucher **611 ZPO** 32 ff.
Anhängigkeit
– mehrerer MFK
610 ZPO 8 ff.
– mehrfache **610 ZPO** 8 ff.
Anhörung
– keine vor Bekanntmachung der Klage **607 ZPO** 8
Anmeldedaten
– keine Überprüfung
608 ZPO 14
Anmeldefrist
– Kritik **608 ZPO** 2
Anmelder
– als Zeuge **608 ZPO** 20

– kein Auftraggeber
608 ZPO 29
– Rolle im Verfahren
608 ZPO 20
Anmelderquorum
– als Zulässigkeitsvoraussetzung **606 ZPO** 72 f.
– Stichtag **606 ZPO** 73
Anmelders
– Rolle des **606 ZPO** 59
Anmeldung
– Angaben zu Grund und Gegenstand **608 ZPO** 7
– kein Anwaltszwang
608 ZPO 11
– keine Einschränkung der Verfügungsgewalt **608 ZPO** 17
– keine Gebühr **608 ZPO** 12
– keine materiell-rechtlichen Folgen **608 ZPO** 17
– nicht konstitutiv
608 ZPO 16
– Rechtsfolgen **608 ZPO** 15
– Textform **608 ZPO** 4
– und Verjährung
204 BGB 5 f.
– Wirksamkeitsvoraussetzungen **608 ZPO** 4 f.
Anwaltshaftung
– gegenüber Anmeldern
608 ZPO 37 ff.
Anwaltsvergütung **19 RVG** 1
Anwaltszwang
– kein ... bei Vergleichsaustritt
611 ZPO 52 f.
Arbeitsrecht
– keine Anwendung des MFV
Einf. 17

Stichwortverzeichnis

Aufbewahrungsfrist
– von Daten 609 ZPO 7
Aufrechnung
– mit angemeldetem Anspruch
  610 ZPO 38
Aufsichtspflicht in Unternehmen Einf. 21
Auskunft aus dem Klageregister
– für Anmelder
  609 ZPO 11 ff.
– für das Gericht
  609 ZPO 14
– für die Parteien
  609 ZPO 16
Ausschließlicher Gerichtsstand
  32c ZPO 5
Aussetzung
– Individualprozess
  148 ZPO 1 ff.
Austritt
– aus dem Vergleich
  611 ZPO 47 ff.
b2b-Prozess
– Aussetzung 148 ZPO 1 ff.
b2b-Streitigkeiten Einf. 87,
  606 ZPO 4 ff.
b2c-Streitigkeiten 606 ZPO 3
Behördliche Intervention
  Einf. 23 f.
Bekanntmachung
– ohne Anhörung des Beklagten 607 ZPO 8
– Rechtskraft 612 ZPO 6
– Revisionsurteil 612 ZPO 6
– Urteil 612 ZPO 1 ff.
Bekanntmachung der Klage
  607 ZPO 3 f.
– Prüfungsumfang vor
  607 ZPO 6
– Rechtsbehelf 607 ZPO 10

Beklagte
– Rolle im Prozess
  606 ZPO 52
Belehrung
– Folgen von Fehlern der
  611 ZPO 45
Beschluss
– Feststellung des Vergleichs
  611 ZPO 57
– Unwirksamkeit des Vergleichs 611 ZPO 58
Beweislast
– zur Bindungswirkung
  613 ZPO 18
BGH
– Revisionsgericht
  614 ZPO 1
Bindungswirkung
– bei Rechtsübergang
  613 ZPO 7 ff.
– Betroffenheit des MFV
  613 ZPO 15
– Beweislast 613 ZPO 18
– inhaltliche Voraussetzungen
  613 ZPO 6
– Musterfeststellungsurteil
  613 ZPO 1 ff.

c2c-Konflikt 606 ZPO 7
class action Einf. 91 ff.
Compliance Einf. 21

Deliktische Ansprüche
– im MFV 606 ZPO 3
Deliktische Haftung
– Kläger 608 ZPO 36
Derselbe Lebenssachverhalt
– und Verjährungshemmung
  204 BGB 8
Desinteresse
– rationales 608 ZPO 23

Stichwortverzeichnis

Dieselgate Einf. 75, 77
– Verjährungshemmung
  204 BGB 1
Differenzhypothese Einf. 97
Digitalisierung Einf. 44 ff.
Diskussionsentwurf
  Einf. 72 f.
Drittwiderklage 610 ZPO 59

Eintragung im Klageregister
– Bedeutung für Bindungswirkung 611 ZPO 6,
  613 ZPO 5
– Rechtsbehelf 608 ZPO 18 f.
Einzelrichter 610 ZPO 57
Einziehungsklage Einf. 32
– in der Individualphase
  Einf. 110
Elektronisches Klageregister
  Einf. 77, 609 ZPO 2
Erbfall
– Folge für MFV
  29c Abs. 2 ZPO 6
Erfolgshonorar Einf. 93
Evaluierung Einf. 119 ff.
Exklusivitätsgrundsatz
  610 ZPO 3

Fälligkeit der Leistung
– als Vergleichsinhalt
  611 ZPO 16
Feststellungen
– Gegenstand der MFK
  606 ZPO 8
Feststellungsbefugnis
  606 ZPO 9
Feststellungsziele 606 ZPO 3,
  12 ff.
– Voraussetzungen
  606 ZPO 12 ff.
Finanzierung der Verbraucherverbände Einf. 88

Folgeprozess 613 ZPO 6,
  15 f.
Forderungshöhe
– Anmeldung 608 ZPO 9
Fortsetzung
– Individualprozess nach MFU
  613 ZPO 27
– Individualprozess nach Vergleich 613 ZPO 28
forum shopping 32c ZPO 1

Ganzheitlichen Ansatz
  Einf. 123
Gemeinwohl Einf. 57
Genehmigung des Vergleichs
  611 ZPO 36 f.
– Anfechtbarkeit
  611 ZPO 38 ff.
– des Vergleichs
  611 ZPO 25 ff.
Gerichtliche Hinweise
  610 ZPO 47
Gerichtsstand 32c ZPO 1 ff.
Geschäftsführung ohne Auftrag
– keine zwischen Kläger und Anmelder 608 ZPO 30 ff.
Gewinnabschöpfung durch Verbände Einf. 38 ff.
Gewinnerzielung 606 ZPO 31
Glaubhaftmachung
– betroffener Verbraucher
  606 ZPO 69
Gruppenverfahren Einf. 81
Güteverhandlung
  610 ZPO 53

Haftpflichtversicherung
  Einf. 84
Haftung
– Kläger Einf. 84,
  608 ZPO 25 ff.

201

– Klägeranwälte
608 ZPO 37 ff.
Handwerkskammern
– keine Klagebefugnis
606 ZPO 5, 26
Hemmungswirkung
– für nicht angemeldete Ansprüche 204 BGB 10
Individualphase Einf. 99, 102 ff.
– attraktive Mandate
Einf. 109
Individualprozess
– Aussetzung 148 ZPO 1 ff.
Individualrechtsschutz
Einf. 25 ff.
Industrie- und Handelskammern
– keine Klagebefugnis
606 ZPO 5, 26
Informationen zum Verfahren
– Klageregister 607 ZPO 12
Internationales Zivilverfahrensrecht 32c ZPO 6 f.

Kalkulierter Rechtsbruch
Einf. 3 ff., 608 ZPO 12
Kapitalanleger-Musterverfahrensgesetz Einf. 66
Klage
– Bekanntmachung s.a. dort
607 ZPO 3 f.
Klageänderung 610 ZPO 62
Klagebefugnis 606 ZPO 5, 19 ff., 23, 25 f., 45, 66, 75
– Überprüfung der Voraussetzungen 606 ZPO 41 f.
Klageindustrie Einf. 97
Kläger
– deliktische Haftung
608 ZPO 36

Klageregister 609 ZPO 1
– Abschluss des Verfahrens
607 ZPO 15
– Auskunft für Anmelder
609 ZPO 11 ff.
– Auskunft für das Gericht
609 ZPO 14
– elektronische Führung
607 ZPO 18
– elektronisches 609 ZPO 2
– Informationen über das Verfahren 607 ZPO 12
– öffentliches Einsichtsrecht
609 ZPO 8
Klageschrift 606 ZPO 60 ff.
Klageverbindung
610 ZPO 26 ff.
Koalitionsvertrag Einf. 75 ff.
Kollegialprinzip 610 ZPO 57
Kollektiver Rechtsschutz
Einf. 60 ff.
Konnexität 606 ZPO 17
Kooperation
– mit Legal Tech Einf. 115
– zwischen Kläger und Prozessfinanzierer Einf. 99
Kosten
– im Vergleich
611 ZPO 17 ff.
Kostenbeteiligung
– Verbraucher im Vergleich
611 ZPO 19

Legal Tech Einf. 44 ff.
– in der Individualphase
Einf. 114 ff.
Leistungen
– als Vergleichsinhalt
611 ZPO 14
– nicht Gegenstand der MFK
606 ZPO 8

Stichwortverzeichnis

Leistungsberechtigung
– als Vergleichsinhalt
  611 ZPO 15
looser-pays-Prinzip **Einf.** 97

Marktwächter **Einf.** 55, 123
Mehrere Klagen
– am selben Tag **610 ZPO** 22
Missbrauch
– Beklagtenseite **606 ZPO** 40
– Schutz vor **606 ZPO** 19 ff.
Musterfestellungsklage
– Erhebung zur Verjährungshemmung **204 BGB** 2 f.
Musterfeststellungsurteil
– Begriff **612 ZPO** 4
myright **Einf.** 46 ff.

Narrativ amerikanischer Verhältnisse **Einf.** 90 ff.
Nebenintervention
  610 ZPO 58
New Deal **Einf.** 120
Notwendige Streitgenossenschaft **610 ZPO** 30

Oberlandesgerichte
– Zuständigkeit
  119 GVG 2 ff.
Öffentliche Bekanntmachung
– Rechtsverstöße **Einf.** 24
Öffentliches Einsichtsrecht
– Klageregister **609 ZPO** 8
opt-out **Einf.** 121

Parallele Klagen **610 ZPO** 32
Pranger **Einf.** 24, 85
Prangerwirkung **Einf.** 56 f.,
  607 ZPO 10
pre-trial discovery **Einf.** 94

Prozessfinanzierer
  606 ZPO 34
Prozessfinanzierung **Einf.** 99
Prozessführungsbefugnis
  606 ZPO 78
Prozessstandschaft
– keine echte **606 ZPO** 79
Prozesstaktik
– der Vereinzelung **Einf.** 8 ff.
Prozessualer Verbraucherbegriff **29c Abs. 2 ZPO** 1 ff.
Prozessvergleich
  611 ZPO 1 ff.
punitive damages **Einf.** 33, 95

Qualifizierte Einrichtungen
  606 ZPO 19 ff.
– Aufklärungsschwerpunkt
  606 ZPO 30
– kein Interessenkonflikt
  606 ZPO 32
– Kontinuität **606 ZPO** 29
– Mindestgröße **606 ZPO** 28
Quasi-Prozessstandschaft
  606 ZPO 79, **608 ZPO** 30

Rationale Rechtsverletzung
  Einf. 5
Rationales Desinteresse
  Einf. 3 f., 42, 86, 104,
  608 ZPO 23
Rechtliches Gehör **Einf.** 86,
  610 ZPO 42 f.
Rechtsbeziehung
– Kläger und Anmelder
  608 ZPO 27 ff.
Rechtskraft **606 ZPO** 81
Rechtsnachfolge
– Bedeutung für Bindungswirkung **613 ZPO** 7 ff.
– Wirkung des Vergleichs
  611 ZPO 7 ff.

Rechtsschutzversicherer
Einf. 29
Rechtsverstöße
– öffentliche Bekanntmachung
Einf. 24
Revision 614 ZPO 1 ff.
– Beschwerdewert
614 ZPO 2
Revisionsgericht
– BGH 614 ZPO 1
Revisionsurteil
– Bekanntmachung
612 ZPO 6
Rücknahme der Anmeldung
608 ZPO 39 ff.
– ohne Anwalt 608 ZPO 42
– und Vergleich 611 ZPO 5

Schadenspauschalen Einf. 122
Schlichtung
– in der Individualphase
Einf. 111
Schriftliches Verfahren
610 ZPO 52
Schriftliches Vorverfahren
– Priorität 610 ZPO 45
Selbstverpflichtung der Unternehmen Einf. 53
Sperre
– von Individualklagen
610 ZPO 33
– weiterer MFV 610 ZPO 2
Sperrwirkung
– auch nach Rechtskraft
610 ZPO 17
– auch nach Vergleich
610 ZPO 19
Stichtag
– für Anmelderquorum
606 ZPO 73
Straf- und Ordnungswidrigkeitenrecht Einf. 20 ff.

Strafschadensersatz Einf. 95
Streitgenossenschaft
610 ZPO 29 ff.
– auf Beklagtenseite
606 ZPO 50 f.
– auf Klägerseite
606 ZPO 46 ff.
Streitverkündung
610 ZPO 59
Streitwert
– Begrenzung 48 GKG 1 f.
– Bemessung 48 GKG 3
– keine Minderung
48 GKG 4
Streugewinne Einf. 3 f.
Streuschäden Einf. 3 f.,
608 ZPO 12

Teilurteil 614 ZPO 2
Teilvergleich 610 ZPO 21,
611 ZPO 21, 60

Überkompensation
– als Mittel der Rechtsdurchsetzung Einf. 33
Unterlassungsansprüche
– wettbewerbsrechtliche
Einf. 37
Unternehmensbegriff
29c Abs. 2 ZPO 3
– Abgrenzung
29c Abs. 2 ZPO 3
Unternehmensreputation
Einf. 6
Unternehmerbegriff
606 ZPO 49
Unwirksamkeit des Vergleichs
– Beschluss 611 ZPO 58
Unwirksamkeit einer AGB-Klausel 606 ZPO 14

Urteil
– Bekanntmachung
 612 ZPO 1 ff.

Verbandsmusterklage Einf. 68
Verbraucherbegriff
 29c Abs. 2 ZPO 1 ff.,
 606 ZPO 3
– bei Abtretung
 29c Abs. 2 ZPO 6
– bei Erbübergang
 29c Abs. 2 ZPO 6
– prozessualer 606 ZPO 3
Verbrauchereigenschaft
– Beweislast
 29c Abs. 2 ZPO 13
Vereinzelungsstrategie
 Einf. 8 ff., 112, 117
Verfahrensmanagement
– mit Blick auf Art. 103 GG
 610 ZPO 44
Verfahrensregeln 610 ZPO 51
Vergleich
– Auswirkung für Nichtanmelder 611 ZPO 12
– Belehrung 611 ZPO 44 ff.
– Beschluss 611 ZPO 57
– endgültige Wirksamkeit
 611 ZPO 54 ff.
– Feststellung des Inhalts
 611 ZPO 57
– Feststellungen zu Feststellungszielen 611 ZPO 20
– Genehmigung s.a. dort
 611 ZPO 25 ff.
– Inhalte 611 ZPO 13 ff.
– Kosten 611 ZPO 17 ff.
– nicht vor erstem Termin
 611 ZPO 63
– Rolle des Gerichts
 611 ZPO 23
– zurückgenommene Anmeldung 611 ZPO 5

– Zustellung 611 ZPO 41 ff.
Vergleichsdruck 611 ZPO 3
Vergleichsmanagement
 611 ZPO 23 f.
Vergütung
– Rechtsanwälte 19 RVG 1
Verjährungshemmung
– Ende 204 BGB 11
– mit Erhebung der MFK
 204 BGB 2 f.
– und Anmeldung zum Klageregister 204 BGB 5 f.
– Zusammenhang mit Dieselskandal 204 BGB 1
Verlustaversion Einf. 9
Versicherung der Richtigkeit
 608 ZPO 8
Vertrag zugunsten Dritter
 611 ZPO 12
Vertretung
– bei der Anmeldung
 606 ZPO 54 f.
Verzicht 610 ZPO 54 ff.
Vorbeugende Unterlassungsklage
– gegen Bekanntgabe
 607 ZPO 10
Vorgreiflichkeit
– als Begründetheitsfrage
 606 ZPO 17

Wettbewerbsrecht Einf. 30
Widerklage 610 ZPO 60
Wiedereinsetzung in den vorigen Stand
– hinsichtlich Austrittsfrist
 611 ZPO 45
Windhundrennen 610 ZPO 4
Wirksamkeit
– des Vergleichs
 611 ZPO 54 ff.

Stichwortverzeichnis

Zeuge
– Anmelder als 608 ZPO 20
Zulässigkeit
– Zwischenurteil
 610 ZPO 16
Zulässigkeitsvoraussetzungen
 606 ZPO 65 ff.
Zurücknahme
– Anmeldung ohne Anwalt
 608 ZPO 42
– der Anmeldung
 608 ZPO 39 ff.
Zuständigkeit
– Oberlandesgerichte
 119 GVG 2 ff.

Zuständigkeitskonzentration
 119 GVG 6
Zustellung
– Vergleich 611 ZPO 41 ff.
Zwischenurteil 614 ZPO 2
– über Zulässigkeit
 610 ZPO 16
Zwischenvergleich
 610 ZPO 21, 611 ZPO 21,
 60